冷战后

美国亚太联盟体系研究

张国帅·著

A Study of Post-Cold War Asia-Pacific Alliances of the United States

时事出版社

本书的出版受国际关系学院中央高校基本科研业务费专项资金资助，具体为2016年国关文库出版资助项目（项目号：3262106T02）。

目　　录

导 论

一、选题的目的和意义

第二次世界大战后，随着冷战的爆发，美国联盟体系作为实现美国国家战略目标的有力工具开始形成，并逐渐发展、完善起来。联盟体系成为美国称霸世界的全球战略的重要支柱之一，是美国外交和安全政策的重要组成部分，也成为与历史上诸多霸权国有着巨大不同的美国式霸权战略的突出特征之一。这一点诚如美国前国务卿基辛格（Henry Alfred Kissinger）博士所讲的那样，在一个相互依赖的世界里，作为世界唯一超级大国的美国很难像大英帝国那样实现“光荣孤立”，要建立一个组织严密且照应到世界各个角落的安全体系更是难上加难。最可行、最有建设性的办法就是建立一个由不同部分组成的联盟体系。①

冷战期间，美国的联盟战略一直是其维持全球霸权地位，并与苏联抗衡的重要手段，它通过北大西洋公约组织（North Atlantic Treaty Organization，NATO）、《美日安全保障条约》（Treaty of Mutual Cooperation and Security between the United States and Japan）、《美洲国家间互助条约》（Inter – American Treaty of Reciprocal Assistance）、《澳新美安全条约》（Australia，New Zealand and

① ［美］亨利·基辛格：《大外交》，顾淑馨等译，海口：海南出版社，1997年版，第146页。

the United States Pacific Security Treaty，ANZUS）等先后同欧洲、亚洲、拉丁美洲、大洋洲等地区的50余个国家结成军事联盟，在世界上构建了一个规模庞大的联盟体系。这一联盟体系对于美国确立与维护世界霸权、取得冷战的最终胜利发挥了极为重要的作用。

冷战结束之后，美国成为世界上唯一的超级大国，其独霸世界的野心愈发膨胀。为了实现这一目标，美国非但没有放弃或弱化其联盟战略，反而在所谓“共同价值观”的基础上对其原有的联盟体系进行了重新定义和加强。“9·11”恐怖袭击事件之后，随着非传统安全威胁的加大，美国结合新的国际安全环境，再次对其遍布全球的联盟体系进行了一系列广泛而深刻的调整。

美国在亚太地区的军事存在和政治影响力都与其在亚太地区构建的联盟体系有着巨大的关系。单就我国周边而言，美国的盟友就包括日本、韩国、菲律宾、泰国、澳大利亚等国。美国在东亚，特别是中国周边地区的多组双边联盟在冷战后均得到了强化，其整体联盟关系也日益加强。正是这一由美国主导的联盟体系使中国在地缘政治上处于美国及其盟国的包围之中，对中国的国家安全形成了持久而又巨大的压力，对中国实现国家统一，如解决台湾问题；捍卫国家主权，如解决钓鱼岛、南海问题；以及构建和谐周边，营造有利于我的外部环境，实现和平崛起，都构成了巨大的羁绊和严峻的挑战。更值得关注的是，美国的联盟体系，特别是亚太联盟体系，是一个不断调整的、动态的联盟体系，有着巨大的灵活性和韧性。随着中国的崛起不再是一种纯粹的假设，美国必将继续强化该联盟体系，这势必对中国的国家安全形成更大的战略压力。在美国推出“重返亚太”和“亚太再平衡”战略之后，随着美国全球战略重心的东移，中国所面临的国家安全压力和以往相比明显增加。美国第67任国务卿希拉里·克林顿（Hillary Clinton）在2011年10月发表了《美国的太平洋世纪》一文。文章直言不讳地指出，（世界）政治的未来取决于亚洲，美国将在塑造未来政治的过程中处于中心地位。为此，美国需要加强和重塑其亚太联盟体系以便为它的“重返亚太”战略提供一个更加坚实的平台。希拉里指出，在过去十年，美国在阿富汗和伊拉克投入了大量资源。在今后十年，美国在决定资源投入时必须要有明智和系统的考量，以便确保美国在维护其全球领导地位，确保其全球利益，推广美式价值观时的优势地位。就其亚太联盟关系而言，美国将在政治、经济、安全和外交层面加大对亚太地区的投入，进一步强化美日、美韩、美澳等双边联盟在美国“重返亚太”时的支点作用。为此，奥巴马政府提出了三项基本原则：首先，针对联盟的核心目标，盟友之间在政治层面需要保持一致；其次，为了成功应对新的挑战以及抓住新的机遇，美国需要保持联盟的灵活性和适应力；最后，确保联盟的防御能力和信息沟通能力能够阻遏各种各样的来自国家和非国家实体的挑衅。①

美国的亚太联盟体系是美国全球联盟体系的重要组成部分。从全球战略层面而言，美国意图借助这一“帝国的权杖”② 实现帝国秩序合法化和长久化的目的昭然若揭。在可预见的将来，一个能够有效制衡美国亚太联盟的对抗性联盟不会出现，这就决定了中国的经济发展和战略诉求在未来的几十年中都会笼罩在美国的霸权阴影之下。因此，研究冷战结束之后美国亚太联盟体系的演进和发展，透析其战略构成要素，揭示其实质和内在逻辑对于

---

① Hillary Clinton：“America's Pacific Century：The future of politics will be decided in Asia，not Afghanistan or Iraq，and the United States will be right at the center of the action”，October 11，2011. http：//foreignpolicy. com/2011/10/11/americas – pacific – century/.

② 汪伟民：《联盟理论与美国的联盟战略—以美日、美韩联盟研究为例》，北京：世界知识出版社，2007 年版，第 9 页。

分析美国在亚太地区的战略布局，破解美国旨在包围、遏制中国的亚太联盟体系，维护国家利益，实现和平崛起，具有极为重要的现实意义。

综上所述，本书着眼于美国亚太联盟体系的形成原因、历史演进、本质特征和发展趋势，通过对亚太联盟体系中最有代表性的美日、美韩、美澳等双边联盟的个案分析，力争对美国在亚太地区建立的双边军事联盟的发展沿革以及该联盟体系对中国周边安全形势的影响得出一个相对清晰和明确的认识，并在此基础之上提出中国的选择。

二、文献综述

冷战结束之后，美国成为世界上唯一的超级大国。因此，中外学界都非常重视对美国联盟的研究。西方学者不仅研究美国的联盟实践，还在实证研究的基础之上创立并发展了形形色色的联盟理论。中国学者对美国联盟的研究与西方学者相比理论色彩要淡化很多，其研究工作侧重从历史和现实的角度解读美国的联盟体系，尤其是美国的亚太联盟体系对中国国家安全造成的影响。中外学者在上述领域的著作、论文和研究报告大致可以分为三个层面。

1. 在联盟理论层面。针对联盟的建立、发展以及瓦解，西方学者做了大量系统而规范的研究，国际关系理论的各主要学派在不同程度上均涉及联盟的定义、成因、功能、特点等内容。在现实主义学说中，汉斯·摩根索（Hans Joachim Morgenthau）、肯尼斯·沃尔兹（Kenneth Waltz）、阿诺德·沃尔弗斯（Arnold Wolfers）等学者在构建自己的理论体系时都对联盟理论做过深刻论断。这些论断主要从均势理论出发，论证联盟体系的形成和发展变化。自20世纪80年代末以来，一些新现实主义学者重新定义了联盟管理和联盟关系等概念，为联盟理论的发展作出了新的贡献。与此同时，自由制度主义学派的代表学者罗伯特·基欧汉（Robert Keohane）和建构主义的代表人物亚历山大·温特（Alexander Wendt）等人也加入了联盟理论的范式之争。[①] 但是，上述学者并没有全面构建和分析联盟理论，这方面的工作主要体现在如下几部著作中：第一部是乔治·利斯卡（George Liska）在1962年写的《加入联盟的国家：相互依赖的有限性》[②]，这部著作被格伦·斯奈德（Glenn H. Snyder）视为联盟理论研究的开山之作，该书在强调联盟可以增加国家应对冲突与侵略的能力的同时，还强调了联盟的另外两个功能：一是"联盟内部的控制功能"，即制约可能失控的盟国以便维持联盟的整体稳定；二是加入联盟可以巩固和增强政权的合法化。格伦·斯奈德在《联盟政治》[③] 一书中创新性地提出了联盟"安全困境"（security dilemma）的概念，他认为联盟并非是一劳永逸的，任何一个联盟内部都有不稳定因素，这些不稳定因素会给加入联盟的国家带来多项选择：一方面，加入联盟的国家必须证明自身对联盟的价值，以免被其盟友"抛弃"；另一方面，若是加入联盟的国家与其盟友的关系过于密切，该国又有可能受到他国的"牵连"而使自身利益受损。加入联盟的国家在这两者之间的权衡构成了联盟"安全

① 自由制度主义有关联盟理论的主要论文和著作包括：Robert Keohane：Alliance，Threat and the Use of Neorealism，*International Security*，Summer 1988，Vol. 13 No. 1；罗伯特．基欧汉：《霸权之后》，苏长河等译，上海：上海人民出版社，2001年版；建构主义的相关文章或著作主要包括：Alexander Wendt，"Collective Identity Formation and the International State"，*American Political Science Review*，1994，Vol. 88，No. 2；Barry Robin &Thomas Keaney，US Alliances in a Changing World，London：Frank Cass Publishers，2001.

② George Liska，*Nations in Alliance*：*The Limits of Interdependence*，Baltimore：Johns Hopkins University Press，1962.

③ Glenn H. Snyder，*Alliance Politics*，Ithaca and London：Cornell University Press，1997.

困境”的一个层面。该困境的另一层面是，若一个国家为了不被盟友“抛弃”而强化其联盟关系的话，这又有可能加深对手的敌意，从而使紧张局势加剧；若该国选择疏远盟友，弱化联盟关系，则又有可能激发其对手的野心。另一位知名学者斯蒂芬·沃尔特（Stephen Walt）结合中东地区国家关系在1987年出版了《联盟的起源》[①] 一书，沃尔特对均势理论进行了修正，提出了著名的威胁制衡理论。他认为国家的结盟行为是由威胁决定的，他国的实力只是国家在结盟时考虑的因素之一。威胁不仅仅源自综合实力，还来自于地缘毗邻性、进攻实力和侵略意图等其他三个方面。由拜瑞·鲁宾（Barry Robin）等人所编著的《变化世界中的美国联盟》是一本有关联盟理论和实践的新近著述。该书既分析了美国主要联盟的发展现状和未来走势，又在回顾联盟理论的基础之上提出了认知联盟的理论构想。该书力图解释为什么在苏联解体之后美国的联盟体系没有瓦解。该理论强调，联盟的形成不以威胁为动因，而是建立在一致的社会经济和政治状况基础之上的。该书认为，按照新现实主义的观点，联盟的主要目的是应对共同威胁，一旦共同威胁消失，联盟就会随之解体。而认知联盟与此不同，它是建立在相同或相似的社会制度、意识形态之上的共同体，即便共同威胁消失了，这一联盟也会长期存在下去[②]。沃尔特在2009年发表了题为《单极世界里的联盟》[③] 一文。他认为，单极世界是一个崭新的国际政治现象，所以，对于它所带来的影响，学者们仍然莫衷一是。但是，单极世界对联盟的影响却

① Stephen Walt, *The Origins of Alliances*, Ithaca and London: Cornell University Press, 1987.

② 参见 Barry Robin & Thomas Keaney, *US Alliances in a Changing World*, London: Frank Cass Publishers, 2001.

③ Stephen Walt, “Alliances in a Unipolar World”, *World Politics*, Vol. 61, Issue 1, January, 2009.

是清晰的。首先，形成于冷战时期的联盟不可能一直保持原有的架构。这是因为，美国作为唯一的超级大国为了保有更大的行动自由，在未来会更倾向于选择灵活的、双边的组织结构，而不是固定的、高度制度化的联盟安排。其次，其他国家不会组建用以抗衡美国的联盟。大国会通过“软制衡”或增强自身实力的方式抵消美国的影响力，中小国家则会争相投靠美国以争得更多的好处或避免与美国为敌。美国俄亥俄州立大学的研究人员凯文·斯威尼（Kevin Sweeney）和保罗·弗里茨（Paul Fritz）在《搭便车：大国结盟行为的利益动因》[1] 一文中指出，通过对1816年至1992年的大国结盟行为的研究，研究人员发现与均势理论的预期相反，在大国的联盟选择中“追随”行为要多于“制衡”行为。这是因为，大国对盟友的选择是以利益为基础的，并非基于国际体系中的力量分配。

2. 在战略研究层面。美国的亚太联盟战略是美国国家安全战略的重要组成部分。很多中外学者都将美国的亚太联盟战略放入美国国家安全战略这一大的背景之下研究。就著作而言，美国当代著名政治理论家兹比格纽·布热津斯基（Zbigniew Brzezinski）所写的《大棋局：美国的首要地位及其地缘战略》[2] 力图为美国提供一套可供选择的战略构想。该书着重分析了美国首要地位的范围和特征以及中国在美国欧亚战略中的重要地位。布氏认为，为了维持美国的首要地位，美国应该与法国、德国、俄罗斯、中国以及印度等五个地缘战略国家在不同领域内增进或者建立盟友

① Kevin Sweeney & Paul Fritz, "Jumping on the Bandwagon: An Interest - Based Explanation for Great Power Alliances", *The Journal of Politics*, Vol. 66, No. 2, May 2004.

② ［美］兹比格纽·布热津斯基：《大棋局：美国的首要地位及其地缘战略》，中国国际问题研究所译，上海：上海世纪出版集团，2007年版。

或伙伴关系。布热津斯基的新作《战略远见：美国与全球权力危机》[1] 勾勒了美国外交政策的远景。在书中，布氏驳斥了“美国衰败论”，表达了对美国未来的信心。他认为，美国仍然是一个举足轻重的国家，出现在美国的任何大规模危机都必将导致全球性的混乱。在布氏看来，中美两国为了谋求经济和政治合作大局，必须解决三大敏感问题：一是美军在中国领海边缘进行的军事侦察活动；二是两国军备扩张问题；三是台湾问题。美国前国务卿亨利·基辛格在《美国的全球战略》[2] 一书中也就美国的未来表达了乐观的态度。他指出，通往帝国的大道往往导致国家的衰退，因为对权力的无限追求必将削弱国内的约束力量。但在可预见的将来，美国仍将是一个杰出的国家。为了应对所面临的挑战，美国不仅需要找到能够与自己分担责任的伙伴，还必须找到能与自己共同塑造自由和民主精神的伙伴。美国布兰代斯大学国际关系学教授罗伯特·阿特（Robert J. Art）在其著作《美国大战略》[3] 中详细介绍了霸权战略、全球集体安全战略、地区集体安全战略、合作安全战略、遏制战略、孤立战略、离岸平衡战略以及选择性干预战略等八种可供美国选择的大战略。阿特认为，选择性干预战略是美国最好的大战略选择。此外，阿特还特别关注美国大战略与中国崛起的关系。就中美关系的未来走势而言，他认为：首先，因为实力有限，中国现在尚不能对美国的军事霸权构成挑战；其次，美日联盟、美韩联盟、美澳联盟、美菲联盟和美台准联盟均能在不同程度上影响中国的崛起；最后，美国应该

---

① ［美］兹比格纽·布热津斯基：《战略远见：美国与全球权力危机》，洪漫、于卉芹、何卫宁译，北京：新华出版社，2012 年版。

② ［美］亨利·基辛格：《美国的全球战略》，胡利平、凌建平译，海口：海南出版社，2009 年版。

③ ［美］罗伯特·阿特：《美国大战略》，郭树勇译，北京：北京大学出版社，2005 年版。

以平和的心态对待中国的崛起，这样有利于促使中国走和平崛起之路。美国普林斯顿大学政治与国际关系学教授约翰·伊肯伯里（G. John Ikenberry）主编的《美国无敌：均势的未来》[①] 主要讨论为什么在冷战之后其他国家没有去制衡作为唯一超级大国的美国，为什么在苏联解体之后美国的联盟关系没有衰弱反而加强。该书大部分作者认为，核武器、资本主义与民主的传播以及美国霸权的独特性使国际秩序难以、甚至不可能自动回归到传统的均势秩序。美国前总统切尼（Richard Bruce Cheney）的国家安全事务副顾问、“新美国世纪计划”（Project for the New American Century）创始人阿伦·佛里德伯格（Aaron Friedberg）所写的《中美亚洲大博弈》[②] 一书体现了美国“新保守派”的一贯看法，对中国的未来及中美亚太共处作出了消极和悲观的判断。北京大学王缉思教授和牛军教授主编的《缔造霸权：冷战时期的美国战略与决策》[③] 侧重于研究美国冷战时期的大战略。参与编写该书的学者为了回答“美国为什么能赢得美苏冷战”这一问题，从不同角度阐释了美国大战略的形成与发展、动因及影响。与《缔造霸权：冷战时期的美国战略与决策》[④] 有些相似，上海社会科学院周建明研究员撰写的《美国国家安全战略的基本逻辑：遏制战略解析》一书也以冷战时期的美国大战略为研究对象。该书阐释了遏制战略与结盟的关系，详细地勾勒了美国亚太联盟体系在冷战时期的建立和发展过程。外交学院秦亚青教授在《霸权体系与国

① ［美］约翰·伊肯伯里主编：《美国无敌：均势的未来》，北京：北京大学出版社，2005 年版。

② ［美］阿伦·佛里德伯格：《中美亚洲大博弈》，洪漫、张琳、王宇丹译，北京：新华出版社，2012 年版。

③ 王缉思、牛军主编：《缔造霸权：冷战时期的美国战略与决策》，上海：上海人民出版社，2013 年版。

④ 周建明：《美国国家安全战略的基本逻辑：遏制战略解析》，北京：社会科学文献出版社，2009 年版。

际冲突：美国在国际武装冲突中的支持行为（1945—1988）》[①] 一书中使用定量分析的方法研究了霸权国利益与对外干涉行为、国家利益的判定、霸权系统与霸权护持、霸权国与主要挑战国、霸权系统与国际冲突等内容。中国人民大学吴征宇副教授在《霸权的逻辑：地理政治与战后美国大战略》[②] 一书中较为详细地介绍了地理政治与美国东亚大战略的关系。该书认为，虽说美国在冷战之后强化其亚太联盟的行为并非单纯为了应对中国的崛起，但美国的确正在针对中国奉行一种限制性政策。复旦大学潘忠岐教授撰写的《与霸权相处的逻辑》[③] 一书以冷战结束之后美国的战略调整以及中美安全关系为核心内容。同时该书还论述了美国霸权主义的困境和亚洲地区主义的兴起。广东外语外贸大学的周方银研究员主编的《大国的亚太战略》[④] 以专题的方式探讨了美国、日本、俄罗斯、印度以及欧盟的亚太战略，同时又对东亚格局的演变、中国的应对之策进行了较为详细的论述。由清华大学孙哲教授主编的《亚太战略变局与中美新型大国关系》[⑤] 一书非常详细地从政治、经济、军事安全和台湾问题等角度阐释了中美建立新型大国关系的困难和前景。由中国现代国际关系研究院美国研究所主编的《中美亚太共处之道：中国·美国与第三方》[⑥] 一书从中美亚太利益与战略比较、中美与亚太地区热点问题、中美与

① 秦亚青：《霸权体系与国际冲突：美国在国际武装冲突中的支持行为（1945—1988）》，上海：上海人民出版社，2008 年版。

② 吴征宇：《霸权的逻辑：地理政治与战后美国大战略》，北京：中国人民大学出版社，2010 年版。

③ 潘忠岐：《与霸权相处的逻辑》，上海：上海人民出版社，2012 年版。

④ 周方银主编：《大国的亚太战略》，北京：社会科学文献出版社，2013 年版。

⑤ 孙哲主编：《亚太战略变局与中美新型大国关系》，北京：时事出版社，2012 年版。

⑥ 中国现代国际关系研究院美国研究所主编：《中美亚太共处之道：中国·美国与第三方》，北京：时事出版社，2013 年版。

区域大国等角度审视中美两国关系的未来发展。与那些“唱衰”中美关系的美国学者不同，书中学者以开阔的胸怀、前瞻性的思维、建设性的立意探讨了中美关系的挑战和机遇。

就论文而言，中国学者在最近几年就美国的亚太战略调整以及中国的应对之道发表了很多富有见地的成果。复旦大学吴心伯教授所写的《奥巴马政府的亚太战略》[①] 一文详细探讨了奥巴马政府对亚太的认知和战略构想，并进一步揭示了该战略所面临的不确定的制约性因素。上海国际问题研究院蔡鹏鸿研究员所写的《亚太区域架构变动的现状与前景》[②] 一文探讨了冷战以后亚太区域架构所经历的深刻变动以及变动的重要特征。该文认为，双边联盟在未来会与以双边联盟和合作安全为导向的多边安全合作机制并存，中国应该成为机制重构的积极参与者。国防大学唐永胜教授等所写的《亚太战略形势演变及其对中国国家安全的影响》[③] 一文认为随着中国的崛起和美国亚太再平衡战略的实施，亚太地区安全形势进一步趋向复杂。因应美国的战略压力，中国需要确立一项经略亚太的综合性战略。周方银研究员所写的《周边环境走向与中国的周边战略选择》[④] 一文认为，中国正面临着来自美国和周边国家的双重战略压力。在此情况之下，中国应该以综合而非单一的方式运用自身的能力化解与周边国家的矛盾和利益冲突，实现政策手段的相互配合和优化组合。辽宁大学教授房广顺

① 吴心伯：“论奥巴马政府的亚太战略”，《国际问题研究》，2012 年第 2 期。

② 蔡鹏鸿：“亚太区域架构变动的现状与前景”，《现代国际关系》，2013 年第 7 期。

③ 唐永胜、李莉、方珂：“亚太战略形势演变及其对中国国家安全的影响”，《现代国际关系》，2013 年第 8 期。

④ 周方银：“周边环境走向与中国的周边战略选择”，《外交评论》，2014 年第 1 期。

等人所写的《美国亚太“再平衡”战略的调整与意识形态输出》[①] 一文详细阐释了意识形态因素在美国亚太战略调整中的重要作用。该文指出，美国在推行亚太“再平衡战略”时格外重视输出以“自由”、“民主”、“人权”为核心内容的普世价值。中国相关部门对此既应该保持警惕，又应该积极应对。

3. 在美国的亚太联盟层面。针对美国的亚太联盟体系，国内外学界都有大量的研究报告、著作和论文面世。美国学者迈克尔·格林（Michael Green）、帕特里克·克罗宁（Patrick Cronin）主编的《美日联盟：过去、现在和将来》[②] 对美日联盟的形成和发展进行了全景式评析，并侧重从政策角度解读美日联盟关系。拜瑞·鲁宾等人所编著的《变化世界中的美国联盟》以海上运输线的安全保障和导弹防御系统等问题为线索对美日联盟进行了解读。由美国斯坦福大学亚太研究中心（Asia－Pacific Research Center，Stanford University）阿马科斯特（Michael H. Armacost）等人主编的《美国东北亚联盟的未来》[③] 对美日和美韩联盟的未来进行了展望。该研究报告认为，虽说美日联盟关系进展顺利，但它也容易受到朝鲜半岛局势、美国对日政策以及日本国内民族主义的影响。该报告将美韩联盟关系视为美国缔结的最成功的联盟关系之一，它不仅确保了韩国的经济腾飞还促进了韩国的民主化进程。美韩联盟的发展主要取决于如何认知和应对朝鲜的威胁。2007 年 2 月，美国战略和国际研究中心（Center for Strategic

① 房广顺、马强：“美国亚太‘再平衡’战略的调整与意识形态输出”，《东北亚论坛》，2014 年第 3 期。

② ［美］迈克尔·格林、帕德里克·克罗宁：《美日联盟：过去、现在和将来》，华宏勋译，北京：新华出版社，2000 年版。

③ Michael H. Armacost & Daniel I. Okimoto，“The Future of America's Alliances in Northeast Asia”，Asia－Pacific Research Center，Stanford University，2004. http：//iis－db. stanford. edu/pubs/20641/Intro_ －_ Future_ of_ America's_ Alliances_ in_ NE_ Asia. pdf.

and International Studies）发表了由前副国务卿理查德·阿米蒂奇（Richard L. Armitage）和前助理国防部长约瑟夫·奈（Joseph S. Nye）牵头撰写的报告《美日同盟——让亚洲正确迈向2020》[①]。该报告勾勒了美日联盟的发展蓝图。报告认为，美日联盟仍是美国亚太战略的重要支轴，美国应该鼓励日本在亚太地区发挥更积极的作用。韩国国家统一研究院的研究员朴载植（Jae Jeok Park）所写的《美国亚太联盟体系的存续：一种秩序保障的解释》[②] 一文以美澳联盟为例重点阐释了为什么冷战之后美国的亚太联盟没有随着“共同威胁”的消失而瓦解。该文认为，冷战之后的美国亚太联盟并不以应对“共同威胁”为核心内容，维护对联盟有力的亚太秩序是该联盟在冷战结束之后继续存在的主要原因。美国乔治敦大学教授维克多·车（Victor D. Cha）在《权力游戏：美国亚洲联盟体系的起源》[③] 一文中对美国亚太联盟体系的起源做了较为详细的介绍。他力图解决的问题是为什么在二战之后美国没有在亚太地区建立起像北约那样的多边联盟体系。通过对多组双边联盟的研究，他得出的结论是，美国的决策者认为美国在亚洲的“流氓”盟友（rogue allies）的冒险行为很有可能“牵连”美国。因此，为了更好地控制这些“流氓”盟友，美国更倾向于在这一地区建立紧密的双边联盟体系。

近年来，国内学者也对美国的亚太联盟体系给予了较大的关注。就著作而言，王帆的《美国的亚太联盟》[④] 重点分析了美日、

---

① Richard L. Armitage & Joseph S. Nye, “The U. S. – Japan Alliance Getting Asia Right through 2020”, Center for Strategic and International Studies, February 2007.

② Jae Jeok Park, “The Persistence of the US – led Alliances in the Asia – Pacific: An Order Insurance Explanation”, *International Relations of the Asia – Pacific*, Volume 13, No. 3.

③ Victor D. Cha, “Powerplay Origins of the U. S. Alliance System in Asia”, *International Security*, Vol. 34, No. 3, Winter 2009/2010.

④ 王帆：《美国的联盟体系》，北京：世界知识出版，2007 年版。

美韩、美澳联盟关系的历史演进，并使用传统联盟理论对美国的亚太联盟进行了解读。汪伟民所写的《联盟理论与美国的联盟战略——以美日、美韩联盟研究为例》[①] 在对“权力平衡”、“威胁平衡”、“利益平衡”等联盟理论进行全面评估的基础上，立足新现实主义和新古典主义的基本分析框架，初步构建了分析单极国际体系下的各国联盟行为的“威权式联盟”理论，并据此对美日、美韩联盟在新形势下的发展变迁进行了分析。谷雪梅所写的《冷战时期美澳同盟的形成和发展（1945—1973）》[②] 以时间为轴梳理了冷战时期美澳联盟的发展演变过程，分别论述了朝鲜战争与美澳联盟、地区冲突与美澳联盟、越南战争与美澳联盟等议题。费昭珣所写的《大盟友与小伙伴》以美菲和美泰联盟为研究对象，重点探讨了冷战结束之后东南亚国家与美国的联盟关系是如何进一步深化的。李凡所著的《冷战后的美国和澳大利亚同盟关系》[③] 对美澳联盟进行了深入而系统的研究，并结合奥巴马政府的亚太战略对美澳联盟的未来进行了展望。祁建华和王庆东所写的《东亚安全与驻韩美军》[④] 从驻韩美国与美国国家安全战略、驻韩美军与美国军事战略、驻韩美军与美国东亚政策等方面论述了美国在朝鲜半岛的军事存在对地区安全的影响。徐万胜等学者所写的《冷战后的日美同盟与中国周边安全》[⑤] 认为，冷战结束

① 汪伟民：《联盟理论与美国的联盟战略——以美日、美韩联盟研究为例》，北京：世界知识出版，2007 年版。

② 谷雪梅：《冷战时期美澳同盟的形成与发展（1945—1973）》，北京：中国社会科学出版社，2013 年版。

③ 李凡：《冷战后美国和澳大利亚同盟关系》，北京：中国社会科学出版社，2010 年版。

④ 祁建华、王庆东：《东亚安全与驻韩美军》，北京：世界知识出版社，2009 年版。

⑤ 徐万胜等：《冷战后的日美同盟与中国周边安全》，北京：社会科学文献出版社，2009 年版。

之后，日美同盟呈现出“全球性”、“对称性”与“冲突性”三大发展趋势。在此情况之下，美国在亚太地区实力的增加以及日本的右倾化是影响中国周边安全的最大的外部因素。吴心伯教授的《太平洋上不太平——后冷战时期的美国亚太安全战略》① 重点研究了美日联盟在冷战结束之后的调整以及美日安全关系的演变。王缉思教授主编的《美国在亚洲的作用——观点、政策及影响》② 就美国与东亚战略格局、美国与东亚安全、美国与东亚经济合作以及美国与东亚政治发展等方面展开了全景式研究。北京大学张小明教授的著作《美国与东亚关系导论》③ 从东亚地区国际体系变迁的角度，探讨了美国与东亚关系的历史演变过程，同时也对美日联盟的强化、中国的崛起、东亚多边合作等诸多现实问题进行了详细的剖析。

就论文而言，国内学者的论文大多围绕冷战后美国亚太联盟体系的调整展开。周方银研究员在《美国的亚太同盟体系与中国的应对》④ 一文中，一方面回顾美国亚太联盟体系的形成与演变。另一方面针对该联盟体系提出了相应的战略对策。他认为，面对美国亚太联盟给中国形成的战略压力，中国应该积极参与更具包容性和建设性的地区安全机制的构建，通过安全手段和经济手段弱化美国亚太联盟体系的作用。与此同时，中国应针对美国的盟国执行差异性政策，将美国亚太联盟给中国崛起带来的影响降到最低。北京外国语大学杨毅副教授所写的《美国亚太联盟体系与

① 吴心伯：《太平洋上不太平——后冷战时期的美国亚太安全战略》，上海：复旦大学出版社，2006 年版。

② 王缉思主编：《美国在东亚的作用——观点、政策及影响》，北京：时事出版社，2008 年版。

③ 张小明：《美国与东亚关系导论》，北京：北京大学出版社，2011 年版。

④ 周方银：“美国的亚太同盟体系与中国的应对”，《世界经济与政治》，2013 年第 11 期。

中国周边战略》[①] 重点探讨了奥巴马政府推行亚太再平衡战略的两条路径。他认为，美国在强化其亚太军事存在的同时，大力推行跨太平洋伙伴关系协定，力图增强对这一地区经济事务的主导。美国在安全层面的地位提升有利于美国发挥联盟的经济效果，这对中国的周边战略造成了巨大的挑战。中国现代国际关系研究院的孙茹研究员所写的《美国的同盟体系及其功效》[②] 重点讨论了美国的联盟体系在增强美国实力，扩大美国影响力方面所发挥的作用。她认为，美国的联盟体系之所以在冷战结束之后没有解体并一直存续至21 世纪，是因为美国将其视为重要的权力资源加以维护。由延边大学王晓波教授等人所写的《冷战后美日韩联盟体系与中国》[③] 在介绍相关联盟理论的基础上梳理了美日韩联盟体系的建立和发展过程以及中国在东亚安全结构中的角色。该文的结论是，美国的东亚联盟体系还不足以令美国在这一地区构建霸权秩序，中国正在通过亚太地区多边合作机制对美国的霸权进行“软制衡”。山东大学刘昌明教授所写的《双边同盟体系制约下的东亚地区主义：困境与趋势》[④] 重点讨论了东亚双边联盟体系的强化以及对东亚地区主义的制约作用。该文的基本观点是不断强化的美国东亚双边联盟阻碍了地区共同目标的建立。在这种情况之下，东亚地区主义将呈现出从“东亚”向“亚太”加快转移的趋势。复旦大学的程晓勇博士所写的《冷战后美国亚洲

---

① 杨毅：“美国亚太联盟体系与中国周边战略”，《国际安全研究》，2013 年第 3 期。

② 孙茹：“美国的同盟体系及其功效”，《现代国际关系》，2011 年第 7 期。

③ 王晓波、陈斌：“冷战后美日韩联盟体系与中国”，《延边大学学报（社会科学版）》，2011 年第 4 期。

④ 刘昌明：“双边同盟体系制约下的东亚地区主义：困境与趋势”，《当代世界社会主义问题》，2011 年第 1 期。

同盟体系内的两种趋向——基于美菲同盟和美韩同盟的考察》[①]在分析美菲和美韩联盟演变的基础上认为随着美国国力的相对衰退，美国将会更加依赖盟国分担“责任”。美国希望在巩固既有联盟的同时创建由安全伙伴组成的新联盟以强化美国在亚太地区的主导权。武汉大学的赵嵘教授所写的《“9·11”后美国联盟战略的调整》[②] 重点讨论了美国如何随着安全环境的变化而调整其联盟战略。该文的结论是，为了维护自身的霸主地位，美国会继续倚重其联盟应对潜在的挑战者。中国现代国际关系研究院杨文静副研究员所写的《美国亚太同盟体系的调整及其走向》[③] 是研究美国亚太联盟体系较早的一篇文章。文章梳理了美国亚太联盟体系从冷战向冷战后的演变以及该联盟体系的发展趋势。该文的基本观点是，三种因素——意识形态、地缘政治、政治便利主义（political expediency）——会使美国的联盟体系在冷战后继续强化。此外，美国亚太联盟体系的强化不以遏制中国为唯一目标，防止恐怖主义和大规模性杀伤性武器扩散与中国的利益相符。

三、核心概念厘定

本书重点分析美国的亚太联盟以及中国的战略应对。结合这一行文思路，笔者将下面几个概念视为核心概念。这样做的目的是为该书的写作搭建一个必要的概念平台，突出其主旨和重点。此外，国际政治概念往往具有多重性，在此部分，笔者也会厘清

① 程晓勇：“冷战后美国亚洲同盟体系内的两种趋向——基于美菲同盟和美韩同盟的考察”，《南京政治学院学报》，2012 年第 6 期。

② 赵嵘：“‘9·11’后美国联盟战略的调整”，《现代国际关系》，2007 年第 12 期。

③ 杨文静：“美国亚太同盟体系的调整及其走向”，《现代国际关系》，2003 年第 8 期。

这些核心概念在本书中的适用范围。

1. 联盟

联盟是国际政治理论的核心概念之一，国内外的学界都十分重视联盟理论和实践的研究。联盟通常被认为是不同国家为了应对外部威胁、扩增国家实力、增加战略筹码、维护国家利益而组成的联合体。它是一个国家获取“安全感”的重要平台和手段之一。不同联盟之间的斗争贯穿于多国体系形成以来的整个人类历史，它对大国的兴衰、地区的稳定以及国际格局的塑造都发挥着重要的作用。然而，对于联盟的认知，国际关系理论的不同学派却有着不同的看法。它们从各自的研究范式出发，对联盟的起源、管理、功能以及瓦解都做了详细的阐释。

以汉斯·摩根索为代表的传统现实主义学者强调联盟与权力平衡的关系①。他在《国家间政治》一书中就专门讨论了联盟问题，认为在“多国体系内，联盟必然具有平衡权力的功能”②。传统现实主义学者在研究联盟理论时看中的是权力和利益，并不看好意识形态，正像摩根索本人所讲的那样，“同物质利益无关的纯意识形态联盟只能是不成功的联盟”③。传统现实主义学者的许多涉及联盟的理论在历经数十年的实践考验之后依然有着顽强的生命力，新现实主义学者对传统现实主义理论又进行了不少修正。尽管沃尔兹并未系统地阐释联盟理论，但他关于“国家对权

① 参见 Hans J. Morgenthau, “Alliances in Theory and Practice”, in Arnold Wolfers ed. *Alliance Policy in the Cold War*, Baltimore: Johns Hopkins University Press, 1959, pp. 184 – 212.

② ［美］汉斯·摩根索：《国家间政治——权力斗争与和平》，徐昕、郝望、李保平译，北京：北京大学出版社，2006 年版，第 219 页。

③ ［美］汉斯·摩根索：《国际纵横策论——争强权，求和平》，卢明华译，上海：上海译文出版社，1995 年版，第 242 页。

力的追求远远胜过对安全的追求"① 的观点仍给其他新现实主义学者带来了有益的启迪。沃尔兹的学生沃尔特认为一个国家对外部威胁的反应既可能是"制衡"（balancing）也有可能是"见风使舵"（bandwagoning），进而他以"威胁平衡"（balance of threat）的概念取代了"权力平衡"（balance of power）。新现实主义的其他学者又相继提出了与联盟理论相关的"利益平衡"（balance of interests）、"抛弃"（abandonment）和"牵连"（entrapment）等概念。自由制度主义和建构主义学者分别从制度层面和认同层面解释联盟。自由制度主义学者认为高度制度化的联盟对外部环境的适应力更强，制度化可以减少联盟成员之间的交易成本、促进联盟成员的合作，从而实现成员的最大利益。在联盟问题上，建构主义学者认为，规范、认同和文化等非物质因素在联盟形成过程中发挥了重要作用，形成了具有极强影响力的共同体意识和集体认同。②

关于联盟的定义，有的学者侧重从军事角度定义这一概念，如美国学者阿诺德·沃尔弗斯就认为，"联盟是指两个或者多个主权国家之间就军事援助问题作出的承诺。它与松散的合作协议迥然不同，因为一国一旦与他国签订了含有军事承诺的协议，便要承担与该国共同抗敌的义务。"③ 格林·施奈德则从"威胁"角度定义联盟。他认为联盟是"一种正式的联合，是两国或者多个国家为了应对外来威胁而组建起来的"。④ 相比之下，斯蒂芬·沃

---

① 参见 Kenneth Waltz, *Theory of International Politics*, Mass.: Addison Wesley, 1979, "Introduction".

② 于铁军："国际政治中的联盟理论：进展与争论"，《欧洲》，1999 年第 5 期。

③ See Arnold Wolfers, "Alliances", in David L. Sills, ed. *International Encyclopedia of Social Sciences*, New York: Macmillan, 1968, pp. 268 – 269.

④ Glenn H. Snyder, *Alliance Politics*, Ithaca and London: Cornell University Press, 1997, p. 6.

尔特对“联盟”的界定要宽泛一些，他认为“联盟是指两个或更多主权国家之间正式的或非正式的安全合作安排”。[1] 在《联盟的起源》一书中，他解释道，如果不对联盟进行宽泛的定义，研究者就会失去很多富有价值的案例。此外，不能将条约的签订作为判定联盟形成的唯一要素，因为有些国家之间虽然没有签订正式的联盟条约，但实际上却存在着密切的联盟关系。美国和以色列就是这方面的典型例子。由此，沃尔特把在安全方面非正式的安排也看作是联盟的一种形式，也就是说，这种联盟不一定以签订正式的盟约为前提。[2] 对于这种宽泛的定义，美国约翰·霍普金斯大学罗伯特·奥斯古德教授（Robert Osgood）也持支持态度，他认为“一个联盟的根本性质和实际意义很难在正式的军事协议或条约中体现出来。这一点正如婚姻一样，那一纸文书很少能够体现婚姻的实质”。[3] 综上所述，美国学者在处理“联盟”这一概念时很少受教条主义的影响，他们更倾向于从实际出发，不对联盟进行精细化定义，既将有正式条约和协议的国家间的合作与承诺视为联盟的体现，也将那些有实际联盟内容，但并没有签署正式协议或作出承诺的国家间关系视为一种联盟关系。

在本书中，作者也倾向于对“联盟”进行宽泛的理解。也就是说，结合联盟战略的实践，只要国与国之间在安全和军事领域中做出了某种合作的承诺，当其中一方或几方面临外部威胁时，做出承诺的其他国家负有使用武力或者考虑使用武力的义务时，则这些国家之间就构成了某种程度的联盟关系。美国和新加坡的关系便是一个很好的例子。美国和新加坡虽然没有签订正式的联

---

① ［美］斯蒂芬·沃尔特：《联盟的起源》，周丕启译，北京：北京大学出版社，2007 年版，第 12 页。

② 同上书。

③ Robert Osgood, *Alliances and American Foreign Policy*, Baltimore: Johns Hopkins University Press, 1968, p. 18.

盟协议，但由于两国之间存在着密切的军事合作，人们仍将新加坡视为美国的“准联盟”国家。新加坡对于美国的重要性甚至超过了美国在东南亚的传统盟友泰国和菲律宾。

另需指出的是，英语的“alliance”一词既可以被翻译成中文的“联盟”，也可以被翻译成“同盟”，两者词义并没有太大的区别。国内的研究者多数也是交叉使用“联盟”和“同盟”。本书在绝大多数情况之下使用“联盟”一词，但有些国内学者或者译著会使用“同盟”一词，本书在引用时不做修改。

2. 美国亚太联盟体系的层次

卡尔·多伊奇（Karl Deutsch）在20世纪50年代全面阐释了“安全共同体”这一概念。在他看来，安全共同体是实现了“一体化”的集团，集团的成员不再彼此争夺物质利益，而是通过其他方式解决成员之间的争端。[①]“多元型安全共同体”是“安全共同体”的一种类型，是指成员在保持相对独立性的前提下开展合作。美国的亚太联盟被美国依据自身的战略需求、盟国的实力地位等因素分为不同的层级。在这种层级划分中，美日联盟、美韩联盟和美澳联盟处在中心地位。这三组双边联盟与多元型安全共同体非常相似，是一种建立在广泛的认同感和相互依赖之上的利益共同体，它们构成了美国亚太联盟的核心部分。美日和美韩联盟对美国的东亚安全战略至关重要，是美国“制约”和“遏制”中国以及应对朝鲜威胁的利器。美澳联盟则是美国“重返亚太”战略的另一重要支柱，是美国用以应对南海紧张局势的重要工具。这三组双边联盟，以日本和澳大利为“北锚”和“南锚”，在亚太地区形成了一张合围中国的大网，其在美国亚太联盟体系

① Karl W. Deutsch and Sidney A. Burrell, et. al, *Political Community and the North Atlantic Areas: International Organization in the Light of Historical Experience*, Princeton: Princeton University Press, 1957, pp. 5 - 6.

中的重要性不言而喻。美国亚太联盟体系的中间层次是美菲联盟和美泰联盟，虽说菲律宾和泰国与美国保持着极为广泛的政治、经济和军事联系，但是由于地缘政治和美国战略需求的原因，它们的重要性远远不如上述三国，经常被称为美国的“二流盟国”或“次要盟国”。此外，以新加坡和印度为代表的包括越南、马来西亚、印尼在内的一些南亚和东南亚国家，并不是美国的正式盟国，处于美国亚太联盟体系的最外层。它们虽说与美国没有正式的联盟关系，但均是与美国的安全利益密切相关的国家。可以说，美国正是根据其盟国和安全伙伴的战略地位对其亚太联盟体系进行层级化管理的。

本书在论及美国的亚太联盟时以美日联盟、美韩联盟和美澳联盟为中心。这三组双边联盟是美国亚太联盟体系的支柱和核心，梳理它们的起源、发展和未来走势对宏观理解美国的亚太联盟体系有着重要的作用。此外，随着冷战后世界局势的发展，美国逐渐意识到单凭其在亚太地区打造的双边军事联盟已无法应对诸如朝核危机、打击恐怖主义等全球性安全问题。于是，它在政治、经济和安全等层面大力推进与安全伙伴的关系，并积极参与并主导亚太多边安全机制建设。

3. 亚太

“亚太”是“亚洲太平洋”的简称。因其在不同历史时期有着不同的概念和内涵，所以被认为是一个“伸缩性很强的动态概念”。[①] 1974 年，联合国经济及社会理事会（Unites Nations Economic and Social Council，ECOSOC）决定把成立于1947 年的“亚洲和远东经济委员会”改为“亚洲和太平洋经济社会委员会”。由此，“亚洲太平洋”概念正式形成。亚太概念虽说形成于在上

① 陈峰君：《亚太安全析论》，北京：中国国际广播出版社，2004 年版，第 1 页。

个世纪70年代，但在相当长的一段时间里，美日等国仍然沿用以往的称呼，比如“环太平洋”和“太平洋盆地”[①]。1993年，首次亚太经济合作组织领导人非正式会议在美国西雅图的布莱克岛（Blake Island）举行，此次会议之后，“亚洲太平洋”概念才被各国普遍接受。

由于“亚太”概念本身是一个随着世界政治、经济、军事力量的发展而不断变化的概念，学界对其范围的界定也略有不同。总体而言，在学界中存在以下几种主要的界定方式：

第一种：亚洲的所有国家或地区、包括太平洋诸岛国在内的大洋洲国家、美洲的太平洋沿岸国家。

第二种：亚太经济合作组织的21个成员，这其中既有亚洲和大洋洲的国家和地区，也有北美洲和南美洲的太平洋沿岸国家，但不包括南亚、中亚和西亚诸国。

第三种：亚洲东部地区，有人称“太平洋亚洲”（Pacific Asia），有人称“小亚太”或“大东亚”，有时甚至把南亚即印度半岛诸国包括在内。[②]

为了称谓上的统一，北京大学王逸舟教授将“亚太”这一概念拆分为“大亚太”、“中亚太”、“小亚太”三个层级。“大亚太”是指除西亚以外的整个亚洲部分，外加大洋洲、北美洲和中南美洲的西部地区；“中亚太”则指东北亚（含俄罗斯远东地区）、东南亚、大洋洲（重点是澳大利亚和新西兰）和北美洲（美国、加拿大、墨西哥）的西部；“小亚太”则仅指东亚（东北

① 陈鲁直：“亚太地区概念探源和海洋意识”，《太平洋学报》，1993年第10期。

② 参见陈峰君：《当代亚太政治与经济析论》，北京：北京大学出版社，2001年版，第3—17页。

亚和东南亚)。[①] 在这三种称谓中,“中亚太”的范围目前最为外界所接受,本书也赞同这种对“亚太”范围的界定。

美国政府对于该地区范围的界定也是在不断变化的。历史上,“亚太”这一概念专指东亚和西太平洋地区,并不包括中亚、西亚和南亚。这一点主要体现在美国的决策层面,美国的东亚问题专家往往会被任命为主管亚太的官员。[②] 从小布什政府开始,美国的亚太政策视野开始包括中亚和南亚。[③] 美国国防部在2012年1月公布的《战略指南》(The 2012 Defense Strategic Guidance)中就明确指出:“美国的经济和安全利益同发生在从西太平洋与东亚一直延至印度洋与南亚的弧形地带上的事态密不可分。”[④] 亚太地区在地理和文化上的多样性和分散性意味着美国与亚太地区的关系主要表现为美国与该区域内不同国家的双边关系,而不表现为美国与作为一个政治单位的亚太地区之间的关系。美国的亚太联盟体系亦是如此,虽说北约的成功为美国在亚太地区构建联盟体系提供了蓝本,但美国的亚太联盟体系并不是一个多边联盟体系,它是由一个个不同的双边联盟构建而成的。

正因为“亚太”是一个很大、很广的概念,该区域内的美国盟国之间存在着很大的差异,而且在国际关系中美国的这些亚太盟国尚未形成了一个单一的行为体。因此,如果只是笼统地分析

---

① 参见王逸舟:《当代国际政治析论》,上海:上海人民出版社,1995年版,第437页。

② 袁鹏:“寻求中美亚太良性互动”,载中国现代国际关系研究院美国研究所主编《中美亚太共处之道:中国·美国和第三方》,北京:时事出版社,2013年版,第3页。

③ 参见吴心伯:“论奥巴马政府的亚太战略”,《国际问题研究》,2012年第2期。

④ U. S. Department of Defense, “Sustaining U. S. Global Leadership: Priorities for 21st Century Defense”, January 2012. http://www. defense. gov/news/defense_strategic_guidance. pdf.

美国的亚太联盟体系，而不去考查美国与各个盟国之间的双边联盟关系，我们将无法全面把握美国亚太联盟体系的复杂性，也无法准确理解美国对整个亚太格局演变的巨大影响。

四、主要研究方法

本书坚持辩证唯物主义与历史唯物主义的研究方法，注重理论分析和实证研究相结合，历史与现实相结合，个案分析和系统分析相结合，试图从冷战以来美国联盟战略的形成原因、特征和性质分析入手，对美国的联盟行为进行个案研究和比较研究，在个案研究和体系分析的基础之上，对美国冷战后的联盟战略加以评述，力求对美国联盟战略的历史演变、主要特征以及美国联盟战略对中国崛起的影响得出一个相对明确的认识。就研究范式而言，本书主要采用现实主义研究范式，从国家利益和权力以及国家安全和生存的角度研究冷战后美国亚太联盟体系的演变以及中国的战略选择。就研究方法而言，本书所使用的具体方法如下：

第一，历史分析法。历史分析法是研究国际关系的重要方法之一。对国际关系史的观察、分析和理解有助于人们更好地认识和把握国际关系的现状和发展趋势。时殷弘教授就曾讲到，国际关系研究是建立在对历史的理解之上的。[①] 本书从美国亚太联盟的历史回顾出发，全方位、有层次地分析美国亚太联盟体系在冷战后不同阶段的演变和发展以及对亚太安全局势的影响，以求探寻中国的应对之策。

第二，比较分析法。比较分析法既包括纵向比较研究又包括横向比较研究。本书采用这一研究方法力图对美国亚太联盟体系

① 时殷弘：“关于国际关系的历史理解”，《世界经济与政治》，2005 年第 10 期。

进行历史和现实之间的多维度、多视角的剖析和评价。就纵向比较研究来说，本书对美国亚太联盟在冷战后不同阶段的发展和特征进行了比较。就横向比较而言，本书对美国亚太联盟体系中的不同双边联盟进行了比较。

第三，层次分析法。层次分析法是国际关系研究中的一种重要方法。该研究方法由国际关系理论新现实主义学派首开先河。它侧重通过个人、国家和国际体系等三个分析层面研究国际关系。美国政治学家戴维·辛格（David Singer）进一步发展了这种研究方法。他认为国际关系的研究包括国际系统和国家两个主要层次。研究人员通过对国际系统的研究可以在宏观层面掌握国际关系的发展规律，而对国家的研究则可以使研究人员在微观层面了解更多的国家政策和行为。[①] 本书在研究美国亚太联盟体系的过程中既侧重从国际系统的角度又侧重从美国及其盟国的角度观察和分析该联盟体系的演变过程、基本特征和发展规律。

五、基本观点和结构设计

1. 基本观点

冷战期间，美国通过一系列双边和多边军事协定建立起了遍布全球的联盟网络，发展到现在已经形成了一个以美国为核心，以地区盟国为支点，以联盟条约和合作关系为纽带的多层次的联盟体系。美国所构建的联盟体系是冷战时期的遗留产物，自组建以来便一直是美国称霸世界的主要工具和手段。该联盟体系形成和发展的轨迹正好与美国霸权确立和强化的全过程相吻合。二战结束之后，美国为了遏制“共产主义威胁”，先后在欧洲和亚洲建立了北大西洋公约组织和以美日、美韩为主的一系列双边军事

① 秦亚青：“层次分析法与国际关系研究”，《欧洲》，1998 年第 3 期。

联盟。面对1950年前后的国际战略格局的急剧变化，美国政府由保罗·尼采（Paul Henry Nitze）领衔讨论并制定了一份名为“美国国家安全的目标与计划”（United States Objectives and Programs for National Security）的文件（即著名的NSC－68文件）。该文件在军事、政治和经济等各个层面确定了美国用以抗衡苏联的具体目标和措施。就深度和广度而言，它已经全面超出了一般性质的战略文件和计划，是美国冷战政策的一次全面提升。同时，因为该文件具有高度的对抗性和排他性，美苏之间的冷战已经远远超出了地域的限制，即使在亚洲，美苏也处于严重的相互排斥和对抗状态。在亚洲，朝鲜战争的爆发成为美国强化其冷战政策的重要原因，也是美国强化其亚太联盟体系的直接推动力。更重要的是，朝鲜战争把中国全面推向了美国的对立面，使其成为美国冷战联盟政策的主要指向之一。

20世纪80年代末90年代初，国际关系史目睹了一系列改变人类发展进程的重大事件。东欧剧变、华约解散、苏联解体彻底颠覆了原有的国际战略格局和国际力量对比。面对更加波谲云诡的新形势，为了维护其全球霸权，美国随着国际局势的变化不断调整它在冷战时期构建和发展起来的全球联盟体系。其联盟战略也展现出了新的特征。第一，国际格局和亚太地缘政治在冷战后发生了根本性改变，美国成为了世界上唯一的超级大国。全球性威胁的消失和新的地区性挑战的出现使得美国在追求和维护其世界霸权的同时，不断扩大地区防务合作，更加注重亚太地区的大国平衡。就亚太联盟体系而言，美国不断扩大美日军事合作的范围，将以应对苏联威胁为目的的美日联盟变成以亚太地区，特别是中国，为对象的广泛的地区性联盟体制。美国与澳大利亚、韩国和菲律宾的联盟也经历了类似的变化。第二，美国在冷战期间建立的联盟体系虽说有“共同价值观”的因素，但更多的是出于共同威胁的考虑，这种联盟更多地强调军事合作，联盟的基础也是为了对付以苏联为首的社会主义阵营。冷战结束后，美国为了继续维持其全球霸权，“共同价值观”随即成为美国维系亚太联盟体系的重要纽带以及美国联盟战略调整的重要动因。第三，随着美国实力地位的变化，美国的联盟模式也出现了改变。在正式联盟的基础之上，美国在处理全球和地区性问题时更多采用一些更为灵活的模式。针对阿富汗战争，时任美国国防部副部长的沃尔福威茨（Paul Wolfowitz）就曾表示，“在赢得反恐战争问题上组成联盟是非常重要的”，但“并不会有一个单一的、全方位的联盟，而是依据形势变化和各国的不同情况，组成多个因应不同问题的具体联盟”[①]。奥巴马总统上台以来，一改布什总统时期“单边主义”大行其道的做法，更加注重参与和主导亚太地区多边安全机制的建设，以使其与美国的亚太双边联盟体系相互借重。第四，为了提高亚太联盟的整体实力和运行效率，美国还大力推动其双边联盟关系向“多边化”和“网络化”方向发展，并同时加强与以新加坡为首的亚太安全伙伴的关系，力图以此为基础打造亚太“小北约”。

就现在的亚太地区秩序而言，经济秩序和安全秩序相脱节的“二元机构”是其重要的特征之一。在冷战期间，美国凭借其强大的政治、经济和军事实力独霸亚太，其盟国无论在经济发展还是在安全保障上都严重依赖美国。冷战结束之后，随着亚太地区新兴国家的崛起，世界权势出现了东移的趋势。更为重要的是，经过三十余年的发展，中国已经逐步成为亚太经济的重要引擎，美国在这一地区的重要盟友和众多安全伙伴不得不在经济上倚靠中国，在安全上依赖美国。这种“二元结构”对中国来说既是机

① Richard N. Hass, “Defining U. S. Foreign Policy in Post - Post - Cold War World”, Remarks to Foreign Policy Association, New York, April 22, 2002. http: // 2001 - 2009. state. gov/s/p/rem/9632. htm.

遇又是挑战。就机遇而言，首先，中国的经济优势日益凸显，已经成为亚太地区的重要“磁场”。对亚太各国吸引力的不断增强既有利于中国国际地位的提升，又有利于中国营造和平与友好的发展环境。美国的亚太盟友和安全伙伴与中国也有着密切的经济往来，这有利于中国减缓美国亚太联盟体系给自己带来的战略压力。其次，中国在发展本国经济的同时，坚持“亲诚惠容”的近邻观和“合作共赢”的利益观，致力于维护发展中国家的整体权益。这既有利于中国国际形象的提升，又为中国参与和主导地区多边合作打下了坚实的基础。随着中国在亚太地区经济和政治影响力的不断扩大，中美力量对比正朝着有利于中国的方向发展。这必将激起美国对中国的更多猜忌和不信任。中美之间战略互信的缺失给中国的和平发展带来了巨大挑战。首先，美国执意推行“亚太再平衡”战略。就军事而言，美国以亚太联盟为依托，强化美军在亚太地区的“前沿军事存在”，大力压缩中国的战略空间；就经济而言，美国力推将中国排除在外的跨太平洋伙伴关系协定，与中国争夺亚太自由贸易的主导权；就政治而言，美国仍以“自由的灯塔”自居，利用“共同价值观”强化和重塑它与亚太盟国和安全伙伴的关系，力求在“意识形态”领域里保持优势地位。其次，美国利用中国与邻国的领土争端，大肆鼓吹“中国威胁论”，挑拨中国与邻国的关系，恶化中国的周边安全环境。

针对美国亚太联盟的调整和强化，中国应结合亚太地区形势从政治、经济、军事三个维度做好战略应对。首先，坚持和平自主和睦邻友好的外交政策，在中国经济发展的同时注重与周边国家分享中国发展的红利，以此营造更加稳定和友善的外部环境。其次，积极参与并主导亚太地区经济一体化进程，进一步巩固和扩大中国在亚太地区的经济主导优势。最后，针对美军在亚太地区“咄咄逼人”的战略态势，中国应进一步加大军事投入，尽早实现国防现代化，以阻遏美国及其盟友的投机冒险行为。

就目前情况而言，中国的和平发展无法摆脱美国所构建的全球及地区联盟网络。与此同时，中国的和平发展也必定是亚洲政治、经济、外交和安全等诸多领域变革的主要动力。乔治·利斯卡就曾强调在中等国家没有实力平衡一个大国的影响时，它们就倾向于邀请其他大国参与到这一地区的实力平衡游戏中。[①] 因此，亚太国家，尤其是东亚国家针对中国崛起所采取的应对策略，将主要取决于美国的政策以及中国的崛起对其周边实力均衡的影响。由此而言，研究美国的亚太联盟体系不仅非常重要而且非常必要，它不仅能够使我们看到美国联盟战略的核心、实质和发展趋势，更能够有助于我们针对美国的联盟战略制定出切实可行的中国应对之策。

2. 结构设计

本书共分为六章。第一章以历史描述为主，主要探讨美国亚太联盟体系的起源和发展。在这一章里，美日、美韩、美澳和美菲联盟是研究的重点对象，通过研究这四组对美国最有价值的双边联盟，本章力图揭示美国亚太联盟的形成动因和基本特征。第二章以动态描述为主，主要探讨美国亚太联盟在冷战后的调整。冷战结束之后，美国及其盟国在共同威胁缺失的情况之下仍然维系着在冷战期间组建起来的联盟体系。本章仍以美日、美韩、美澳和美菲联盟为重点研究对象，力图展示冷战结束之后美国亚太联盟体系的调整过程，并同时揭示该联盟体系继续存在的基本原因。第三章着重描述冷战后美国亚太联盟体系调整的基本特征。冷战结束后，面对新的国际格局和地区形势，美国力图整合以“辐辏”结构为基本特征的亚太联盟，使其向“多边化”和“网络化”方向发展。与此同此，为了更好地维护其霸权地位，美国

① George Liska, *Nations in Alliance: The Limits of Interdependence*, Baltimore: Johns Hopkins University Press, 1962. p. 27.

在巩固和强化双边联盟的同时，还与一些新兴国家加强了安全伙伴关系。此外，在冷战结束之后，“民主价值观”成为美国用以团结盟国的新型“黏合剂”，它在美国亚太联盟体系调整的过程中发挥了重要作用。第四章主要探讨美国亚太联盟体系调整的基本动因。本章将美国亚太战略的转变、美国对国家利益的认知以及中国的崛起视为美国亚太联盟体系调整的基本原因。第五章力图对美国亚太联盟体系的调整展开评估，并在此基础之上探讨美国亚太联盟体系的发展趋势。该章首先评估了美国亚太联盟体系对美国霸权护持的作用，随后展望了该联盟体系的未来走势。第六章着重探讨美国亚太联盟体系对中国国家安全的影响，以及中国的应对之策。本章认为美国亚太联盟体系的强化极大地压缩了中国的战略空间，在此背景之下，中国在推进中美新型大国关系构建的同时，还应大力推进亚太安全合作机制的发展，在加强亚太经济合作的基础之上，加速推进军事现代化建设。

六、研究的创新和不足之处

（一）研究创新

本书对冷战后美国亚太联盟体系的演进与特征进行了系统且完整的梳理与分析。这种系统性和完整性是本书的主要创新之处。该研究有利于人们更好地理解美国的亚太战略和对华政策。本书针对美国亚太联盟体系展开全景式、及时性研究，因而注重宏观与微观的结合、历史与现实的结合、当前特征与未来发展的结合。本书在研究美国亚太联盟体系的基础之上还为中国如何经略亚太事务，应对美国的战略调整提出了相应的对策，因而具有较强的现实意义和实践价值。

（二）研究不足

1. 本书在研究冷战后美国亚太联盟体系调整和演变的同时又

对该联盟体系的未来作出了展望。这种全景式、及时性的研究往往需要时间的检验。中外学术界对当前美国政府的“亚太再平衡”战略仍有不同的看法。因此，本书在展望美国亚太联盟的未来发展趋势时可能会存在一定的误差。

2. 美国的亚太联盟体系是美国亚太战略的重要组成部分。在研究美国实施的即时性战略的时候，研究人员往往缺乏第一手资料，如带有密级的政府文件和战略报告，这不可避免地影响了研究的广度和深度。

第一章

美国亚太联盟体系的历史回顾

美国亚太联盟体系是美国全球战略的重要组成部分。它是美国为了遏制“共产主义威胁”，谋求世界霸权，推广其价值观而在亚太地区建立的庞大、复杂而且持久的联盟体系。该体系的建立不同于北大西洋公约组织，它不是一个多边的军事集团组织，而是通过与日本、韩国、澳大利亚、泰国和菲律宾等国家签订双边军事协议建立的。这种离散式的联盟体系被称为“辐辏”（hub and spokes）联盟模式，即以美国为“辏”，以与美国有双边联盟条约或相关安全协议的国家为“辐”的一个由美国主导的地区安全体系。[①]

第一节　冷战时期美国亚太联盟体系的建立与发展

美国亚太联盟体系是在美苏争霸的全球和地区背景之下建立起来的，其主要目的是应对以苏联为首的社会主义阵营。它与美国崛起为世界大国相伴而生，对美国的“霸权护持”起着至关重要的作用。作为美国亚太安全战略的重要平台，美国亚太联盟体

---

① James Baker, “America in Asia: Emerging Architecture for a Pacific Community”, *Foreign Affairs*, Vol. 70, No. 5 (Winter 1991/1992), pp. 1 – 18.

系对于人们认知和掌握美国二战后亚太安全战略的历史背景和后续发展都有着重要的意义。

一、冷战时期美国亚太联盟体系的建立过程

从历史的角度看，结盟并不是美国对外政策的传统。美国首任总统乔治·华盛顿（George Washington）在1796年的离职致辞中就认为，美国与欧洲的那些基本利益一点关系都没有或者说关系很小。正因如此，美国才得以避免卷入无休止的纷争。华盛顿明确指出："如果我们主动卷入欧洲政治的分分合合，与那一地区的结盟和敌对行为扯上关系，那我们就大错特错了。我们独特的地理位置使我们能够走另外一条路，……我们真正的政策乃是避免同任何国家订立永久的联盟。"① 这种不结盟的政策在相当长的时间里被随后的美国总统遵从，成为了美国对外政策的指导原则之一。直到第一次世界大战的初期，美国仍然执著于这种不卷入欧洲政治的传统，竭力避免与这场出现在欧洲大陆上的战争发生任何纠葛。但是，美国在"规避承担世界责任"② 的同时却大发"战争财"，向交战双方大量出售战争物资。随着国力的膨胀，美国总统托马斯·威尔逊（Thomas Wilson）参与国际政治的热情也日渐高涨。他说："美国的孤立状态结束了，这不是因为我们主动选择进入世界政治的舞台，而是因为美利坚民族的智慧和美国增长的实力已经使美国成为了人类历史上一支决定性的力量。在你成为决定性力量之后，无论你是否愿意，你都不能再保持孤

---

① Washington's Farewell Address: to the People of the United States, Senate Document No. 106 - 21, Washington, 2000. http://www.gpo.gov/fdsys/pkg/GPO - CDOC - 106sdoc21/pdf/GPO - CDOC - 106sdoc21.pdf.

② 王立新：《意识形态与美国外交政策》，北京：北京大学出版，2007年版，第143页。

立。是历史的进程而不是我们自己的选择结束了这种孤立。”[①] 尽管在此之后美国的孤立主义（Isolationism）情绪仍很浓厚，以致于令威尔逊所倡导的“国联”（League of Nations）计划受阻，美国在争夺世界事务的主导权方面仍然保持着不断上升的势头。但是，这种势头受到了美国经济大萧条的沉重打击。大萧条为一些主张回归孤立主义的人提供了最好的理由。赫伯特·胡佛（Herbert Clark Hoover）就曾主张远离欧洲，在美国专注建立“一个新的经济制度、新的社会制度和新的政治制度”。[②] 在孤立主义者看来，美国应该是一座让堕落的欧洲和混乱的亚洲遥望的自由的灯塔，是让世人效仿的典范，而不是一个威尔士式的拯救者。[③] 好在历史并没有顺着孤立主义者的意愿发展，太平洋战争证明了他们的荒谬。珍珠港事件令美国进入了一个全球介入的外交时期。正如美国经济学家芭芭拉·沃德（Barbara Mary Ward）所讲的那样：“美国人民是世界上唯一的把国家建立在事先构想的理念之上的人民。他们认为，将自由社会的理念传播至全世界要比呆在家里独自拥抱这一理念会给人们带来更多的幸福、自由和创造力。”[④]

在美国的国家安全战略中，外交战略和国防战略占有重要的位置。战后美国的联盟体系恰恰又是美国外交战略和国防战略的重要基石。正如前文所述，在第二次世界大战之前，因为美国奉

---

① Anders Stephanson, *Manifest Destiny*: *American Expansion and the Empire of Right*. New York: Hill & Wang, 1995, p117.

② Anders Stephanson, *Manifest Destiny*: *American Expansion and the Empire of Right*. New York: Hill & Wang, 1995, p120.

③ 王立新：《意识形态与美国外交政策》，北京：北京大学出版，2007 年版，第 143 页。

④ Babara Ward, “The New Year: the Decisive Year for Us”, Robert A. Divine, ed., *American Foreign Policy Since 1945*, Chicago: Quadrangle Books, Inc., 1969, p. 53.

行孤立主义政策，所以美国从来没有系统地制定过国家安全战略，更没有想过构建自己的联盟体系。这一点因为太平洋战争的爆发而出现了改变。太平洋战争实际上是美国与日本争夺亚太主导权的较量。在战争爆发之后，美国开始着手扶植中国，这在很大程度上使得中国在东亚的国家体系中再次以现代主权国家的身份成为主要大国和美国在东亚的主要盟友。[①] 太平洋战争的结果导致了亚太国家之间新的力量对比。日本的战败和中国大国地位的恢复无疑对战后的亚太格局产生了深远的影响。美国作为此次战争的最大赢家在亚太地区确立了无人能及的、独一无二的地位，苏联则通过对日宣战成为了另外一个在该地区具有举足轻重作用的大国。在这样的战略背景之下，美国着手贯彻富兰克·罗斯福（Franklin Roosevelt）的世界秩序观。该秩序观强调大国共管世界事务，也就是说由美国、苏联、英国、中国等几个大国充当世界警察共同维护世界和平，对付潜在的“恶棍”国家。[②] 为此，美国不遗余力地推动联合国的建设，期望在战时联盟的基础之上建立新的世界性国际组织。不料，在战后短短两年之内美国对世界局势的认知就发生了翻天覆地的变化，以二战盟国为主导的世界蓝图也被美国撕得粉碎。苏联从美国的战时盟国、战后共管世界的合作伙伴瞬间变成了美国的头号敌人。在对苏联进行冷战并实施“遏制”战略的同时，美国迅速建立了一个遍布全球的联盟体系。美国前总统里根曾这样解读美国的联盟：美国国家目标的实现取决于美国与其志同道合的国家之间的合作。这种关系既可以增强美国的实力，又可以减缓美国人民对于自己的国家独自承担安全重负的担忧。可以预见的是，美国在各种联盟关系中

① 张小明：《美国与东亚关系导论》，北京：北京大学出版社，2011 年版，第 103 页。

② 刘靖华：《20 世纪的国际政治逻辑》，北京：生活·读书·新知三联书店，2007 年版，第 27 页。

会时不时地经历一些困难，但这些困难与那些联盟带给我们的收益相比要小得多。[①] 正如里根所讲，在冷战时期和后冷战时期，美国通过自己建立的联盟体系既可以增强国家实力、拓展国家利益又可以减少美国“霸权护持”（Hegemonic Maintenance）的成本。

作为美国全球联盟体系重要组成部分的亚太联盟体系，自然成了美国“独霸亚太”的重要工具。二战结束之后，随着中国内部国民党和共产党之间的力量对比发生根本性转变，美国开始评估这种“攻守易位”给东亚权力结构带来的潜在影响。1948 年 10 月 8 日，美国国家安全委员会（National Security Council）通过了 13/2 号文件。该文件决定改变美国的对日态度和政策，推迟对日媾和，并等日本的社会、经济稳定之后再解决战争赔偿问题。[②] 此后，在 1949 年 5 月 6 日，美国国家安全委员会又通过了 13/3 号文件，决定停止实施日本的战后赔偿计划。[③] 这两个文件标志着美国对亚洲的政策在防止“共产主义扩张”的背景之下开始发生重大转变。美国的对日政策从削弱和抑制日本开始向扶植和利用日本倾斜。此后，美国国家安全委员会又于 1949 年 12 月 23 日讨论了国家安全委员会第 48/1 号文件《美国对亚洲的政策》（The Position of the United States with Respect to Asia），该文件由美国国务院负责起草，明确将防止共产主义在亚洲的扩张作为其遏制战略的重要组成部分。文件指出：“亚洲近海岛屿链上的军事阵地”组成了美国在远东太平洋地区的“第一道防线”，这一防

① White House, “The National Security Strategy of the United States of America”, January 1987. http://nssarchive.us/NSSR/1987.pdf.

② NSC 13/2, Recommendations with Respect to U.S. Policy Toward Japan, *FRUS*, 1948, Vol. 6, pp. 857-862.

③ NSC 13/3, Recommendations with Respect to U.S. Policy Toward Japan, *FRUS*, 1949, Vol. 7, pp. 730-736.

线“应包括日本、琉球群岛与菲律宾”。[①] 很明显，美国人已经认识到“日本战败后，以前约束俄国人在中国和太平洋影响的力量不复存在”,[②] 苏联迅速填补了日本留下的战略空间，并强化了它在这一地区的战略地位和影响力。美国人认为，苏联在亚洲的目标“不仅包括苏联的远东地区，而且还有中国长城以北地区、北朝鲜、萨哈林岛（库页岛）和千岛群岛”。[③] 该文件经过修改后形成了美国国家安全委员会第48/2号文件，该文件明确将遏制苏联在亚洲影响力的扩张视为美国在亚洲的战略目标。为了实现这一目标，美国开始改变对日本的政策，正式把日本纳入美国遏制共产主义的战略轨道，并将其看作美国亚太战略链条的重要一环。这一文件标志着美国在亚洲遏制战略的形成。[④] 必须明确的是，该战略的遏制目标除了苏联以外，也包括在当时已经成为苏联盟国的中国。

毋庸置疑，在美国亚太联盟体系的形成过程中，中华人民共和国的成立和朝鲜战争是推动美国亚太联盟体系建立的两个决定性因素。如果说针对苏联及其阵营的遏制战略为美国提供了明确的战略目标的话，中华人民共和国的成立和朝鲜战争就成为了美国在亚太地区实施其联盟战略的催化剂。1949年之后，中国同东亚其他社会主义国家一道加入了以苏联为首的东方阵营。在东亚社会主义阵营初具雏形的同时，美国则忙于与这一地区的一些国家和地区组建军事联盟，构建一个与苏联东方阵营相对抗的军事

① 刘同舜、高文凡：《战后世界历史长编》第6册，上海：上海人民出版社，1985年版，第373页。

② 陶文钊：《美国对华政策文件集（1949—1972）》（第一卷，上册），北京：世界知识出版社，2003年版，第141页。

③ 同上书。

④ 周建明：《美国国家安全战略的基本逻辑：遏制战略解析》，北京：社会科学文献出版社，2009年版，第178页。

集团。朝鲜战争爆发后，美国加快了组建军事联盟的步伐。为了尽快完成在亚洲的冷战部署，美国时任国务卿约翰·杜勒斯（John Dulles）曾提出名为"太平洋协定"（Pacific Pact）的亚洲太平洋集体安全保障政策。他认为，按照美国国家安全委员会确定的亚洲近海岛屿防卫链构想，如果再将澳大利亚、新西兰包括进来，就有可能参照北大西洋公约组织建立"太平洋协定"体系。但由于英国的反对，澳大利亚、新西兰、日本、菲律宾又都希望与美国签订双边或三边的安全保障条约，杜勒斯的构想并未实现。于是，美国分别与上述几国签订了《澳新美安全条约》（1951 年 9 月）、《美日安全保障条约》（1951 年 9 月）和《美菲共同防御条约》（1951 年 8 月）。这三个条约，再加上朝鲜战争结束之后签订的《美韩共同防御条约》（1953 年 10 月）以及东南亚条约组织（Southeast Asia Treaty Organization），共同构成了一个美国在西太平洋沿岸精心打造的用以遏制"共产主义扩张"的军事联盟网络。这个联盟网络与北大西洋条约组织一起，为美国提供了横跨两洋的军事基地，极大增强了美国的战略优势。在艾森豪威尔政府时期制定的国家安全委员会第 162/2 号文件就明确指出，"美国的安全战略是集体安全战略"，要求维持联盟内部的团结，巩固和提升美国的盟主地位。[①] 而美国与亚太地区各国的结盟正好体现了这个方针。总而言之，美国在亚太地区的军事联盟体系是因应冷战的需要，以遏制苏联和中国为首要目标的由多组双边军事联盟组成的联盟体系，是美国维护其全球霸权的重要工具。

① NSC 162/2, "Basic National Security Policy", *FRUS*, 1952—1954, Vol. 2, pp. 583 – 586.

二、冷战时期美国亚太联盟体系的发展

在冷战时期美国亚太联盟体系的演进过程中，我们可以看到明显的阶段性，这种演进随着美国战略侧重点和全球部署的变化而变化。[①] 总体而言，冷战期间美国亚太联盟体系的发展经历了以下三个主要阶段。

（一）二战结束至20世纪60年代末

冷战期间美国亚太联盟体系发展的第一个阶段是联盟建立和初步发展阶段，时间大致从冷战初期到20世纪60年代末期。在此阶段，《澳新美安全条约》《美菲共同防御条约》《美日安全保障条约》《美韩共同防御条约》《东南亚集体防御条约》以及《美台共同防御条约》（Mutual Defense Treaty between the United States of America and the Republic of China）先后在1951至1954年间签订，建立在这些条约之上的美国亚太联盟体系开始组成遏制苏联和中国的战略包围圈。

美日联盟是美国亚太联盟体系中最重要的一组双边联盟。它是建立在《美日安全保障条约》基础之上的联盟。该条约是在美国占领日本时期形成的，也是美国转变对日占领政策的产物。[②] 美日盟友关系确定之后，日本在美日联盟中的地位和作用不断上升。但从本质上讲，《美日安全保障条约》是战胜国强加给被占领国的不平等条约，是一个单方面条约，只规定了美国在日本的驻兵权而没有涉及美国对日本的防卫义务。在这种情况之下，日本政府不遗余力地争取在共同防卫条约中的平等地位，力促美国

---

① 王帆：《美国的亚太联盟》，北京：世界知识出版社，2007年版，第20页。

② 崔丕：《冷战时期美日关系史研究》，北京：中央编译出版社，2013年版，第217页。

政府作出防卫日本的法律承诺。经过25轮的协商和谈判，1960年1月19日，美日在《美日安全保障条约》的基础之上签署了新的联盟条约，即《美日共同合作和安全保障条约》（Treaty of Mutual Cooperation and Security between the United States and Japan）。该条约限制了美国在日本的特权，并明确了美国防卫日本的义务。它的签订标志着日本在实现"自由对等外交"的道路上迈出了重要的一步。如果说，从1951年开始的十年是美国控制日本，改造日本的十年，那么从1960年开始的随后十年便是美日联盟朝着新型伙伴关系方向发展的十年。《美日共同合作和安全保障条约》在签订之后便被两国政府盛誉为"美日伙伴关系"的开端。在此期间，除了获取更多自主权以外，日本还开始分担美国的防卫经费，扩大对亚洲发展中国家的援助。有中国学者就认为，美日两国在追求集团利益的同时又维护了各自的国家利益，美日同盟关系呈现出不同于中苏同盟关系的发展趋势。[①]

如同美日联盟一样，在《美韩共同防御条约》签订之初，美韩联盟完全是"美主韩从"式的单向主导型军事联盟。由于美韩两国实力差距巨大，美国在联盟关系中享有绝对优势，战时指挥权和韩国的军政两界均处于美国的掌控之下。韩国则完全处于依附状态，在军事上需要美国的保护，在政治上需要美国的支持，在经济上需要美国的援助。就军事而言，美军在韩国占有绝对的优势。1955年，共有两个整编陆军师和相当规模的海空军力量驻扎在韩国，在这一阶段，驻韩美军兵力曾一度达到22万人之多。[②] 就经济而言，有资料表明，从1945年美国占领朝鲜半岛南部开始算起一直到1971年，美国总共向韩国提供了约44亿美元

① 崔丕：《冷战时期美日关系史研究》，北京：中央编译出版社，2013年版，第267页。

② 宋莹莹："美韩同盟关系的演变和前景"，《当代世界》，2011年第1期。

的援助。[①] 与此形成鲜明对照的是，韩国对美韩联盟的贡献非常有限。这种义务上的不对等直接导致美韩两国之间权力分配的失衡。这种单向依附性模式直到70年代初才稍稍有所改变。

作为美国的"天然盟友"，澳大利亚与美国一直保持着良好的合作。在20世纪70年代以前，美澳联盟的职能不断丰富，美澳两国的合作不断加强。1954年9月，澳大利亚加入了以美国为主导的东南亚集体防御条约组织。东南亚集体防御条约是以美国为首的西方国家就印度支那问题作出的补充性安排，它旨在组成区域性的反共联盟，遏制共产主义在东南亚的扩张。在整个越南战争期间，除军事介入外，澳大利亚还支持了美国所有的军事行动计划，比如空袭越南北方，扩大空中打击等。[②] 由于美澳联盟是基于"共产主义威胁"而建立起来的典型的军事联盟，该联盟的性质是缔约国必须遵守某些具有约束力的条约，通过建立军事基地、派驻军队、联合军事演习、军事支援等形式威慑敌人，同盟的战略目标是以结盟取得力量优势，筑起美国在西太平洋地区的战略防线。[③] 因此，美澳两国在联盟条约的框架之下在冷战期间开展了一系列的军事交流，实施了一大批合作项目。1955年，美国在澳大利亚建立了以"地质和地球物理研究站"为掩护的针对苏联核设施的监控基地。1963年，美国在澳大利亚西北角的霍尔特（Holt）建立了海军通讯站，它是美军太平洋战区战略导弹潜艇的主要通讯站之一。1968年，美国又建立了"联合防务太空研究基地"，该基地主要用于侦察苏联的导弹发射，向美国提供远程导弹袭击的预警。通过这一系列的军事基地建设，美国能够

① 董向荣："美国对韩国的援助政策：缘起、演进与结果"，《世界历史》，2004年第6期。

② 王帆："试论澳新美同盟的历史演变"，《国际论坛》，2005年第2期。

③ 杨文静："美国亚太联盟体系的调整及其走向"，《现代国际关系》，2003年第8期。

立体地监视苏联的军事活动。此外，这些军事基地在美国军事规划者眼中是美国一旦在东亚受到挫败之后的潜在的补给站。澳大利亚远离苏联，既是完美的战争避难所，又是美国反戈一击，维持其在西太平洋地区海上控制权和威慑力的重要保障。

泰国和菲律宾是美国在东南亚地区的重要盟友。在这一阶段，两国都与美国保持着密切的联盟关系。在60年代，随着越南战争的升级，美国与两国的联盟关系进一步升温。与此同时，两国出于对抗国际和国内共产主义威胁的需要进一步向美国靠拢，[①]积极派兵参加越南战争，并为美军提供军事基地以及后勤支持。

（二）20世纪60年代末至70年代末

冷战期间美国亚太联盟体系发展的第二个阶段是美国亚太联盟战略收缩的阶段，时间从20世纪60年代末到70年代末，大致相当于尼克松、福特和卡特总统的执政时期。其间，上述三位总统都在不同程度上采取了收缩政策。从20世纪60年代中后期开始，美国因深陷“越战”泥潭，经济和军事实力出现相对萎缩。1969年7月，尼克松发表“关岛谈话”，“尼克松主义”（Nixon Doctrine）出炉。尼克松主义的提出对美国的亚太联盟产生了重大的影响。这是因为，依据“尼克松主义”，美国将不再承担保卫世界自由国家的全部责任，在越南战争结束之后，虽说美国仍将发挥重要作用，并恪守对盟国业已承担的条约义务，但除非受到核大国的威胁，美国鼓励其亚洲盟友承担本国国内安全和军事防务的责任，从而避免使美国再次卷入越南式的战争。这给美国的亚太联盟体系蒙上了一层阴影，并在一定程度上了加快了其盟国实行“自主外交”的步伐。

“尼克松主义”的提出令日本产生了被“抛弃”的惶恐。与

① 费昭珣：《大盟友和小伙伴：美菲与美泰联盟研究》，北京：世界知识出版社，2014年版，第27页。

此同时，随着国力的不断提升，日本希望进一步调整与美国的不对称关系，增强自主性的愿望也变得越来越强烈。美国权力地位的相对衰落正好为日本进一步调整与美国的关系提供了便利条件。整体而言，在这一阶段，美日之间的力量对比发生了较大的变化，联盟的不对称性在一定程度上得到了修正。随着日本地位的提升，它所承担的责任和义务也越来越大。1971 年 6 月，美日两国正式签订了归还冲绳的协定，但美国继续保留驻兵权。至此，第二次世界大战后美国对日本半占领状态的“旧金山体制”（San Francisco System）宣告结束。此外，美日两国在 1978 年签订了《美日防卫合作指针》（Guidelines for US – Japan Defense Cooperation）。该指针极大地加深了美日两国在作战、情报、后勤支援等方面的合作，愈发凸显了美日联盟的军事色彩。与此同时，《美日防卫合作指针》的签订也意味着日本正在逐渐分担更多的联盟责任，这一点恰恰是美日联盟在这一阶段的重要特征。

值得注意的是，从 20 世纪 60 年代末开始，由于美国对外战略的调整，美韩联盟关系也出现了“同盟弱化”的现象。这种弱化主要表现为美国在亚洲的收缩态势造成了驻韩美军的减少以及由此而产生的美韩之间的争吵和摩擦。在“尼克松主义”的指导之下，美国政府主张减少对亚洲承担的责任，亚洲的安全主要由亚洲人负责。这种政策方针在韩国很快得到了落实。美国在 1970 年 7 月从韩国撤走一个旅，到 1971 年 2 月，总共 2 万名驻韩美军从韩国撤走。[①] 这激起了韩国的强烈不满，虽然美国政府一再强调美国与东北亚有着密不可分的关系，美国将遵守与朝鲜半岛相关的所有条约义务，韩国却仍然认为美国削减驻韩美军是背弃盟约的行为。但由于美韩联盟的不对等性，韩国的不满并没有改变

① 张小明：《美国与东亚关系导论》，北京：北京大学出版社，2011 年版，第 134 页。

美国的战略调整。在卡特（James Earl Carter）当政期间，美国再次提出撤军计划，并因人权问题向韩国军政府不断施加压力。为了避免朝鲜半岛的战略竞争态势失控，美国还大力阻止韩国的核武器发展计划，甚至在1978年完全终止了对韩国的直接军事援助。美国的种种举动使美韩关系急剧降温，并大大增强了韩国的主体意识。

就像美日联盟和美韩联盟一样，美澳联盟也受到了尼克松主义的冲击。但是，尼克松主义对美澳联盟带来的冲击远远小于对美日和美韩联盟的冲击。这种以亚洲的和平与安全应由亚洲人自行负担为核心的尼克松主义自然也会令澳大利亚心生不悦，迫使其开始思考如何调整对美政策。但是，必须指明的是，无论澳大利亚的对美政策如何调整，也只是纠正以往对美国的过分依赖，适度增强自主性而已，并不会改变澳大利亚对美澳联盟的基本态度，美澳关系也不会脱离美澳联盟的基本框架。澳大利亚前总理爱德华·惠特拉姆（Edward Gough Whitlam）就这样评价美澳联盟："澳新美联盟以法律的形式体现了澳大利亚、新西兰和美国人民的共同利益。这些利益必将超越三国政府的更迭而永葆青春。"①

"尼克松主义"的重要内容之一便是"把东南亚事务留给东南亚国家自行管理，自行负责"。② 美国在东南亚地区采取的脱离政策迅速使美菲和美泰联盟关系降温。从1973年开始，美国着手从越南撤军。1976年，随着撤军的逐渐完成，美国驻泰国的军事基地也最终关闭。与此同时，美国对泰国和菲律宾的经济和军事援助也大幅减少。在美国采取收缩政策的同时，苏联却反其道而

① Kim Hyde, *Australia: The Asian Connection*, Melbourne: Kibble Books, 1978, p. 36.

② 张锡镇：《当代东南亚政治》，南宁：广西人民出版社，1995年版，第462页。

行之，迅速填补美国在东南亚地区留下的权力真空。这直接导致了卡特政府后期再次开始强调亚太地区的重要性。

（三）20世纪70年代末至冷战结束

冷战时期美国亚太联盟体系发展的第三个阶段是美国亚太联盟体系重新强化的阶段，时间大致从里根政府上台一直到冷战的结束。在此阶段，随着美苏两国在冷战中的攻守易位，美国联盟战略开始服务于美国的新冷战政策。具体表现之一就是安抚盟国，改善和加强与盟国的关系，这种态势一直持续到冷战结束。

进入20世纪80年代，苏联咄咄逼人的进攻态势使美日两国为了共同的安全利益而暂时放下了由贸易争端而产生的嫌隙。在“重振国威”的旗号下，里根政府不断加强美国在亚太地区的战略联盟，日美军事合作进入了前所未有的新阶段。虽说美日两国的贸易摩擦经常会使联盟关系产生一些波澜，但美日两国在决策层面愈发地注意将贸易关系和政治军事关系分开。[①] 将这两种关系分开的做法恰恰反映了美日两国对待联盟关系的矛盾心态。自日本经济腾飞以来，在维持美日联盟关系的前提条件下，美国一直在经济利益和安全利益之间摇摆，而日本则在依附美国和对美自主之间动摇和挣扎。它们之间始终保持着既合作又冲突，既协调又斗争的不平衡的战略伙伴关系。当然，这种战略伙伴关系是以美国的战略利益为前提的，美日联盟必须符合并服从于美国的利益。当美国的安全环境发生了变化，对外战略要进行调整的时候，美日联盟关系也必然要作出相应的修改。

在20世纪70年代末，由于苏联的加速扩张和新冷战氛围的加剧，美韩之间因撤军而导致的紧张关系出现了缓和的迹象。这主要表现在：美国宣布暂停撤军计划，并增加对韩国的援助；成

① 王帆：《美国的亚太联盟》，北京：世界知识出版社，2007年版，第25页。

立美国“太平洋陆军司令部”，在韩国乌山空军基地设立第七航空大队；逐步恢复已被裁撤的驻韩美军兵力，与韩国举行联合军事演习等等。里根总统在《美韩共同防御条约》签订30周年之际就明确表示，“美军将无限期地驻扎在韩国”，并强调发展与韩国的联盟符合“美国自身的利益”[1]。随着80年代中期韩国经济的高速发展和国际地位的提高，韩国在内政和外交上不再唯美国马首是瞻，并在国防上逐步突破美国的束缚，大力提倡“自主国防”。在经济实力增长的情况下，韩国为了推动美韩联盟向联合防卫的伙伴关系方向发展，从1990年开始分担驻韩美军的费用，并在1994年从美军手中收回了平时作战指挥权。

在20世纪80年代，澳新美联盟出现了裂变，新西兰因为坚持无核化政策与美国分道扬镳，澳大利亚却尽力维系与美国的合作，它不仅批准美国在澳大利亚设立新的航空基地，甚至延长了美国在澳大利亚核基地的使用年限。这样的态度使澳大利亚成为了美国最可靠的盟友之一。虽说冷战结束后随着共同敌人的消失，澳大利亚的地位不再像以前那样重要，但“9·11”恐怖袭击案又将澳大利亚牢牢地捆绑在了美国的战车之上。

从20世纪70年代末至冷战结束，美国与泰国和菲律宾的联盟关系再次得到强化，军事关系明显升温。为了对抗苏联在东南亚地区的影响力，美国加大了对泰国和菲律宾的军事援助。美国对泰国的军事援助与20世纪70年代相比就有大幅提高，由1979年的3200万美元一跃增至1984年的1.06亿美元。[2] 美国与菲律宾在1979年还签署了《美菲军事基地协定》，美国用以租用菲律宾军事基地的费用高达5亿多美金，并重申在菲律宾遭受外来侵

① Ronald Reagan, Address before the Korean National Assembly in Seoul, Nov. 12, 1983. http://www.presidency.ucsb.edu/ws/?pid=40758.

② 潘一宁：《国际因素与当代东南亚国家政治发展》，北京：中国社会科学出版社，2004年版，第115页。

略时予以协助的承诺。[①]

纵观整个冷战期间，虽说美国与亚太盟国的关系起起伏伏，但由于它们面临着共同的威胁，整体来说，联盟关系相当紧密。冷战期间形成并发展起来的这种密切的联盟关系也为冷战结束后美国亚太联盟体系的继续存在打下了坚实的基础。

第二节　冷战时期美国“辐辏”式亚太联盟体系的形成动因和基本特征

就地缘政治而言，欧亚大陆有着其他地区无法比拟的重要性。无论是麦金德（Halford John Mackinder）的“心脏地带”学说，还是斯皮克曼（Nicholas John Spykman）的“边缘地带”学说（Rimland Theory）都高度关注这一区域。深受上述两种理论影响的美国战略家自然将欧亚大陆视为它称霸全球的重要基础。美国在欧洲通过建立北大西洋公约组织确立了在大西洋沿岸的控制权。在亚洲，美国的战略安排却与这种多边联盟模式有着显著的不同，它在这一地区的战略依托是其在二战之后打造出来的多组双边联盟。于是，同欧洲相比，亚太地区便成了美国全球战略中比较薄弱的一环。

一、冷战时期美国“辐辏”式亚太联盟体系的形成动因

美国在亚太地区建立这种“辐辏”结构的双边联盟体系既受主观因素影响又受客观因素左右。从主观上讲，战后的美国杜鲁门和艾森豪威尔政府均认为双边联盟体系既可以遏制共产主义在

① 费昭珣：《大盟友和小伙伴：美菲与美泰联盟研究》，北京：世界知识出版社，2014年版，第30页。

亚太地区的蔓延又可以使美国更加有效地约束其盟友。美国成功地把这种战略应用到了美韩联盟之上。二战结束之后，美国非常担心李承晚（Syngman Rhee）政府因国内统治的需要而发动美国并不想卷入的战争。与韩国建立双边联盟可以使韩国在政治和经济上更加依赖美国，从而有效减少韩国的冒险行为。在朝鲜战争末期，韩国总统李承晚曾力劝美国总统艾森豪威尔继续进行反共战争，艾森豪威尔对李承晚的回应正好体现了美国政府的这层考虑。他讲道："如果你认为我们应该蓄意发起一场战争，我要告诉你，一旦战争爆发，事态必将变得极为悲惨。核战争将会摧毁整个人类文明……如果这样的战争打了起来，不仅不能拯救民主制度，反而会毁掉文明。这就是我为什么反对战争的原因。"① 时任美国国务卿的杜勒斯也表达过类似的看法，他说："任何'小战争'都会将美国推向舆论的风口浪尖，同时将不可避免地升级到一场与苏联的大规模、全方位的战争。"② 必须要强调的是，美国国家安全委员会在制定亚洲政策时，既强调对共产主义的遏制，又强调对盟国的约束，以免受到盟国的牵连。③

美国在亚太地区的联盟构建也有着客观上的原因。首先，美国的盟友与美国在政治、经济和军事实力上相比有着巨大的差距。这种权力的不对等是美国能够在亚太地区建立多组双边联盟的重要因素之一。其次，亦有学者认为美国战后决策者更加看重

① Minutes of Discussion, President Eisenhower and President Rhee, July 25, 1954, in *FRUS*, 1952 – 1954, Vol. 15: *Korea*, pt. 2, pp. 1839 – 1847.

② Quoted in Stephen Jin – Woo Kim, *Master of Manipulation: Syngman Rhee and the Seoul – Washington Alliance, 1953 – 1960*, Seoul: Yonsei University Press, 2001, p. 177.

③ 举例而言，NSC 48/5 就明确指出除了对共产主义的遏制，美国必须"避免朝鲜战争演变成与苏联的全面战争，同时避免加深与共产主义中国的仇恨"。NSC48/5, Unites States Objectives, Policies and Courses of Action in Asia, May 17, 1951 in *FRUS, 1951*, Vol. 6: East Asia and the Pacific, pt. 1, p. 49.

欧洲，这是因为欧洲国家的经济发展水平明显高于美国的亚太盟友。[①] 二战之后，亚太国家间的贸易往来远不如欧洲那样频繁，而经济的相互依存是建立多边安全合作的重要诱因之一。在这种情况之下，美国很难为亚太地区的多边安全合作构建一个更为复杂的组织结构，组建双边联盟也就成了美国决策者的不二选择。最后，除了经济发展水平的差异以外，亚太各国不同的政治制度和威胁认知也是美国战略抉择的重要原因之一。二战结束之后，美国在亚太的盟国中，既有独裁国家，也有民主国家，这使得美国很难以共同价值观建立起一个多边联盟体系。此外，美国的欧洲盟国对于外部威胁的认知高度一致，即共同应对共产主义苏联给各国带来的巨大的安全压力。而在亚太地区，美国的盟国对于外部威胁却有着不同的理解。例如，日本视苏联为最大的威胁，朝鲜和韩国则彼此水火不容并同时敌视日本。这样，美国便很难将其盟国编织在一张多边联盟的大网之中。

二、冷战时期美国亚太联盟体系形成和发展的基本特征

美国与既往霸权国有着极大的不同。有中国学者就指出，美国是一个最接近全球性霸权地位的国家，它与非霸权国之间的综合实力差距远远超过既往霸权国，是一个真正的“超级帝国”。[②] 除此之外，美国在冷战期间打造的几乎可以延伸至世界任何一个角落的联盟网络亦是美国与人类历史上其他霸权国的重要区别之一。作为这一联盟网络重要组成部分的亚太双边军事联盟，在冷战期间一直是塑造地区安全秩序的决定性因素。亚太联盟体系的

---

① Victor D. Cha, “Powerplay: Origins of the U. S. Alliance System in Asia”, *International Security*, Vol. 34, No. 3, Winter 2009/2010.

② 李晓、李俊久：“美国的霸权地位评估与新兴大国的应对”，《世界经济与政治》，2014 年第 1 期。

最大特征是它的“辐辏”结构，正是因为这种结构，美国的亚太联盟体系在冷战时期有着自己鲜明的特色。

（一）联盟的形成过程不同

美日联盟、美韩联盟与美澳联盟有着明显的不同。虽说各个联盟建立的原因相似，即都与冷战密切相关，但盟国的地位和各自的考量却有所不同。美日联盟的建立是第二次世界大战的直接产物，在联盟建立之初，日本作为战败国只能单方向接受联盟条约，没有任何选择的余地。美韩联盟不同于美日联盟和北大西洋公约组织，它不是第二次世界大战的直接产物，但却像美日联盟和北大西洋公约组织一样与二战后的全球冷战息息相关。美国的朝鲜半岛政策从一开始就带有明显的冷战性质。美国从冷战大格局出发就一直将朝鲜半岛视为“一个进行思想斗争的战场”，[①]“一场苏联与美国之间的制度竞赛，一个东西方之间在远东地区进行权势争夺的缩影”。[②] 这一半岛政策则在某种程度上为日后朝鲜战争的爆发埋下了政策的诱因。[③] 朝鲜战争的爆发对美国的安全战略和二战后亚太格局的形成有着巨大而且深远的影响。它加速了美国在亚太地区构建军事联盟体系的进程。这场战争最终确立了美国与韩国的军事联盟关系。但是美韩联盟条约的签订不同于美日联盟，它不具有任何强迫性，是一种双向选择的结果。二战之后，韩国政府就一直试图与美国签订一个正式的联盟条约，以维护自身的安全。甚至把美韩签订共同防卫条约作为韩国接受停战协议的前提条件。就美国而言，朝鲜战争已经使朝鲜半岛成

① ［美］哈里·杜鲁门：《杜鲁门回忆录》（第二卷），李石译，北京：生活·读书·新知三联书店，1974 年版，第 380 页。

② Steven Hugh Lee, *The Origin of the Cold War in Asia*, Columbia: Columbia University Press, 1995, p. 281.

③ 陈君峰、王传剑：《亚太大国与朝鲜半岛》，北京：北京大学出版社，2002 年版，第 62 页。

为了美国亚太安全体系的前沿阵地，美国与韩国签订共同防御条约既能增加对抗苏联和中国的实力，又可以对其盟友标榜美国对“自由世界”所承担的责任和义务。于是，在1953年10月，两国签订了《美韩共同防御条约》。根据该条约，美国能够在韩国继续驻军并拥有军事基地，而韩国则享有美国的军事保护。

美澳联盟的建立与战后美苏之间的冷战同样密切相关。朝鲜战争是美国调整其战后亚太战略的决定性因素，也是美澳结盟的最直接的推动力。虽说美澳结盟发生在“遏制”战略和意识形态斗争的大背景之下，但在1951年《澳新美安全条约》缔结之初，美澳两国对地区安全威胁的认知仍有不同之处。对美国而言，遏制共产主义在该区域的扩张始终是其亚太战略的重中之重。澳大利亚除了在这方面亦步亦趋地紧随美国以外，仍有自己的顾虑，即对日本军国主义复活的担心。澳大利亚总理孟席斯就曾明确指出：“共产主义在东南亚短时间内还不足以对澳大利亚构成威胁，因为这些国家缺少足够的海军和空军力量。”[①]由此可知，应对潜在的日本的威胁既是澳大利亚与美国结盟的初衷，也是澳大利亚所坚持的美澳联盟的主要内容。随着美苏军事对抗的升级以及意识形态斗争的加剧，作为西方阵营的一员，澳大利亚越来越服从美国亚太战略的大局，对日本的防范之心才随之逐渐减弱。在日益浓厚的冷战氛围下，反共最终成了美澳两国一致的战略目标。

（二）盟国与美国的亲疏远近不同

在冷战期间，澳大利亚是美国在整个亚太地区最稳定的盟友，美澳联盟也是经历波折最少的联盟。1950年11月，美国国务卿杜勒斯就曾多次提醒美国的政府官员，“太平洋地区只有澳

① Trevor. R. Reese, *Australia*, *New Zealand and the United States*: *A Survey of International Relations 1941 - 1968*, Oxford: Oxford University Press, 1969, pp. 134 - 139.

大利亚和新西兰这两个国家可以依靠”。[1] 由此可见，美澳联盟与其他亚太联盟相比有着更深厚的根基、更顽强的生命力。这种内在的动力就是美澳两国的人口主体均是盎格鲁—撒克逊人的后裔。这种同根同源的历史背景使得两国人民有着天然的亲近感、认同感和信任感。除此以外，美澳两国享有共同的民族文化、宗教传统，这些都是美澳两国作为“天然盟友”的黏合剂。孟席斯在对澳大利亚年轻人做朝鲜战争动员时就说，“美国是一个基督教国家，笃信人类的兄弟情谊、邻里守望和共同期待的价值，如果别人生活得不如我们幸福，我们必定会竭尽全力地帮助他们。”[2] 有中国学者就指出，《澳新美条约》仅仅是美澳联盟关系建立的第一步，在后来的联盟维护中，美澳之间的认同与信任也发挥了重要的作用。[3] 从这个角度讲，美澳联盟则是一种建立在现实国家利益和战略需求之上的“血亲联盟”。与其他联盟相比，面对国际风云的瞬息万变，美澳联盟一定有更大的持久性和韧性。

（三）盟国在联盟体系中的地位和分量各有不同

众所周知，美国在亚太地区建立的是“辐辏”式联盟体系。与美国签有盟约的国家共有五个：日本、韩国、澳大利亚、菲律宾和泰国。这五个亚太盟国在整个联盟体系中的地位各有不同。日本、韩国和澳大利亚一般被归为美国的核心联盟；菲律宾和泰国一般被视为外围联盟。日本和澳大利亚一般被当成美国在太平洋上的“北锚”和“南锚”。美日联盟经常被形容为“亚太地区安全的基石”，美澳联盟经常被形容为“同宗同族的血亲联盟”。

---

① Memorandum Dulles to Acheson, November 30, 1950, *FRUS*, 1950, Vol. VI, pp. 162 – 163.

② 转引自张天：《澳洲史》，北京：社会科学文献出版社，1996 年版，第 356 页。

③ 谷雪梅：《冷战时期美澳同盟的形成与发展（1945—1973）》，北京：中国社会科学出版社，2013 年版，第 195 页。

与美日联盟和美澳联盟的重要性相比，美韩联盟毫不逊色，由于朝鲜半岛重要的地缘战略价值，美韩联盟经常被形容为“东北亚安全与繁荣的关键”。[①] 美日、美韩、美澳联盟的另一个共同之处在于，其联盟含义已经远远超出了双边联盟本身，它们一般还被赋予地区角色以及全球角色。

（四）美国和盟国在联盟体系中的地位不同

美国在亚太地区建立的双边联盟关系均是“不对称”或依赖性联盟关系。美国凭借强大的经济和军事实力在联盟中处于绝对的主导地位，美国的战略利益决定了联盟体系的建立和发展。美国的亚太联盟战略是美国控制该地区盟国的重要手段。美国通过联盟关系将众多亚太国家招致自己的麾下，并将其改造为美国亚太安全战略的重要工具。通过联盟管理美国最大效度地整合了联盟资源，提升了针对苏联的战略优势。

（五）联盟有着相同的战略目标

冷战期间的美国的亚太联盟体系服务于美国的冷战战略，因而被深深地打上了冷战的烙印。应对“共产主义威胁”、遏制以苏联为首的社会主义阵营是该联盟体系建立的最主要原因。其发展过程也直接折射了美苏两国力量的消长和亚洲冷战格局的演变轨迹。美国的亚太双边联盟是典型的军事联盟。它们是基于“共同威胁”，为维持大国均势而建立的。虽然美国与其亚太盟国在政治、经济、文化等层面的关系也在不断加深，军事和安全合作仍然是美国亚太联盟关系的“主旋律”。此外，在“共同威胁”面前，意识形态因素在联盟关系中并不突显。虽然共同的意识形态、相似的文化因素和历史传统可以大幅提升联盟的凝聚力和认同感，但在整个冷战期间，美国的亚太联盟仍然主要受现实主义利益观的驱动。

---

① 张景全：“美菲同盟强化及其在美国亚太再平衡战略中的作用”，《南洋问题研究》，2014 年第 1 期。

第二章

冷战后美国亚太联盟体系的演变

冷战期间，美国为了在亚太地区遏制苏联和共产主义的扩张一手打造了“旧金山体制”。不同于美国在欧洲的军事政策，该体系不是建立在多边军事组织的基础之上，而是建立在美国与日本、韩国、菲律宾、泰国、澳大利亚等国家缔结的双边联盟条约之上。在此期间，美国在亚太地区维持了两种秩序：一种是存在于美国领导下的资本主义集团和以苏联为首的社会主义阵营之间的秩序，该秩序以维持亚太地区的权力平衡为主要目标；另一种秩序则存在于资本主义集团内部，即美国为其亚太盟国提供诸如安全保护和经济准入这一类的公共产品。[①] 也就是说，美国在亚太的联盟体系有着双重功能：一方面是如何遏制共产主义在亚太地区的扩散和蔓延；另一方面则是如何处理与盟友的关系，利用联盟的不对称性实施有效的联盟管理，取得并保持力量优势。冷战结束之后，在失去最大敌手的情况之下，针对美国亚太联盟体系的未来发展，美国国内旋即展开了激烈的讨论。有的学者认为，随着苏联的解体，美国在冷战期间组建的联盟体系已经失去

① Kai He, *Institutional Balancing in the Asia Pacific: Economic Interdependence and China's Rise*, London and New York: Routledge, 2009, p. 63.

了存在的理由和意义，因此美国应解散其遍布全球的联盟体系。肯尼思·沃尔兹就认为，“历史经验和均衡理论告诉我们，赢得战争后的联盟很快就会解体，而且取得的胜利越大，联盟瓦解得就越快”。[①] 里根时期的白宫对外联络主任帕特里克·布坎南（Patrick Buchanan）也有同样的观点，他曾说道：“冷战已经结束，是美国该回家的时候了。”[②] 甚至有美国学者认为美国在欧洲和亚太的盟国一直以来都在搭乘美国的便车，对美国有着严重的“依赖心理”。为此，美国不仅要承担巨额的财政负担还要承担被盟国拖入有损美国利益的冲突中的风险。[③] 但美国的主流观点仍认为既有的联盟安排能够最好地为美国的利益服务，美国在冷战结束之后所需要做的不应该是解散联盟，而是给原有的联盟赋予新的任务和功能。约瑟夫·奈（Joseph Nye）对冷战后美日联盟的评价就体现了这种主流观点，他认为，不能把美日关系当作冷战的遗物予以废除，而要缔造一种更为平衡的联盟以应对 21 世纪的发展和变化。[④]

---

① Kenneth Waltz, “The Emerging Structure of International Politics”, Michael E. Brown ed., *The Peril of Anarchy: Contemporary Realism and International Security*, Cambridge: The MIT Press, 1995, pp. 73 - 74.

② See Eugene Gholz, Daryl G. Press, and Harvey M. Sapolsky, “Come Home, America: The Strategic of Restraint in the Face of Temptation”, in Michael E. Brown ed., *America's Strategic Choice*, Cambridge: The MIT Press, 2000, p. 55.

③ Ted Galen Carpenter, Paternalism and Dependence: The U. S. - Japanese Security Relationship, The Cato Institute, November 1, 1995. http://www.cato.org/publications/policy-analysis/paternalism-dependence-usjapanese-security-relationship.

④ 参见王晓波、陈斌：“冷战后美日美日韩联盟体系与中国”，《延边大学学报（社会科学版）》，2011 年第 8 期。

第一节　冷战后美国亚太联盟体系的“漂流”与调整（1991—2000）

冷战结束后，国际和地区形势发生了深刻而复杂的变化。随着两极格局的解体，世界向新的格局过渡，国际关系进入了大变革、大转折、大调整的新阶段。国际和地区形势的变化对美国亚太联盟体系也产生了重大的影响。20 世纪 90 年代初，随着世界进入了一个由旧的战略格局向新的战略格局过渡的阶段，美国及其亚太盟国不再面对苏联这一共同威胁，美国亚太联盟体系的战略指向也立刻失去了焦点，被冷战所掩盖的美国与盟国的矛盾亦不断突显。从冷战刚刚结束时的“漂流”到共同的反思，最后走向联盟的强化是美国亚太联盟体系在冷战结束后最初十年的基本发展轨迹。这条轨迹大致可分为漂流期和调整期两个阶段。漂流期从冷战结束到 20 世纪 90 年代中期，在这一阶段联盟体系失去了原有的指向性，联盟关系变得相对松散；调整期从 20 世纪 90 年代中期至“9·11”事件之前，在这一阶段，美国与其盟国在经过冷战结束初期的磨合之后，重新确认了美国亚太联盟体系的重要性，其功能也得到了进一步的明确和强化。

一、20 世纪 90 年代前半期美国亚太联盟体系的短暂“漂流”

在 20 世纪 90 年代前半期，随着苏联的解体以及亚太地区形势出现的重大变化，无论是美国还是美国的盟国都试图在新的亚太安全格局中重新定位。美国的亚太联盟体系也随之出现了新的变化。这种变化的集中体现就是共同威胁的消失在一定意义上削弱了美国亚太联盟体系的基础，美国同其亚太主要盟国的关系都在不同程度上出现了短暂的“联盟疲劳”和“联盟漂流”。这种联盟弱化的趋势直至20世纪90年代后半期才得以扭转。

日本是美国在亚太地区最重要的盟国，也是受联盟漂流影响最大的国家。日本精英阶层对美国一直持有一种复杂的心态：一方面，在美国的扶植之下，日本不仅在经济上实现了飞跃，而且在政治上实现了民主化，日本精英对此心存感念；另一方面，在日本国内也存在着强烈的反美情绪，这种反美情绪源于美日联盟的不对称性以及由此导致的美国在日本的“太上皇”地位。这种复杂的心态直接损害了美日两国决策层之间的信任。其实，美日之间的不信任早在东欧剧变之后就已存在，当时的日本政治家非常担心业已存在的经贸问题会进一步激化日美矛盾，为了抢夺战略“制高点”，日本先于美国提出了关于未来国际秩序构建的设想。日本时任首相海部俊树（Kaifu Toshiki）在1990年5月就发表了致美国总统布什的亲笔信，正式提出未来的世界秩序必须要以日本、美国和欧洲为主导。这就等于向美国宣布，日本想成为世界的一极并且分享建立世界新秩序的领导权。[①] 日本外务省1991年的外交白皮书也认为，随着东西方对立的消失，“同盟关系”这一目前为止规定日美关系的政治因素在舆论中的说服力已经减弱。[②] 在日本各界进一步期待外交战略变革的气氛中，宫泽喜一（Miyazawa Kiichi）上台伊始就提出了日本的外交新构想。他认为日本政府应该加强日本的外交独立性，在促进以联合国为中心的外交活动的同时，全力拓展与亚洲各国的关系。宫泽喜一的主张实际上是想与美国保持一定距离，确立日本在亚洲的盟主

---

① 郗润昌：“论冷战后世界政治的多极化与大国间的战略竞争”，《教学与研究》，1998年第4期。

② ［日］日本外务省编：《外交青书》（第35号），大藏省印刷局，1991年版，第429页。

地位。日本的“离心倾向”不能不引起美国的警觉。1992 年 1 月，美国总统布什访问日本，他在为美日联盟大唱赞歌的同时也督促日本进一步对美国开放其国内市场。针对两国间存在的经济问题，布什总统还和宫泽喜一首相共同发表了《美日东京宣言》。该宣言声称，美日两国决心携手并肩，在经济领域强化两国的联盟关系，并为世界经济的复苏作出贡献。① 可是，在冷战后的美日磨合期内，双方在经贸、防务合作等领域的矛盾并没有因为这一《宣言》而减少。美国对日推行的敲打政策进一步促使日本思考美日联盟的长远未来。1994 年 2 月 23 日，日本首相细川护熙（Hosokawa Morihiro）组织成立了私人咨询机构“防卫问题恳谈会”，就日本的防卫政策进行讨论。8 月 12 日，该委员会提交了名为《日本的安全保障与防卫力量》（也称《樋口报告》，即 Higuchi Report）的报告书。该报告虽说仍将美日联盟视为日本防卫政策的支柱之一，但也强调了日本发展独立防卫能力和多边安全合作的重要性，特别是参加联合国维和行动的重要性。② 与此同时，日本内部“重返亚洲”的呼声也日益高涨。官方和民间的有关日本在国际社会中争取更大自主权的建议引起了美国一些防务专家的担忧，并将其看作是日本将要脱离日美军事合作的重要迹象。③

---

① Georg W. Bush, Public Papers of the Presidents of the United States: George Bush, 1992 - 1993, p. 51. https://books.google.com/books?id=CUjVAwAAQBAJ&pg=PA49&lpg=PA49&dq=Joint+Statement+by+the+President+and Prime+Minister+Kiichi+Miyazawa+1992&source=bl&ots=kmv5YjcNcV&sig=MX7B4RqmjJVYwv-W2lJgkZtQFpI&hl=zh-CN&sa=X&ei=es8QVdeSKc74yQTJ1YDACQ&ved=0CCsQ6AEwAg#v=onepage&q&f=false.

② Yoichi Funabashi, *Alliance Drift*, New York: Council on Foreign Relations Press, 1999, p. 231.

③ Patrick Cronin and Michael Green, "Redefining the U.S.—Japan alliance: Tokyo's National Defense Program", National Defense University, November 1994, p. 9. www.mercury.ethz.ch/serviceengine/Files/ISN/.../mcnair31.pdf?

在美日联盟出现“漂流”症状的同时，美韩联盟在冷战结束之初也大为削弱。朝鲜战争之后建立起来的美韩联盟是美国亚太双边联盟体系的重要组成部分，也是美国实施其亚太联盟的重要依托。韩国与日本在西太平洋地区形成犄角之势，共同拱卫美国在亚太的霸主地位。因而，美国的战略家和决策者都非常重视韩国的地缘战略价值。布热津斯基就认为，韩国是远东地缘政治的支轴国家，美国在韩国的驻军既可以保护日本，又可以阻止日本成为军事大国。韩国一旦统一或落入中国的势力范围，必然会给美国和日本的利益带来巨大的负面影响。因此，控制这块有着强大经济实力的“空间”对美国而言越来越有价值。[①] 客观地讲，布热津斯基的表述与实际情况并无太大出入。在冷战的大背景下，韩国是美国全球安全战略的一个有机组成部分，是美国对抗苏联的前沿阵地。在漫长的冷战期间，韩国始终对美国忠贞不渝，美国也对韩国不离不弃。冷战的结束为东西方对抗划上了一个句号，也使笼罩在朝鲜半岛上空几十年的紧张空气得到一定程度的缓解。随着共产主义威胁的消失、经济全球化的发展、非传统安全的兴起，东北亚安全格局出现了前所未有的新动向，美韩联盟无论在联盟内容还是在联盟形式上都发生了重大的变化。在冷战刚刚结束的几年里，美韩联盟如同美日联盟一样处于一种飘忽不定的状态。韩国越来越强调它在政治、军事和外交方面的自主性，不再对美国亦步亦趋，这致使美国在联盟关系的地位逐渐下降。此时的美韩联盟就如同一艘不知谁在掌舵的饱受战乱、年久失修的木制战船，虽说尚能漂流，但也需要修修补补。[②] 造成

① ［美］兹比格纽·布热津斯基：《大棋局：美国的首要地位及其地缘战略》，中国国际问题研究所译，上海：上海人民出版社，1998 年版，第 24 页。

② Donald P. Gregg, “The United States and South Korea: An Alliance Adrift”, in Michael H. Armacost and Daniel I. Okimoto, eds., *The Future of America's Alliance in Northeast Asia*, Washington DC: Brookings Institution Press, 2004, p. 177.

这种状况的原因是双方面的：就美国方面而言，在新的亚太安全战略尚未定型的情况之下，老布什政府奉行“半岛问题内部化”政策，决定撤出美国部署在朝鲜半岛的所有核武器，并在未来十年内分三个阶段撤出驻亚太地区的13.5万美军，这其中被裁撤的驻韩美军所占比例很大。由于美国既希望在朝鲜半岛保持对朝鲜的有效威慑，又想取得更大的战略灵活性；既想维持在朝鲜半岛的驻军，又想改变“驻韩美军的人质性质并将其与驻亚太美军进行全面整合”[①]，1994年12月1日，美国正式将韩国军队的平时指挥权移交给韩国。美国的战略不确定性使韩国产生了巨大的危机感，给美韩联盟带来了巨大的负面影响。就韩国方面而言，随着韩国经济实力的增长，韩国政府和民众也希望减少对美国的片面依赖，增加在外交、安全和国防方面的自主权。由此，韩国与中国实现了两国关系正常化，并于1992年与朝鲜举行了两国总理级会谈。在这一阶段，美韩关系的基本特点是韩国强化自主外交和国防，力图减少对美国的依赖，促使美韩联盟从“主导体制”向“支持体制”转变。[②]

同美日联盟和美韩联盟一样，在冷战结束之初，美澳联盟关系也经历了一段短暂的“漂流”时期。冷战结束之后，与激烈动荡、波谲云诡的欧洲相比，亚太地区局势相对稳定。随着苏联势力逐渐退出东南亚，越南军队撤离柬埔寨，美国也开始逐步缩减其在东南亚地区的军事存在，撤出驻军，关闭部分军事基地。在这种背景下，20世纪90年代前半期是美澳两国调整美澳联盟关系的一个特定时期。在这一时期，美澳联盟关系出现了一定程度的松动，这种松动反映了冷战结束对美澳联盟关系带来的冲击。

① 汪伟民：《联盟理论与美国的联盟战略》，北京：世界知识出版社，2007年版，第217页。

② 吴心伯：“冷战后韩国的安全政策”，《当代亚太》，1996年第2期。

也就是说，正如美日联盟和美韩联盟那样，冷战的结束也使美澳联盟经历了类似的“漂流”时期。这种“漂流”状态是美国和澳大利亚两国结合世界格局的变化对各自的国家安全战略做出调整的结果。就美国而言，在此期间，美国对澳大利亚存在忽略的倾向，想当然地认为澳大利亚会忠诚于美国并顺从美国的意见。[①]随着苏联这一头号敌人的消失，在美国的亚太联盟体系中，美澳联盟的分量开始下降，美国更加看重美日联盟和美韩联盟，以便更好地应对中国的崛起和朝韩问题。从澳大利亚的安全政策来说，冷战后澳大利亚政府越来越重视自主防卫和多边安全。澳大利亚在1994年的《防卫白皮书》（Defense White Paper）中将美澳联盟说成澳大利亚防务政策的“关键因素之一”（a key element），一改以往将美澳联盟描述为“关键因素”（the key element）的传统做法。[②] 由此可知，美澳联盟在澳大利亚的防务政策中已经不再是其全部内容，美国在澳大利亚外交和国防中的分量也不如冷战时期。

与美日、美韩、美澳联盟相比，美菲联盟关系在这一时期受损最为严重。美菲关系在冷战结束后所经历的“低谷期”长达十余年之久。其标志性事件是美军在1991年被迫撤出菲律宾。在有关延长租借军事基地和驻军期限的协议被菲律宾参议院否决之后，美国则在1992年宣布，在失去菲律宾军事基地的情况之下，美国不能再保证菲律宾的防务安全。此后，美菲联盟关系继续弱化，菲律宾政府在1994年拒绝了由美国提出的《美菲搜索及交叉维修协定》，菲律宾高等法院也不同意延长美菲两国业已签署

① 李凡：《冷战后的美国和澳大利亚的同盟关系》，北京：中国社会科学出版社，2010年版，第71页。

② Department of Defense of Australia, “Defending Australia: Defense White Paper 1994”, Australian Government Publishing Service. http://www.defence.gov.au/SE/publications/wpaper/1994.pdf.

的《军事地位协定》。美国政府也极力淡化美菲关系的特殊化，并将该关系置于东盟的框架之下。受联盟弱化的影响，美菲联合军事演习也暂时中止，甚至在整个90年代双方都没有开展实质性的军事交流合作。[①]

总而言之，在冷战结束之后的最初几年，美国亚太联盟体系呈现出了松散化的趋势。这与苏联的突然解体、美国与其盟国对自身定位和战略需求的考量有着密切的关系。随着美国亚太战略的明朗化，美国亚太联盟体系的弱化在90年代的后半期得到了有效的遏制。

二、20世纪90年代后半期美国亚太联盟体系的调整

20世纪90年代后半期是美国亚太联盟体系在经历了“漂流”过渡期之后的调整时期。该时期的主要特点是美国在亚太地区的主要联盟关系在弱化之后再次得到强化。1995年2月27日，美国国防部发布了名为《美国东亚和太平洋地区安全战略》(United States Security Strategy for the East Asia - Pacific Region) 的报告。该报告被简称为东亚战略报告 (East Asia Strategic Report) 或奈报告 (Nye Report)。报告开宗明义地指出，冷战已经结束，各式各样的国际冲突对美国的利益造成了巨大的威胁。美国所面临的挑战就是如何在这样的国际环境下与自己的盟国和友邦一道促进世界的和平与稳定。[②] 该报告是美国在20世纪90年代调整其亚太联盟体系的分水岭。

---

① 程晓勇：“冷战后美国亚洲同盟体系内的两种趋向——基于美菲同盟与美韩同盟的考察”，《南京政治学院学报》，2012年第6期。

② U. S. Department of Defense, “United States Security Strategy for the East Asia Pacific Region”, Office of International Security Affairs, February 1995. http://www. ioc. u - tokyo. ac. jp/ ~ worldjpn/documents/texts/JPUS/19950227. O1E. html

就美日联盟关系而言，这种存在于20世纪90年代前半期的漂流状态最终引起了美日双方高层的重视。美国哈佛大学教授约瑟夫·奈在出任美国助理国防部长后，美日之间就出现了一种被称为“奈倡议”（Nye Initiative）的对联盟进行调整和再定义的趋向。《美国对东亚和太平洋地区的安全战略》高度评价了美日联盟的意义，称“对美国而言，没有哪个双边关系比美日关系更为重要了。美日联盟是美国实现太平洋政策和全球战略目标的重要依托。…… 美日关系由三方面构成：安全同盟、政治合作以及经济与贸易关系”①。奈认为，克林顿上任之初的对日政策过分强调了贸易摩擦这一面，美日联盟中的另外两个方面被忽视了。该报告的发表标志着美国对日战略开始发生变化，美国再次将安全问题放到了美日双边外交的首位。在美日关系的新阶段里，美国对日本奉行的强硬经济政策逐渐发生改变。

与此相呼应，日本内阁在同年11月28日通过了新的《防卫计划大纲》（National Defense Program Guidelines）以取代1976年制定的旧版大纲。新《防卫计划大纲》的最大特点就是承认日美联盟的作用，进一步加大了日本对日美安全保障体制（Japan - U. S. security arrangements）的倚重。新大纲明确表明日美安全保障体制对于日本的重要性，它不仅能够确保日本的安全，还能维护日本周边地区的和平与稳定。② 由此可见，在新《防卫计划大纲》中，日本的防卫政策已悄然发生改变，从“防止日本受到侵略”，“日美共同对付侵略”转变为“维护日本周边地区的和平与稳定”。很显然，日本力图通过修订《防卫计划大纲》，力图在地

---

① U. S. Department of Defense, “United States Security Strategy for the East Asia Pacific Region”, Office of International Security Affairs, February 1995. http://www.ioc.u-tokyo.ac.jp/~worldjpn/documents/texts/JPUS/19950227.O1E.html.

② Ministry of Foreign Affairs of Japan, National Defense Program Outline in and after FY 1996, December, 1995. http://www.mofa.go.jp/policy/security/defense96/.

区安全中发挥更大的作用，为行使“集体自卫权”（Right of Collective Self－Defense）打开缺口。

由于双方的努力，美日关系通过发布《美国对东亚和太平洋地区的安全战略》和新《防卫计划大纲》而再次回到传统的轨道。随后，双方趁热打铁，在1996年4月，克林顿总统和桥本龙太郎（Hashimoto Ryutaro）首相在日本举行了首脑会谈。会后美日双方发表了《美日安全保障联合宣言》（US－Japan Joint Declaration on Security：Alliance for the 21st Century），该宣言标志着冷战后美日联盟关系开启了新阶段。首先，美日安保体制的内涵发生了质的变化，确认了美日“军事”联盟关系；其次，美日两国还试图通过该宣言将在冷战期间建立的双边联盟关系转变为亚太安全秩序的支柱。[①] 依据新的《防卫计划大纲》，日美安保体制将从纯粹“维护日本安全”扩展为应对亚太地区各种“不稳定、不确定因素”，“维持日本周边地区的和平与稳定”。此外，美日联盟的适用范围从原来针对“日本有事”扩大到“日本周边地区有事”，从日本本土及菲律宾以北的“远东地区”扩大到整个亚太乃至波斯湾地区。[②]

根据《美日安全保障联合宣言》的精神，美日两国于1997年9月23日正式公布了重新修订的《美日防卫合作指针》。修订后的《美日防卫合作指针》进一步扩大了美日联盟的活动范围和职能，建立了美日双方军事合作的分工，形成了以美军为“矛”、自卫队为“盾”的分工明确、协调有序的联合作战体制。通过新指针，美日两国军事联盟的性质由防御性的联盟关系转变为“地

① 杨伯江：“‘日美安全保障联合宣言’意味着什么”，《现代国际关系》，1996年第6期。

② 王帆：《美国的亚太联盟》，北京：世界知识出版社，2007年版，第99—100页。

区主导型”的联盟关系。[①] 为落实新的防卫合作指针，日本相继出台了《周边事态法》（Peripheral Situation Law）等法律文件，在一定程度上排除了阻碍美日军事合作关系继续深化的国内政治障碍。至此，历经数年的美日联盟的强化过程终告完成。有学者认为，美国在“90年代中期的这一次对亚太政策的战略转型是一个成功的承上启下的转折点，可以被视为其外交政策上的一个华丽转身”[②]。

在20世纪90年代后半期，美韩联盟与美日联盟一样在经受冲击之后，也做出了适应性调整。导致这种调整的最主要原因是，虽然在冷战后美韩两国的共同敌人不复存在，但朝鲜半岛仍保留了冷战“遗产”，朝鲜半岛的这种分裂状态促使美韩双方达成共识，即“作为冷战后东北亚新的安全环境的一个关键组成部分，美韩安全关系将保留它的价值和重要性”。[③] 美国在1995年发布的《美国东亚和太平洋地区安全战略》明确了美国在冷战后继续维持亚太驻军的重要性，这大大减缓了韩国担心美军迅速撤离韩国的忧虑。美国的战略界也日益将亚太地区的战略地位与欧洲相提并论。在此情况之下，鉴于朝鲜半岛所具有的重要的地缘战略价值，美国愈发重视韩国这粒亚太棋盘上的棋子，因为失去了这粒棋子，“美国就失去了插手朝鲜半岛事务的主动权”[④]。基于这一判断，美国开始大力强调美韩联盟的重要性。1998年初，美韩双方修订了《美韩共同防御条约》，这次修订为美国实现在

---

① 王帆：《美国的亚太联盟》，北京：世界知识出版社，2007年版，第100页。

② 赵全胜：“美国外交政策转型与‘战略行为体’”，《美国研究》，2012年第2期。

③ 王蓉蓉、刘强：“美韩同盟：超越的流变趋势”，《世界经济与政治论坛》，2009年第4期。

④ 汪伟民：《联盟理论与美国的联盟战略：以美日美韩联盟研究为例》，北京：世界知识出版社，2007年版。

朝鲜半岛的永久驻军提供了法律依据。此外，韩国还批准了美韩两国《战时支援协定》，该协定就军事指挥权以及派遣增援部队等问题做出了明确规定，为美韩两军在战时开展相互配合提供了有利条件。1998 年 8 月，被美国和日本认定为导弹的“大埔洞 1 号”卫星从日本上空飞过。这极大增加了美国对朝鲜“导弹问题”和“核问题”的担心以及美国强化美韩联盟关系的迫切性。在 1998 年 11 月发布的《美国东亚太平洋地区安全战略》报告中，巩固和加强美韩联盟的意图得到了更为充分的体现。该报告指出，驻韩美军将继续发挥遏制朝鲜侵略的作用，即便朝鲜不再构成威胁，美韩联盟和驻韩美军仍要继续维护朝鲜半岛以及整个亚太地区的稳定，美国与韩国之间的安全联盟是美国在朝鲜半岛的所有外交、防务和经济活动的基础。[①] 与此相呼应，1999 年，韩国国防白皮书明确指出，韩美关系建立在近半个世纪的冷战利益的基础之上，两国共同面临朝鲜的核威胁，现在双方正在致力于使联盟发展为全方位、广泛的安全伙伴关系，以使双方能够适应冷战后新的安全环境。[②] 由此表明，美韩联盟在经历冷战后初期的短暂“漂流”和反复磨合之后，对其冷战时期的战略职能做出了适应性调整，并在此基础之上强化了双边联盟关系。这一点正如中国国际关系学者王逸舟所指出的那样：“沿袭美日同盟关系的调整路径，美韩联盟关系也开始由冷战时期美国单方面扮演安全保护者的角色逐渐向冷战后相对平等的伙伴关系转变，韩国

① U. S. Department of Defense, “United States Security Strategy for the East Asia Pacific Region”, Office of International Security Affairs, November 1998. http://www.dod.gov/pubs/easr98/easr98.pdf.

② 转引自王蓉蓉、刘强：“美韩同盟：超越的流变趋势”，《世界经济与政治论坛》，2009 年第 4 期。

传统的唯美外交也开始做出了根本性调整。”[①]

如同美日联盟和美韩联盟一样，美澳联盟关系在经历短暂的“漂流”之后表现出了顽强的生命力和令人吃惊的韧性。在此期间，越来越多的美国学者批评克林顿政府的澳大利亚政策，认为虽说澳大利亚是美国在亚太地区推动安全、繁荣和民主的潜在的最重要的伙伴，可是美国政府并没有针对澳大利亚制定出富有成效的政策。[②] 20 世纪 90 年代后半期，随着国际形势的逐渐明朗，美国军事战略的重心向亚太地区转移的趋势日益明显，澳大利亚的战略地位变得再次重要起来。由此，双方均开始调整政策。霍华德（John Winston Howard）在 1996 年就任澳大利亚总理后就认为，澳大利亚的外交和安全政策是“失衡的”，与亚洲国家的接触已经损害了与美国的关系。在单极化体系和全球化安全合作的背景之下，为了维护澳大利亚的国家利益，澳大利亚必须加强与美国的联盟关系。[③] 在此情形之下，美澳双方愈发惺惺相惜，相互倚重。由此，澳大利亚确立了“同盟框架下的自主国防”的发展战略，而美国则将美澳联盟与美日联盟并列为其亚太战略的“南北双锚”。1996 年 7 月，美澳两国国防部长在悉尼举行年度防务会议，会后发表了《澳美 21 世纪战略伙伴关系》（Australia - United States: A Strategic Partnership for the Twenty - first Century）的联合声明。该声明进一步提升了美澳两国的安全合作关系，合作范围远远超出 1951 年签署的《澳新美安全条约》，被普遍认为

① 王逸舟：《全球化时代的国际安全》，上海：上海人民出版社，1999 年版，第 459 页。

② Harry Harding, “Asia Policy to the Brink”, *Foreign Policy*, Vol. 96, 1994 Fall, pp. 57 - 79.

③ Michael Evans, “*US - Australia Relations in Asia*”, Woodrow Wilson Center Asia Seminar 1, June 2005, pp. 4 - 5. http://www.wilsoncenter.org/sites/default/files/Michael_Evans_paper.pdf.

是自1951年《澳新美安全条约》签订以来最具里程碑意义的事件。依据该联合声明，美澳两国在情报交流、危机处理、后勤保障和联合军演等方面均有一系列大的举动，这表明美澳两国结合亚太地区形势的变化以及美澳两国的现实利益在不断调整两国的联盟关系，以使其更能适应亚太地区的新的安全现实。美国在1998年发表的《美国东亚太平洋地区安全战略》报告中再次强调了澳大利亚在上述领域中所扮演的重大角色，并高度赞扬了澳大利亚在20世纪历次重要战争中与美国并肩作战的"情谊"。的确，在美国的所有盟友中，澳大利亚是唯一一个紧随美国参加了二战之后所有涉美战争的盟国。在朝鲜战争、越南战争、海湾战争、伊拉克战争和阿富汗战争的战场上均能看到澳大利亚军人的身影。由此可知，美澳两国的"铁杆"程度可见一斑。与美国相呼应，澳大利亚政府则多次强调美澳联盟是澳大利亚防卫政策的核心和支柱，是澳大利亚的核心战略资产。[①] 此时的亚太虽说早已没有了冷战的阴霾，但随着地区热点问题和大国博弈的日益激化，澳大利亚仍然希望美国能够扩大在本地区的影响力，并平衡和抑制澳大利亚的潜在敌手。

总而言之，在20世纪90年代中后期，美澳联盟关系经过调整和转型，进入了发展的快车道。但在这一时期，受冷战思维的影响，美澳两国所重视的仍然是传统安全威胁，对于非传统安全问题给两国带来的威胁并没有给予应有的重视。这直接导致了美澳联盟在"9·11"事件之后再次做出调整。

① Paul Kelly, "Australian for Alliance", *The National Interest*, No. 71, Spring 2003, p. 87.

第二节　小布什政府时期美国亚太联盟体系的稳定发展（2001—2008）

在小布什政府时期，美国并没有成形的亚太联盟战略，但亚太联盟体系对美国的重要性在所有美国政府发布的战略报告中均有所体现。无论是《国家安全战略》报告、《四年防务评估报告》还是《反击大规模杀伤性武器国家战略》、《打击恐怖主义国家战略》均将美国的亚太联盟体系置于极为重要的位置。“9·11”事件发生之后，打击恐怖主义成为美国国家安全战略的最优先选项，美国亚太盟国的重要性更是被凸现出来。基于对国际安全环境的新判断，在小布什政府时期，美国对其亚太联盟体系进行了一系列再调整。

一、“9·11”事件后美国政府对国际安全环境的新判断

随着冷战的结束，美国失去了苏联这一最大的敌人。它在1997年发布的《四年防务评估报告》中将“军事力量大国对美国及其盟国的恐吓与入侵”① 视为美国在1997年至2015年间所面临的最严重的地区威胁。布什当选美国总统之后，继续秉承上述判断，将中国、俄罗斯等地区大国以及一些无赖国家视为美国的主要安全挑战。在当时，美国政府尚没有充分认识到以恐怖主义为代表的非传统安全给美国带来的巨大威胁。“9·11”事件促使美国重新评估其所面临的安全环境。美国政府在“9·11”事件之后发布的《四年防务评估报告》认为，美国所面临的国际安

① U. S. Department of Defense, “Quadrennial Defense Review”, May 1997. http: //www. dod. mil/pubs/qdr/.

全环境已发生了重大改变。就安全发展趋势而言，虽说美国的军事力量在世界上仍首屈一指，但拥有不对称优势的，尤其是大规模杀伤性武器的国家依然可以威胁美国的安全。此外，辨识那些有能力威胁美国国家安全的行为体变得更加困难，由此，对安全发展趋势的把握就变得越来越重要。就地缘政治发展趋势而言，冷战之后，国际体系变得越来越不稳定且难以预见。首先，“9·11”事件表明，美国在地缘政治上的安全优势已不复存在，面临着比冷战时期更具危险性的现实威胁。其次，虽说近期不会出现可以与美国竞争的对手，但一些地区大国仍有可能在将来的某个时刻对美国的国家利益构成威胁。此外，亚洲地区充满着地区力量的兴衰较量，最有可能出现大规模军备竞赛，一条不稳定之弧正在从中东地区延伸至东北亚地区。最后，亚洲、非洲和西半球的失败国家正在为那些从事贩毒、恐怖主义以及其他跨境犯罪行为的非国家行为体提供发展和壮大的温床。[①] 2002 年 4 月，美国总统安全顾问赖斯（Condoleezza Rice）在约翰·霍普金斯大学发表演说时也讲道：“我们必须放弃对国际政治的天真态度，认识到美国并不是一个坚不可摧的国家。为了应对美国面临的现实威胁，它将采取一切手段阻止敌对国家和恐怖分子获取大规模杀伤性武器，决不允许世界上最危险的人拥有最危险的武器。”[②]

基于此，美国在“9·11”事件之后对国际安全环境的判断可以被归纳为三点：首先，美国在冷战后比冷战时期面临更多来自非传统安全的威胁。其次，美国在凸显非传统安全对美国构成威胁的同时，仍然强调传统安全给自己带来的威胁，例如“流氓

---

① U. S. Department of Defense, “Quadrennial Defense Review”, September 30, 2001. http://www.defense.gov/pubs/qdr2001.pdf.

② Remarks by National Security Advisor Condoleezza Rice on Terrorism and Foreign Policy, John Hopkins University, Washington D. C., April 29, 2002. http://georgewbush-whitehouse.archives.gov/news/releases/2002/04/20020429-9.html.

国家”、“失败国家”以及地区大国给美国造成的安全压力。最后，敌对国家和恐怖分子获取大规模杀伤性武器被视为美国面临的最大安全挑战。出于对国际安全环境的这些判断，小布什政府开始调整其亚太联盟体系，以期更好地为美国的国家利益和安全战略服务。

二、“9·11”事件后美国亚太联盟体系的再调整

仅仅在“9·11”事件发生十几天之后，美国政府就于2001年9月30日发布了《四年防务评估报告》。报告明确指出，美国防务计划的核心目标是从“基于威胁”的防务模式转变为“基于能力”的防务模式，其核心任务是完全遏制并彻底摧毁敌对势力的攻击能力。[①] 为此，美国必须要强化其联盟关系，把盟国纳入到美国反恐的大战略中。2001年的《四年防务评估报告》就高度评价盟国对美国的重大意义。报告说美国的盟国是美国安全的核心组成部分。美国在利用联盟应对特定挑战时已经表现出了卓尔不群的能力，这种能力对于应对由“9·11”事件引发的各种问题亦至关重要。[②] 众所周知，美国的亚太联盟体系是其全球联盟体系的重要组成组分，它的意义不仅在于它对美国反恐战略的重要性，更在于亚太地区对美国国家安全战略的重要性。由此，“9·11”事件之后，美国亚太联盟体系的调整既服务于美国的反恐战争又服务于美国的全球战略。

（一）美日、美澳联盟再上新台阶

小布什就任美国总统之后批评克林顿政府“重中轻日”的做

① U. S. Department of Defense，“Quadrennial Defense Review”，September 30，2001. http：//www. defense. gov/pubs/qdr2001. pdf.

② Ibid. .

法，强调日本才是美国亚洲战略的基石。美国政府对美日关系进行的重新定位使美日联盟提升到了一个前所未有的水平。“9·11”事件对美国的国家安全和对外战略产生了深远的影响，也是美日联盟发展中的一个重要“节点”。此后，在美日联盟关系中又增加了反恐内容。美国在2002年9月出台的《国家安全战略》报告就将日本视为打击恐怖主义的主要依靠力量。[①] 此时，日本也毫不犹豫地与自己的盟友站在一起。它对美国反恐的支持主要体现在两个方面：其一，日本国会批准或修改立法，为日本自卫队支持美国的反恐行动扫除法律上的障碍。恐怖袭击案发生之后，日本迅速推出了《反恐怖特别措施法》、《自卫队法》修正案和《海上保卫厅法》修正案。随后，日本又利用伊拉克战争和朝鲜半岛核危机进一步调整其国家安全政策，并于2003年6月，相继推出《应对武力攻击事态法》、《安全保障会议设置法修正案》和《自卫队法》修正案等“有事法制”三法案。其二，日本用实际行动证明自己作为美国坚定盟友的价值并频频“借船出海”，充当美国的“大副手”[②]。反恐战争爆发之后，日本向印度洋派出了“宙斯盾”驱逐舰为美军提供后勤补给，这是二战之后日本首次向战争地区派遣部队。[③] 此外，日本还派遣自卫队参加伊拉克的重建，积极参与美国的武器研发。2005年2月，日本外相和防卫厅长官与美国国务卿和国防部长在华盛顿召开日美安全磋商委员会“2+2”会议。会后，两国发表了“共同声明”。声明首次

① White House, “The National Security Strategy of the United States of America”, September 2002. http://www.state.gov/documents/organization/63562.pdf.

② Secretary of State Rice, Secretary of Defense Rumsfeld, Minister of Foreign Affairs Machimura, Minister of State for Defense Ohno Security Consultative Committee Document, U.S.—Japan Alliance: Transformation and Realignment for the Future, October 19, 2005. http://www.mofa.go.jp/region/n-america/us/security/scc/doc0510.html.

③ 中国现代国际关系研究院主编：《东北亚地区安全政策及安全合作构想》，北京：时事出版社，2006年版，第43—44页。

将中国台湾、朝核危机、俄日北方领土争端以及驻日美军基地与日本自卫队基地相互使用等问题列入两国“共同战略目标”。很明显，美日联盟的范围已经不再仅仅局限于日本本土。亚太地区乃至全球都已在“日美联合军事行动”的覆盖范围之内。在2005年10月发表的《美日同盟—为了未来的改革与重组》（US – Japan Alliance：Transformation and Realignment for the Future）更进一步就驻日美军调整及加强军事合作等问题达成一致。其中最重要的一条是驻日美军司令部将在横田机场设置日美联合作战指挥所。此次调整大大“加强了日美军事一体化程度，提高了日美联合指挥和作战能力”。[①]

如同美日联盟一样，美澳联盟在美国反恐战争中也发挥了重要作用。“9·11”恐怖袭击发生时，澳大利亚总理霍华德正在美国参加《澳新美安全条约》签署50周年的庆祝活动。为了表达对美国的支持，澳大利亚政府首次启动该条约并迅速加入以美国为主导的反恐阵营。此时，反恐已经成为拉近美国与其亚太盟国关系的最大动力。这一点，正如霍华德所讲的那样，“我们不会将这场战争仅仅留给美国人去打，让他们替我们捍卫自己的权利。我们在钦佩他们的力量和伟大的同时，也应该知道澳大利亚是一个准备为自己的权利而战的国家”。[②] 利用共同反恐这一时机，美国大幅提升了与澳大利亚的联盟关系，将美澳联盟视为美国东南亚战略的重要依托，并将两国关系提升至美国全球同盟层

① 江新凤：“美日军事同盟的冷战思维”，《人民日报》，2005年11月4日，第3版。

② Mohan Malik，“Australia and the United States 2004 – 2005：All the Way with the U. S. A. ?”，*Special Assessment*：*The Asia – Pacific and the United States 2004 – 2005*，Feb 2005，p. 4.

面，发展为亚太多边同盟的“支轴”。[①] 由此，澳大利亚成为了继英国之后美国最亲密的盟友，甚至被美国视为“亚洲的英国”。在这一时期，美澳联盟关系再上新台阶的主要表现是：首先，澳大利亚无条件支持由美国领导的反恐战争。在 2001 年的阿富汗战争和 2003 年的伊拉克战争中，澳大利亚不仅派出地面部队直接参战，而且其部署在印度洋、海湾、中亚等地的军舰、战斗机、运输机、海上巡逻机以及空军特种部队也都参加了反恐行动。它是少数几个完全支持美国对伊拉克开战的国家。在之后的阿富汗和伊拉克的重建工作中，澳大利亚也完全追随美国，有钱出钱、有力出力，表现出了作为美国铁杆盟友的忠诚与可靠。此外，美国还积极配合美国在东南亚的反恐行动，与印度尼西亚、马来西亚和泰国签署了《反恐合作谅解备忘录》，充分扮演“副警长”的角色。其次，澳大利亚积极参与由美国主导的导弹防御计划。2004 年 7 月，两国签署了《导弹防御系统谅解备忘录》。根据这一协议，澳大利亚允许美国在其境内建立导弹防御体系。此外，澳大利亚还大力支持防扩散安全倡议，该协议的主要目的是寻求国家间的合作，通过外交、经济、军事等各种途径，阻断大规模杀伤性武器以及相关设备与技术的海陆空运输与扩散。最后，澳大利亚加速与美国的军事一体化进程，加强两国在情报合作、联合训练与军演等方面的配合。

总而言之，在“9・11”事件之后，与美国有着最密切联盟关系的日本和澳大利亚在反恐战争中与美国并肩作战、共同进退。作为美国在亚太地区的“北锚”和“南锚”，日本与澳大利亚对美国反恐战争的支持再次彰显了“9・11”事件对美国亚太联盟体系的凝聚作用。

---

① 李凡：《冷战后美国和澳大利亚同盟关系》，北京：中国社会科学出版社，2010 年版，第 122 页。

（二）美菲、美泰联盟的反恐新作用

“9·11”事件发生后，菲律宾和泰国积极支持美国的全球反恐行动，并被美国赋予“重要的非北约盟国”地位。两国所处的东南亚地区有着重要的地缘战略意义，随着美国反恐行动的扩大，该地区成为美国反恐的重要阵地，被美国视为“打击恐怖主义战争的第二战线”。因此，以反恐为契机开展军事合作成为美国发展与东南亚军事关系的一个重要的方式和手段。[①] 在此背景之下，美菲和美泰联盟关系再次回暖并得以加强。“9·11”恐怖袭击发生之后，菲律宾是最早公开表态支持美国反恐的东南亚国家，并派地面部队参加了阿富汗和伊拉克战争。2002 年 1 月，美军直接进驻菲律宾南部地区，协助菲律宾政府打击阿布·沙耶夫恐怖组织，由此，美国在东南亚地区建立了新的“军事支撑点”。为此，美国增加了对菲律宾的援助，并扩大了美菲联合军事演习的规模。泰国也在美国的反恐斗争中不断凸显自身的盟友价值。“9·11”事件之后，为了配合美军在阿富汗的作战，泰国立即对美军开放领空、允许美军利用泰国的相关军事基地和港口，并为美军提供后勤支援。此外，泰国还加强了与美国的情报合作，允许美国在泰国境内审判“基地”组织的恐怖嫌疑分子。

美菲、美泰联盟在走向强化的同时，美国还以美菲、美泰联盟为基础，将新加坡、印度尼西亚、马来西亚等国纳入东南亚地区的反恐大框架，并趁机强化在该地区的军事和安全存在，构建以美国为主导的多边安全合作机制。[②] 2002 年 7 月底 8 月初，美国国务卿鲍威尔（Colin Powell）访问东南亚地区，并与东盟十国

---

① 费昭珣：《大盟国与小伙伴：美菲与美泰同盟研究》，北京：世界知识出版社，2014 年版，第 196 页。

② 杨文静：“美国亚太同盟体系的调整及其走向”，《现代国际关系》，2003 年第 8 期。

就合作打击国际恐怖主义签署联合宣言，该宣言标志着美国在该地区反恐联盟的建立。

总而言之，“9·11”事件发生之后，菲律宾和泰国坚定地同美国站在全球反恐的同一战壕内，这大大拉近了两国同美国的关系。美国也急于利用菲律宾和泰国在东南亚地区的盟友地位开辟反恐的第二战线。“9·11”事件成为了美菲、美泰联盟在21世纪之初由松散走向强化的重要因素。其中，美菲联盟的这种强化趋势一直延续到奥巴马政府时期。

（三）美韩联盟的再定义

美韩联盟“再定义”的提法虽说始自美日联盟“再定义”的20世纪90年代的中后期，但它与美日联盟的“再定义”并非同时进行。从2002年开始，美韩两国开始对联盟关系做出根本性调整。调整的基本原因有以下两点：首先，在这一年，曾经是反美积极分子的卢武铉当选韩国总统，这一结果加剧了韩国内部的反美情绪。就在2002年年底，韩国国内的反美风潮达到了顶峰，这使美韩联盟面临着历史上最严峻的考验。其次，美国全球军事部署的调整为美韩联盟关系的调整提供了良好的契机。“9·11”事件之后，依据新的国际安全环境，美国认为在特定盟国大规模驻军已不合时宜，为了应对新的安全威胁，美国的海外驻军必须要减少规模，提高机动化。2003年11月25日，美国依据在2001年发布的《四年防务评估报告》，公开了其海外驻军重新部署计划（Ground Posture Review，GPR），该计划主要强调两点：其一，美国的海外驻军需要调整和再部署；其二，美国会按照盟国的优先次序调整和重新部署海外驻军，驻韩美军需要首先做出调整。最后，2002年朝核危机再度爆发，朝鲜扬言退出《不扩散核武器条约》，这促使韩国开始检讨金大中时期对朝鲜奉行的“阳光政策”。虽说卢武铉总统仍然强调为了美韩联盟的长远发展，有必要改造和升级美韩联盟，即超越冷战时期的以军事联盟为主的联盟模式，为了实现东北亚地区的和平与稳定，美韩两国应调整在该地区所扮演的角色，建立全面发展的联盟关系。但实际上，随着第二次朝核危机的爆发，韩国对美国的安全依赖不仅没有减弱，反而呈现出增强的趋势。有中国学者指出，美韩联盟的再定义是在朝鲜核危机不断恶化及韩国国内反美情绪持续上升的背景之下，美方做出的应急性反应，其定义过程完全是美国单方面做出的，其形式也不是正式的官方宣言或条约，而是混合在美国的全球军事部署调整的整体计划中。①

鉴于上述谈及的各种因素，为了防止联盟矛盾的进一步激化甚至联盟瓦解，美国开始主动就联盟调整问题与韩国建立协商机制。2002 年 11 月，美国向韩国建议将“美韩联盟未来的政策构想”（Future of the Alliance Policy Initiative，FOTA）作为美韩调整两国联盟关系的协商机制。这一提议在 2002 年底被韩方接受。2004 年，美韩联盟调整的协商机制又转变为“美韩安全政策构想”（The Security Policy Initiative，SPI）。这种转变标志着美韩两国已经就美韩联盟的未来发展方向达成一致，联盟调整进入了一个新的阶段。美韩两国在“美韩联盟未来的政策构想”会议上达成共识，驻韩美军将更多地处理半岛外的地区事务，在半岛的防卫责任会减少，但保持防卫的有效性，韩国军队在半岛统一前或统一进程中承担更大的国防责任，为国防独立做准备。② 2004 年以来的美韩联盟关系的调整主要围绕驻韩美军的角色和作用以及驻韩美军的战略灵活性展开。在驻韩美军的角色和作用问题上，美国通过有限撤军、调整军事基地、与韩国分摊驻军费用等方式

① 汪伟民：“持久的不均衡：战后美日、美韩联盟比较研究”，《史学集刊》，2006 年第 5 期。

② 杨红梅：“美韩同盟调整的动力、现状与前景”，《现代国际关系》，2005 年第 8 期。

部分满足了韩国“自主国防”的要求，并于2006年向韩国移交了海上战时作战指挥权。就驻韩美军的“战略灵活性”而言，美韩双方经过反复磋商和谈判，最终于2005年11月达成一致。韩国明确表示，理解美国全球军事战略的变化，尊重驻韩美军实现“战略灵活性”的客观需要。美国则表示，在实现“战略灵活性”的过程中，尊重韩国的立场，不会在违背韩国国民意志的情况下介入东北亚地区冲突。[①] 美国之所以做出上述承诺，其根本原因在于卢武铉对于美韩联盟的再定义与美国的再定义有着明显的不同。从美国角度而言，美韩联盟应该像美日联盟那样，在东亚地区扮演“警察”角色。但是，韩国却希望美韩联盟只有防御功能而不具备干预功能。[②] 针对驻韩美军“战略灵活性”这一问题，韩国的最大担心是，一旦驻韩美军在半岛外发挥太多的“地区性”作用，韩国就有可能被卷入东北亚的地区冲突。也就是说，韩国更倾向于扮演“守门员”的角色而不是“前锋”的角色。

虽说美韩联盟关系在金大中和卢武铉总统执政的十年间（1998—2008年）经历了一些起伏，甚至被李明博政府视为美韩关系“失去的十年”，但经过双方就联盟关系调整展开的一系列协商，从卢武铉总统执政末期开始，美韩关系开始呈现修复并且加强的迹象。这其中最重要的标志是，两国在2007年4月2日达成了《韩美双边自由贸易协定》（U. S. – Korea Free Trade Agreement，KORUS FTA）。协议签订后，韩联社就报道说，该协定不仅能够增进韩美两国的经济关系，它还是双边军事联盟的催化

---

① 汪伟民、李辛：“美韩联盟再定义与韩国的战略选择：进程与争论”，《当代亚太》，2011年第2期。

② 祁怀高：《构筑东亚未来：中美制度均势与东亚体系转型》，北京：中国社会科学出版社，2011年版，第103页。

剂，并有望将韩美联盟关系推向更高的层面。[1] 美韩关系的这种强化趋势在李明博总统当政期间达到了最高峰。

第三节　奥巴马政府时期美国亚太联盟体系的全面强化（2009—至今）

2009 年 1 月，奥巴马就任美国总统。他不仅是美国的首任黑人总统，还自诩为美国的首位“太平洋总统”。奥巴马总统对亚太地区的关注绝非简简单单的个人喜好，它与美国在该地区的战略目标息息相关。众所周知，维持美国在亚太地区的霸权地位，防止这一地区出现美国霸权的潜在挑战者是冷战结束以来美国在亚太地区的重要战略目标。近年来，亚太地区的权力转移和秩序重组出现加速趋势，中国的政治、经济、军事力量迅猛增长，亚太地区已逐渐呈现出中国主导经济、美国主导安全的“二元结构”。这对美国的亚太战略构成了严重挑战，令美国的决策者倍感焦虑。在此背景之下，美国开始推行“亚太再平衡”战略，全面强化其亚太联盟体系。

一、奥巴马政府以“再平衡”重新定义美国亚太战略

奥巴马在 2009 年就任美国总统后立即为美国的亚太战略重新定调。2012 年以来，奥巴马政府在策略上进行了调整，代之以“再平衡”，并强调美国从来就没有离开过亚洲，有意淡化“重返”之说。[2] 所谓的“亚太再平衡”是指美国为了应对亚太地区

---

① 转引自刘勃然：“美韩联盟的转型及未来的发展趋势”，《内蒙古民族大学学报（人文社科版）》，2009 年第 3 期。

② 阮宗泽：“美国‘亚太再平衡’战略前景评析”，《世界经济与政治》，2014 年第 4 期。

权力格局的改变而将其全球重心从欧洲和中东地区向亚太地区的转移。一般认为，美国推行“亚太再平衡”战略有如下一系列标志性事件。2011 年 11 月，作为“亚太再平衡”战略的积极谋划者，美国国务卿希拉里·克林顿高调宣布美国的战略重心将转向亚太地区。[①] 随后不久，奥巴马总统在澳大利亚国会发表演讲时对该战略又进行了深入阐释。他说：“经过深思熟虑，我已经做出一项战略决定，即美国作为一个太平洋国家无论在现在还是未来对于该地区的塑造都将发挥更大、更长久的作用。”[②] 2012 年 11 月 15 日，美国总统国家安全事务助理托马斯·多尼伦（Tom Donilon）在美国战略与国际研究中心发表演讲时也表示，美国在全球的力量投放很不均衡，过于集中在某些区域，例如中东地区。而与此同时，美国在亚太地区的力量投放却明显不足。为了应对新的挑战以及抓住亚太地区经济发展给美国带来的机遇，美国应该：第一，强化和升级美国在这一地区的联盟关系；第二，强化与以印度为代表的新型大国的关系；第三，参与全球和地区机制建设以促进地区合作、争端的和平解决，捍卫人权和国际法；第四，寻求与和中国建立稳定并富有建设性的关系；第五，进一步推进地区经济构架，促进经济的透明度和开放性，维护贸易的自由度和公平性。[③] 2013 年 7 月 22 日，美国国务院负责东亚和太平洋事务的助理国务卿丹尼尔·拉塞尔（Daniel Russel）就明确表示，美国将继续推进“亚太再平衡”战略。该战略主要包

---

① Hillary Clinton, “America's Pacific Century”, Honolulu, November 10, 2011. http: //www. state. gov/secretary/20092013clinton/rm/2011/11/176999. htm.

② Remarks By President Obama to the Australian Parliament, November 17, 2011, Canberra, Australia. https: //www. whitehouse. gov/the - press - office/2011/11/17/remarks - president - obama - australian - parliament.

③ Remarks by National Security Advisor Tom Donilon, November, 15, 2012. ttps: //www. whitehouse. gov/the - press - office/2012/11/15/remarks - national - security - advisor - tom - donilon - prepared - delivery.

括三大组成部分：一是升级美国的亚太联盟；二是积极参与亚太地区的经济活动；三是发展与该地区新兴国家的关系。[①] 2013 年 11 月 20 日，奥巴马在第二任期的国家安全事务助理苏珊·赖斯（Susan Rice）在美国乔治敦大学专门就美国的“亚太再平衡”战略以及美国的亚洲政策发表演讲。在演讲中，赖斯开宗明义地讲道，“亚太再平衡”战略是奥巴马政府外交政策的基石。美国政府在该地区的目标是：强化安全、促进繁荣、推进民主以及维护人的尊严。[②] 美国总统奥巴马于 2014 年 11 月 15 日在澳大利亚布里斯班的昆士兰大学发表政策演讲时向美国的亚太盟友重申了美国实施“亚太再平衡”战略的决心，并承诺美国“会竭尽全力通过外交、军事、经济、发展和价值理念等手段加强与亚太地区的接触”。[③]

总体而言，美国的“亚太再平衡”战略可以分为“政治再平衡”、“经济再平衡”和“军事再平衡”等三个方面。美国的亚太联盟体系在这三个方面均扮演着举足轻重的作用。正如奥巴马所指出的那样，亚太地区的安全秩序，不能建立在“强迫或恐吓的基础上，而应建立在享有共同安全的盟友基础之上”。他进一步讲道，“没有人可以质疑我们对盟友的决心或承诺”。[④] 美国亚太战略的调整为美国亚太联盟体系的全面强化提供了重要契机。

---

① 转引自阮宗泽：“美国‘亚太再平衡’战略前景评析”，《世界经济与政治》，2014 年第 4 期。

② Remarks As Prepared for Delivery by National Security Advisor Susan E. Rice at Georgetown University, Washington, D. C. , November 20, 2013. https://www.whitehouse.gov/the-press-office/2013/11/21/remarks-prepared-delivery-national-security-advisor-susan-e-rice.

③ Remarks by President Obama at the University of Queensland, November 15, 2014. http://www.whitehouse.gov/the-press-office/2014/11/15/remarks-president-obama-university-queensland.

④ Ibid. .

二、“再平衡”背景下的美国亚太联盟体系的全面强化

无论是美国的政要还是战略界人士，在谈及“亚太再平衡”战略时均会涉及美国亚太盟友和安全伙伴的重要性。赖斯在乔治敦大学发表演讲时就说，为了进一步强化地区安全，美国希望这一地区的盟友和伙伴为了联盟的共同利益和价值观念承担起更大的责任。美国的亚太盟友和伙伴在促进地区发展、推进民主等方面均发挥着重要的作用。[①] 此外，随着中国的迅猛崛起，美国决策者的战略焦虑与日俱增。在此背景之下，美国的亚太联盟体系迎来了全面强化时期。

（一）美日、美韩联盟的同步强化

美日和美韩联盟是美国在亚太地区的重要战略支柱，在应对朝鲜威胁、中国崛起的过程中扮演着不可取代的作用。但是，冷战结束以来，美日联盟和美韩联盟的发展轨迹并不完全同步。在冷战刚刚结束的最初几年，美日和美韩联盟都出现了松散化的迹象。随着美日联盟“再定义”的完成，美日联盟和美韩联盟开始呈现一强一弱的“主辅配置”[②]。这一特征在金大中和卢武铉总统当政的1998年至2008年间表现得最为明显。随后，随着李明博在2008年就任韩国总统，美韩联盟开始全面强化。2010年发生的“天安舰事件”和“延坪岛事件”以及中日在亚太地区战略竞争态势的加剧为美国在冷战后首次同步强化美韩和美日联盟提供

---

① Remarks As Prepared for Delivery by National Security Advisor Susan E. Rice at Georgetown University, Washington, D. C. , November 20, 2013. https://www.white-house.gov/the-press-office/2013/11/21/remarks-prepared-delivery-national-security-advisor-susan-rice.

② 张威威：“美日、美韩军事同盟的同步强化及其影响”，《世界经济与政治论坛》，2011年第3期。

了重要的契机。

奥巴马政府上台之后，非常重视美日联盟关系。2009 年 11 月，奥巴马总统在日本东京发表演讲时就指出：“在很大程度上，我们在亚太地区的努力将扎根于美日之间历久弥新的联盟关系。”① 2009 年 4 月，美国常务副国务卿斯坦伯格（James Steinberg）在一场有关亚洲事务的研讨会上也认为，“日本是美国在亚太地区最重要的盟友，美日联盟是美国亚太政策的基石”。② 2013 年 10 月 3 日，日美两国在东京召开由两国外长和防长出席的安保磋商委员会“2 +2”会议。这是 1996 年以来，日美两国的“2 +2”会议相隔 17 年第一次在日本举行，会议重点讨论了修订日美防卫指针问题。在双方发布的联合声明中有这样一段内容：日本将继续与美国密切配合，力争在美日联盟中发挥更大的作用，日本正准备设立自己的国家安全委员会并发布国家安全战略报告。此外，就行使集体自卫权、增加国防预算、修改防卫指针、加强防卫能力等问题，日本也正在重新审查相关的法律依据。美国对日本的这些举措表示欢迎，并重申美方与日本保持密切合作的承诺。③

安倍晋三上台以来，日本政府一直试图修改日本宪法以使日本自卫队能够行使“集体自卫权”，这基本上成了安倍孜孜以求的目标。他在 2013 年 12 月 17 日晚出席“关于重新构筑安全保障

---

① Remarks by President Barack Obama at Suntory Hall, Tokyo, Japan, November 14, 2009. http://www.whitehouse.gov/the-press-office/remarks-president-barack-obama-suntory-hall.

② Remarks by James B. Steinberg at National Bureau of Asian Research Conference, Engaging Asia 2009: Strategies for Success, April 1, 2009. http://www.state.gov/s/d/former/steinberg/remarks/2009/169352.htm.

③ Joint Statement of the Security Consultative Committee: Toward a More Robust Alliance and Greater Shared Responsibilities, October 3, 2013. http://www.state.gov/r/pa/prs/ps/2013/10/215070.htm.

法律基础恳谈会”时宣称，仅依靠个别自卫权无法保护国民生存、保证国家存立。当弹道导弹等威胁穿越国境到达日本时，（自卫队）有必要行使集体自卫权。[①] 集体自卫权是指，当与本国关系密切的他国遭受武力攻击时，即使本国未受到直接攻击，也拥有使用武力阻止攻击的权利。日本宪法第九条规定，日本放弃以武力作为解决国际争端的手段，不承认国家交战权，即禁止行使集体自卫权。冷战结束后，集体自卫权这个概念在日本国内更多地体现在美日联盟关系中，“9·11”事件之后，美国曾多次要求日本行使集体自卫权，其目的就是让日本在安保领域里替美国分担更多的责任和义务，使日本自卫队成为美军的附属部队。[②] 2015年4月6日至12日，刚刚履新的美国国防部长阿什顿·卡特（Ashton Baldwin Carter）访问亚太地区，并将日本作为此次亚洲之行的首站。他在4月8日先后与日本首相安倍晋三以及日本防卫大臣中谷元举行了会谈。双方共同确认将全力推进日美防卫合作指针自1997年以来的首轮修订工作。在4月8日举行的记者招待会上，卡特对该修订工作取得的进展表示满意，并声称新指针不仅可以推动美日联盟的发展，扩大两国军队的“无缝”合作，而且还将给亚太及其他地区带来“更大的稳定”。[③] 美日新的防卫合作指针必将为解禁集体自卫权问题作出新的规定，进一步扩大日本自卫队与美军的合作。此外，新的防卫合作指针还将包括太空、网络安全等全新领域，大大增加了美日防卫合作的范

---

① “安倍称有必要行使集体自卫权”，新华网，2013年12月18日。http://news.xinhuanet.com/world/2013-12/18/c_125875334.htm.

② “日美2+2会议在东京举行 将讨论修订日美防卫指针”，中新网，2013年10月3日。http://www.chinanews.com/gj/2013/10-03/5343997.shtml.

③ U.S. Department of Defense, “Remarks by Secretary Carter and Nakatani at a Joint Press Conference”, April 08, 2015. http://www.defense.gov/Transcripts/Transcript.aspx?TranscriptID=5613.

围。2015 年 4 月 28 日，日本首相安倍晋三与美国总统奥巴马在华盛顿举行了峰会。此次峰会是在美日两国试图联手遏制中国的大背景下举行的，因而对两国而言有着极其重要的意义。在奥巴马总统的第二个任期里，美日两国动作频频，联盟关系急剧升温。一方面，美日军事联盟关系得到进一步巩固和加强。另一方面，美日两国在经济领域相互配合，排挤中国。首先，美日是仅有的两个拒绝加入亚投行的亚太大国。其次，美日两国引领的 TPP 谈判已经在 2015 年 10 月达成基本协议。该协定签署之后，美日便可以创建一个新的将中国排除在外的亚太经济秩序。

2015 年 4 月 27 日，美日两国的外长和防长在奥巴马总统和安倍晋三首相举行首脑会谈之前举行了“2 +2”会谈，会谈签署了新的美日防卫合作指针，取消了对日本自卫队行动的地域限制，进一步为日本的海外作战松绑。新指针强调了美日联盟的“全球性”，提出将为“亚太及其他地区的和平与安全”发挥主导作用。[①] 更为引人注目的是，新指针的相关文件明确写道：“日美安保条约第 5 条适用于冲绳县尖阁群岛”[②]。新指针虽未指名道姓，但此条规定明显针对中国。前五角大楼官员吉姆·肖夫就表示：“美国希望日本更深入参与国际任务，日本希望促进同盟一体化，以作为加强对中国遏制的方式。”[③] 美日两国对防卫合作指针的修订表明美日联盟与以往相比在地理上变得更分散、在行动上变得更灵活、在军事上变得更有威慑力，在政治上变得更有持续性。

---

① U. S. Department of Defense, “The Guidelines for U. S. – Japan Defense Cooperation”, April 27, 2015. http://www.defense.gov/pubs/20150427_ – – – _ GUIDELINES_ FOR_ US – JAPAN_ DEFENSE_ COOPERATION. pdf.

② Ibid. .

③ 英国《金融时报》网站 4 月 28 日报道，载《参考消息》，2015 年 4 月 29 日，第 2 版。

2015 年 5 月 14 日，在美国的支持和鼓动之下，日本安倍内阁一次性通过了 11 个与安全保障法制有关的法案，这其中就包括将《自卫队法》《武力攻击事态法》《周边事态法》《联合国维和行动合作法》等 10 个修正案整合为一的《和平安全法制完善法案》以及允许日本随时为他国军队在应对国际纷争时提供后方支援的永久性法律《国际和平支援法案》。[①] 引人注意的是，新通过的《武力攻击事态法》修正案明确表示，当与日本关系密切的国家受到武力攻击，日本的生存处于明确危险境地时，可以定义为"存亡危机事态"，允许行使集体自卫权。日本此举最主要的目的就是响应美国要求日本解禁集体自卫权的呼声，强化美日联盟，以应对日益恶化的中日战略竞争态势。无独有偶，美国众议院于 2015 年 5 月 15 日通过了 2016 年度《国防授权法案》（National Defense Authorization Act for Fiscal Year 2016）。引人关注的是，该法案还包括了一些专门针对亚太地区的特别条款。法案表示美国政府"支持包括解禁集体自卫权在内的日本防卫政策的变动"。以上种种迹象表明，在奥巴马总统执政期间，美日联盟关系已经发展到了一个新的高度。

在美日联盟的"军事色彩"日渐浓重之时，其"反华色彩"也日益突出。卡特在 2015 年 4 月 8 日的记者招待会上明确表示："我重申奥巴马总统在 2014 年 7 月做出的美日安保条约适用于所有日本行政管辖权之内的区域的决定，并再次强调美国反对任何强制改变日本对尖阁群岛行政管辖权的单边行为。"[②]美国在中日东海领土争端中的态度已经完全转向日本，这种态度的转变直接

① "战争法案要把日本带到何方"，新华网，2015 年 5 月 15 日。http：//news. xinhuanet. com/world/2015 －05/15/c_ 1115302778. htm.

② U. S. Department of Defense， "Remarks by Secretary Carter and Nakatani at a Joint Press Conference"， April 08， 2015. http：//www. defense. gov/Transcripts/Transcript. aspx? TranscriptID =5613.

服务于美国巩固和强化美日联盟的战略考量。有中国学者就认为，扩大美日安保范围是冷战后美国为了加强美日联盟所采取的三大战略举措之一。[①] 另外两大举措——增强美国在日本的军事力量以及提高美日军事一体化程度也是此次卡特访日行程中的重点话题。通过美日联盟的强化，我们可以清晰地看到，奥巴马政府“重返亚太”战略是与20世纪90年代的美国对日政策环环相扣的。[②] 那个时期所形成的美日战略关系为当前美国的亚太战略实施奠定了坚实的基础。当前，日美扩大防卫合作的举动反映了双方各自的战略考量。一方面，奥巴马政府的“亚太再平衡”战略仅靠美国的力量很难达到应有的效果，美国推动与日本的安保合作以及盟国间的多边安保合作正是实现其再平衡战略的重要途径。另一方面，日本安倍政府因钓鱼岛问题造成了东海地区中日之间的持久对峙，从而更加重视美国在亚太安全事务中的作用，更加乐意为美军在该地区的活动提供与以往相比更多的支持。美日之间更加频繁的军事互动，以及把美日关系“提升到全新高度”[③] 的美日防卫合作必将加剧东亚地区的紧张局势，破坏该地区的和平与稳定。

在美日联盟全面强化，迈向新台阶的同时，美韩联盟也随着李明博当选韩国总统、朝鲜半岛的紧张局势加剧而出现了全方位、大规模的强化。在朝鲜核问题多次导致朝鲜半岛紧张局势以及美国政府屡次打压的情况下，韩国的国内政治开始出现“右倾”迹象。这其中最主要的表现是，作为韩国保守政治势力代表

① 尹承德：“美国亚太战略新态势”，《国际问题研究》，2008年第1期。

② 赵全胜：“美国外交政策转型与‘战略行为体’”，《美国研究》，2012年第2期。

③ U. S. Department of Defense, “Remarks by Secretary Carter and Nakatani at a Joint Press Conference”, April 08, 2015. http://www.defense.gov/Transcripts/Transcript.aspx?TranscriptID=5613.

的李明博刚刚当选总统便大力推行“实用外交”。至此，为了找回美韩联盟“失去的十年”，韩国政府开始积极修复与美国的关系。在2008年4月李明博总统访美期间，韩美双方建立了“21世纪战略同盟关系”，商定在“价值同盟、信赖同盟和和平同盟”的原则基础上，把传统的军事同盟关系提升为全方位的“战略同盟关系”。[①] 顾名思义，“价值同盟”侧重于联盟的意识形态基础，也就是被两国所共享的民主、自由和市场经济等基本价值取向。“信赖同盟”侧重于联盟的内容，也就是说两国要在军事、政治、外交、经济、社会、文化等领域不断扩大共同利益。“和平同盟”则侧重于联盟的目标，也就是说美韩联盟要为实现世界和平贡献自己的力量。2009年2月，美国国务卿希拉里访问韩国时用“全球战略联盟”形容美韩关系，表示奥巴马政府将延续2008年建立的美韩战略联盟，在地区和安全问题上与韩国加深同盟合作。[②]

韩国的新主张和新举动受到了美国的支持和欢迎。以军事和安全合作为原始动力的美韩联盟关系再一次峰回路转，迅速得到巩固和发展。2009年6月李明博总统再度访美，双方签署了名为《美韩联盟未来展望》（Joint Vision for the Alliance of the United States of America and the Republic of Karea）的联合声明。该联合声明开宗明义地讲道，美韩联盟致力于为朝鲜半岛、亚太地区以及全世界打造和平、安全和繁荣的未来。美韩联盟将在政治、经济、社会和文化的合作基础之上，以共同利益和相互信任为依托，构建双边、地区和全球范围内的全方位战略联盟。美韩两国将以联盟力量为后盾维持积极的防御态势。为了实现这一点，美

---

① “李明博：韩美同盟正迈向新阶段”，［韩］《朝鲜日报》，2008年4月27日。http://chn.chosun.com/site/data/html_dir/2008/04/17/2008041700012.html.

② 孙茹：“从希拉里东亚之行看奥巴马政府亚洲政策走向”，《现代国际关系》，2009年第3期。

国将继续向韩国提供包括核保护伞在内的“延伸性威慑”。[①]《美韩联盟未来展望》的签订对于韩国有着两层重要意义：首先，韩国在联盟中的地位获得了提升。美国再次以文字的形式确认了对韩国的安全义务，并承诺韩国在重构双边联盟的时候可以主导半岛防御。其次，联盟层级获得了提升。美韩联盟被注入了更多的政治、经济、社会和文化因素，已经不再拘泥于传统的军事联盟关系。此外，美韩联盟已经超越了朝鲜半岛的界限，正在发挥着地区性和世界性的作用。

2010 年发生的“天安舰事件”和“延坪岛炮击事件”是美韩强化军事合作的另一契机。韩国军队在危机中的表现再次成为民众诟病的对象，也使得韩国内部要求强化美韩联盟、争取更多美国安全保障的呼声日益高涨。在此情况之下，2010 年 6 月，韩国总统李明博和美国总统奥巴马就移交战时作战指挥权的问题达成一致，移交时间从 2012 年的 4 月 17 日推迟至 2015 年的 12 月 1 日。同年 7 月，美国和韩国在首尔首次举行了由两国外长和防长参加的“2 + 2”会谈，两国均认为，为了应对来自朝鲜在内的任何威胁，美韩两国应该加强防御能力建设。在“天安舰事件”发生后的几个月里，美韩双方举行了十余次联合军事演习，规模最大的一次是 2010 年 8 月举行的“乙支自由卫士”（Ulchi Freedom Guardian）三军联合军事演习，美韩双方共派出 8 万余名官兵参加，盛况空前。有韩国专家就认为，美韩“2 + 2”会谈标志着美韩联盟关系已经达到了美日联盟的水平，甚至在意义上已经超过

① Joint Vision for the Alliance of the United States of America and the Republic of Korea, Washington, D. C. June 16, 2009 http://www.whitehouse.gov/the_ press_ office/Joint - vision - for - the - alliance - of - the - United - States - of - America - and - the - Republic - of - Korea.

了美日联盟。[①] 2013 年 5 月，韩国总统朴槿惠（Park Geun – hye）在美韩联盟建立 60 周年的大背景下访问美国，体现了韩国新政府对美韩联盟的重视。2015 年 4 月，美国国防部长艾什顿 · 卡特访问韩国。在访问期间，卡特承诺与韩国在加强朝鲜半岛与地区安全问题上保持密切的军事合作。他还专门参观了韩国“天安”舰残骸，以此凸显美韩联盟共同应对朝鲜威胁的决心。套用韩国前外长韩升洲的话说，传统的美韩联盟“已经超出了传统的安全关系，现在包含共同的政治、经济和文化价值观”[②]。

（二）美澳、美菲联盟步入发展新阶段

奥巴马继任美国总统之后，随着“亚太再平衡”战略的推行，美国更加重视美澳联盟的战略价值。美国前国务卿希拉里 · 克林顿在其撰写的《美国的太平洋世纪》一文中就提出了美国实施重返亚太战略的六大行动方针，其中一条就是强化包括美澳联盟在内的亚太双边联盟。美澳联盟在奥巴马任内得以强化的标志性事件是美澳两国在 2011 年 11 月宣布，美国可以在澳大利亚北部的达尔文以轮换驻军的形式分阶段部署总共 2500 名海军陆战队士兵。除此以外，澳大利亚还会对美国开放其军事设施并协同美国加强美国空军在澳大利亚北部的部署。这就意味着，美国在战后首次实现在南太平洋驻军，极大地扩大了其在亚太地区的军事部署，强化了它在亚太地区的战略纵深和优势。在亚太地区，美国在日本和韩国均拥有军事基地并有大量驻军。美国在澳大利亚驻军恢复了上个世纪美国在亚太的军事战略布局。据此，人们普遍认为，澳大利亚已经成为美国对华包围圈中的重要一环[③]，是

① ［韩］姜赞昊：“‘2 + 2’会议的意义：韩美同盟超越了美日同盟”，《中央日报》，2010 年 7 月 2 日。

② 转引自日本《外交学者》杂志网站 2 月 10 日文章：“最脆弱的纽带：中国如何寻求动摇美韩日三角关系”，载《参考消息》，2014 年 2 月 12 日，第 14 版。

③ 程鹏翔：“美国重返亚太背景下的美澳同盟”，《太平洋学报》，2014 年第 3 期。

美国推行“亚太再平衡”战略的支点。此后，在2014年6月，美澳两国又突然宣布，美国和澳大利亚达成了兵力态势补充协议，这将增强两军之间的双边合作，并扩大美国在澳大利亚各地的驻军规模。[①] 事后，澳大利亚总理阿博特（Tony Abbott）安慰中国说，“澳大利亚将继续在充当中国的好朋友和美国的最有力盟友之间寻求平衡”。[②] 但是，作为美国的长期盟友，又与日本有着密切军事联系的澳大利亚在地区局势进一步紧张时恐怕不会站在中国一边。在美国“亚太再平衡”战略的大背景下，美澳两国的配合自然以安全和防卫为主导。但随着全球化和多极化的发展，两国之间在政治层面和经济层面的联系势必日渐频繁。在可预见的将来，随着美澳联盟中非军事因素的增强，美澳联盟一定会从一个传统的军事联盟迈向一个全方位的联盟。

美菲联盟在冷战结束以后，尤其是在1992年美军撤出菲律宾以后一直处于“休眠”状态。直至20世纪末21世纪初，随着菲律宾国内安全形势的恶化以及美国“9·11”事件的发生，美菲联盟才得以恢复。[③] 奥巴马在当选美国总统之后开始大力推行“亚太再平衡”战略，由于该战略与菲律宾意图长期霸占部分中国南海岛礁的战略十分契合，美菲联盟迅速升温并进入活跃期。在此期间，美菲两国关系提升到了新的战略高度，菲律宾被美国提升为“非北约”主要盟国。2011年11月，为了纪念《美菲共同防御条约》签署60周年，美菲两国发布了《马尼拉宣言》。该宣言表示，菲律宾和美国重申《美菲共同防御条约》的责任和义

---

① 转引自美国世界政治评论网站6月13日文章：“澳大利亚努力在中美之间找平衡”，载《参考消息》，2014年6月16日，第14版。

② 同上文。

③ 张景全：“美菲同盟强化及其在美国亚太再平衡战略中的作用”，《南洋问题研究》，2014年第1期。

务，将其视为美菲两国保持富有活力的双边关系的基石[①]。有了美国的支持，菲律宾阿基诺政府的一些高级官员甚至公开叫嚣，如若菲律宾与中国就南海领土争端发生冲突，就应启用《美菲共同防御条约》。[②] 在此阶段，美菲联盟不断强化的主要表现是：美菲两国战略对话机制日益完善、安全合作日益深入、联合军演规模日益扩大。

2011 年 7 月，美菲两国在马尼拉举行了首次美菲双边战略对话。截至 2015 年，该对话已经举行了 5 次。2015 年 1 月 21 日，第五次美菲双边战略对话在马尼拉举行，双方就双边、地区和全球问题进行了深入的探讨和磋商。美国副国务卿埃文·加西亚（Evan Garcia）在会后的记者招待会上说，双边战略对话再次确认了美菲联盟关系的深厚基础，它几乎涵盖双边关系的所有方面，既有经济议题，又有安全和防务问题，还涉及地区和国际问题。[③] 2012 年 4 月 30 日，美菲两国在华盛顿首次举行由双方外长和防长参加的“2 + 2”会谈。这次会谈的联合宣言将美菲关系首次定义为“亚太地区和平、稳定、繁荣之锚”[④]，由此可见美菲联盟在美国亚太战略中的重要位置。

在美菲战略对话的指导之下，美菲两国的安全合作快速升温。2013 年 8 月，美菲两国开始就新的安全合作框架展开磋商。

① Signing of the Manila Declaration On Board the USS Fitzgerald in Manila Bay, Manila, Philippines, November, 2011. http://www.state.gov/r/pa/prs/ps/2011/11/177226.htm.

② 转引自张景全：“美菲同盟强化及其在美国亚太再平衡战略中的作用”，《南洋问题研究》，2014 年第 1 期。

③ The U.S. Department of State, “U.S. – Philippines Bilateral Security Dialogue Press Conference”, Manila, Philippines, January 21, 2015. http://www.state.gov/p/eap/rls/prs/2015/236246.htm.

④ The U.S. Department of Defense, “Joint Statement of the United States – Philippines Ministerial Dialogue”, April 30, 2012. http://www.defense.gov/news/d20120430jointstatement.pdf.

基于菲律宾所关心的南海安全问题，该框架的核心在于美军可以在驻菲律宾基地之外的领土、水域进行军事行动，明确并增加美国在菲律宾的轮换部署。[①] 在该框架之下，美菲之间的军事合作日益密切。2014 年，美菲两国政府签署了《强化防务合作协定》。2016 年 1 月，菲律宾最高法院批准了该协定。随即，菲律宾政府宣布将为美军轮换部队提供一个陆军基地和 4 个空军基地。这些设施既包括美军原来使用的克拉克空军基地，也包括正对南中国海的位于巴拉望岛上的空军和海军设施。

与美菲《强化防务合作协定》相呼应，美菲“肩并肩”年度联合军事演习的规模也在不断扩大。该演习最初只是针对伊斯兰极端分子的反恐演习，但是随着美国“亚太再平衡”战略的实施以及南海争端的升级，联合军演的战略指向愈发针对中国。2015 年 4 月举行的联合军演是 15 年以来最大规模的美菲联合军事演习。参加演习的人员首次超过 10000 人，这其中包括菲律宾派出的 5000 人，美国派出的 6500 人。在 2016 年 4 月举行的“肩并肩”联合军演则更加强调一个假设科目，即菲律宾军队试图夺回被外国军队占领的岛屿。该年度的联合军演成为美军在菲律宾大规模部署的开始，它标志着美菲两国的军事关系在经历了 25 年的起伏之后得到了进一步的巩固和加强。美菲联合军演的目的不仅仅是增强两个盟国之间的协同作战能力，更释放了与中国对抗的强硬信号。

总而言之，美菲联盟是奥巴马政府在东南亚地区推行“亚太再平衡”战略的最主要依托。由此，美菲联盟被赋予了重要的战略地位。菲律宾甚至被美国认定为“主要的非北约盟国”，被置于“再平衡”战略的“核心”，被视为亚洲和平与稳定的“壁垒”。[②]

---

① 陈邦瑜：“美菲同盟强化及中国的应对思考”，《东南亚纵横》，2015 年第 1 期。

② 张景全：“美菲同盟强化及其在美国亚太再平衡战略中的作用”，《南洋问题研究》，2014 年第 1 期。

第三章

冷战后美国亚太联盟体系的新特征

美国的亚太联盟体系是美国维护其亚太霸权的重要支柱，是美国亚太安全战略以及美国国家安全战略的重要组成部分。它有着惊人的“适应性”和“持久度”，无论在冷战期间还是在冷战之后，总能随着国际格局的变化做出相应的调整。

第一节　调整联盟模式：双边联盟模式向多边化发展

冷战期间，美国成为亚太地区安全的主要角色之一，美苏在亚太地区的对抗主要体现在以他们为首的两大军事集团之间的对抗。于是，美国在亚太的多组双边联盟就成了美国亚太地区安全机制的基本框架。这种政治军事安排至今仍影响着该地区的和平和稳定。苏联解体之后，美苏冷战结束，这种以美苏军事对抗为基本特征的亚太安全格局也走向了瓦解。但就美国而言，虽说冷战后美国在亚太地区已经没有了直接的安全威胁，但是随着区域内各大国的安全战略的调整和新一轮的力量组合，美国仍面临着诸多挑战和不确定因素。在这种背景之下，美国认为作为亚太地区共同安全的提供者和地区争端的调停者，它有必要在该地区继续存在下去，而且它的存在对亚太地区的稳定至关重要。[①] 为了确保其在该地区的领导地位，美国就必须依靠和加强它与亚太盟友之间的双边军事联盟关系并在此基础之上推动其亚太联盟体系向多边化发展。美国国防部长阿什顿·卡特于 2015 年 4 月 6 日在亚利桑那大学发表演讲时就说道："为了扩大联盟的影响，我们正在史无前例地打造'三边合作'，也就是说，我们正在将我们的联盟关系网络化。举例而言，我们与日本和澳大利亚正在东南亚地区就海上安全问题展开合作，共同开展军事研发项目。与日本和韩国，我们正在构建前所未有的信息共享机制以便共同应对危机、阻遏威胁。"[②]

一、推进双边联盟多边化，提高联盟整体实力

众所周知，二战以后，美国为了称霸世界，在亚太地区通过与一些国家建立双边军事联盟而确立了"辐辏"结构的联盟体系。在这样的体系中，只有美国一个国家是"轮轴"，而日本、韩国、菲律宾、泰国、澳大利亚等国则是其"辐条"。这就意味着，美国是连接其亚太盟国的"枢纽"，只有经过它，美国的亚太盟国才能有横向的联系，而其盟友之间则缺乏直接的安全合作。这一点正如庞中英指出的那样，"具有讽刺意味的是，亚洲缺少处理各种问题和管理各种关系的地区结构的一个基本原因正是美国的存在和美国按照其私利干涉亚洲地区国际关系。亚洲国家之间的横向联系不够，许多安全问题实际上要经过华盛顿，而

① Roger Buckley, *The United States in Asia – Pacific since 1945*, Cambridge: Cambridge University Press, 2002, p. v.

② U. S. Department of Defense, "Remarks on the Next Phase of the U. S. Rebalance to the Asia – Pacific (McCain Institute, Arizona State University)", April 06, 2015. http://www.defense.gov/Speeches/Speech.aspx? SpeechID = 1929.

不是在两个首都之间联系。这一点如同非洲。非洲任何一个国家与其前宗主国的联系都比两个非洲国家之间的联系要强得多”。[①]美国的决策者也早已认识到这一问题，美国前太平洋司令部司令丹尼斯·布莱尔（Dennis Blair）在2000年就曾指出，在美国看来，美国在亚太地区缔结的双边条约是阻遏侵略、促进亚太地区和平与发展的基本框架。它也是美国在亚太地区前沿军事存在的前提条件。在充实双边关系的基础上，美国应该把以其为中心的“辐辏”结构的联盟体系打造成一张最终会走向安全共同体的安全关系网。具体而言，美国在亚洲的安全结构应该是以东北亚、东南亚和南亚为基点的三角形结构。在这个三角形的东北角和东南角，美国有条件组建安全共同体。虽说在南亚打造安全共同体还有一些难度，但做到这一点也绝对不是不可能的。[②]

早在20世纪90年代中后期，双边联盟的“多边化”态势就已初现端倪，这种趋势在“9·11”事件后加速发展。1998年美国的《东亚战略报告》就指出：“美国及其亚太盟友应共同致力于创立旨在增加透明度和信任的新机制。例如，举行三边和多边会议，举办安全论坛，加强在夏威夷的亚太安全研究中心的联合培训等。”[③] 在美国学界，类似的主张也不绝于耳。美国退休外交官，曾任哈佛大学肯尼迪政府学院副院长的罗伯特·布莱克威尔（Robert D. Blackwill）就认为，美国拓展“双边联盟的多边化机制”能更好地为美国在远东的地缘战略利益服务。[④] 2001年，美

① 庞中英：“亚洲地区秩序的转变与中国”，《外交评论》，2005年第4期。

② Remarks by Dennis Blair at Carnegie Endowment for International Peace, 16 March, 2000. http://www.scoop.co.nz/stories/WO0003/S00071.htm.

③ U.S. Department of Defense, *The United States Security Strategy for the East Asia – Pacific Region*, Nov. 23, 1998. http://www.dod.gov/pubs/easr98/easr98.pdf.

④ Robert D. Blackwill and Paul Dibb (eds.), *America's Asian Alliance*, Cambridge: MIT Press, 2000, pp. 124 – 129.

国兰德公司发布了一份名为《美国和亚洲：美国新战略和军事力量态势》的报告。报告建议美国政府深化和扩大在亚太地区的双边军事联盟，以便搭建起一种范围更加广泛的伙伴关系。这种多边化的安排虽然尚不能取代美国的多边联盟体系，但作为该体系的补充应包括美国、日本、韩国和澳大利亚，也许还应该包括新加坡、菲律宾和泰国。如果要达到这一目的，美国应首先促进其盟友间的互信，然后鼓励它们在加强军事能力之后以联盟成员的身份集体应对地区危机。该报告还认为，美国应该促进日韩两国关系的改善，以加强它们在安全事务上的合作。① 有中国学者认为，该报告反映了美国亚太联盟战略调整的三个重要倾向：在伙伴关系基础上，深化和扩大双边联盟；在双边联盟基础上，向多边化发展；要在机制上和程序上使这类合作落到实处，使之更为持久。② 2006 年美国国防部长拉姆斯菲尔德（Donald Henry Rumsfeld）在新加坡安全对话会上称，“美国（在过去 5 年中）与其盟友以及安全伙伴的合作不断深化和扩大，这反映了一个重要的、有建设性的趋势。那就是，在我有生之年的绝大部分时间里，太平洋的安全和稳定由美国的多组双边联盟维持。这与欧洲不同，在欧洲，我们拥有一个更大而且更正式的联盟——北约。但是，现在的情况是，我们在亚洲也看到了一个正在扩大的安全合作的网络，这种安全合作既是双边的也是多边的，都以美国为合作伙伴。这是一个深受美国欢迎的转变”。③

---

① Zalmay Khalilzad et al, *The United States and Asia*, *Toward a New U. S. Strategy and Force Posture*, RAND Corporation, 2001, p. 47. http://www.rand.org/content/dam/rand/pubs/monograph_reports/MR1315/MR1315.ch3.pdf.

② 王帆：《冷战后美国亚太联盟战略的调整》，北京：世界知识出版社，2007 年版，第 30 页。

③ International Institute for Strategic Studies Conference, As Delivered by Secretary of Defense Donald H. Rumsfeld, Shangri - La Hotel, Singapore, Saturday, June 3, 2006. http://www.defense.gov/speeches/speech.aspx? speechid = 11.

由此可知，为了提高联盟的整体实力，美国在调整双边联盟关系时，试图使原来各自独立的双边联盟相互“联网”，实现双边联盟多边化，即实现盟国之间的安全合作机制化，加强横向联系，推动美国与盟国、盟国与盟国之间开展小多边合作，使得单线联系的“辐辏体系”变得纵横交错，交织成网。[①] 此外，在推动美国亚太盟国之间的横向联合的同时，美国还着手吸纳其他一些“志同道合”的伙伴国家，力争在亚太建立一个类似于北约的多边联盟体系。

二、构筑“美日澳”三边联盟

美日联盟和美澳联盟都是美国亚太战略的重要支柱。日本和澳大利亚被认为是美国亚太战略的“南北双锚”。冷战结束之后，日澳双边关系以及美日澳三边关系都得到了突飞猛进的发展。尤其是在“9·11”事件之后，美国借反恐之机大幅提升了与日本和澳大利亚的全方位战略合作关系，将两国纳入了美国的全球合作伙伴机制。日本和澳大利亚均积极配合美国的反恐工作以及美国政府大力推行的“亚太再平衡”战略，双边联盟关系获得长足发展。

日澳双边关系获得实质性提升出现在20世纪90年代中期。此时，霍华德政府认为，亚太地区是21世纪全球政治的决定性舞台，该地区拥有世界上最重要的战略实体、最强大的军事部署和最具危险性的战争导火索（台湾海峡、朝鲜半岛和克什米尔）。[②]

① 参见孙茹：“美国亚太同盟体系的网络化及前景”，《国际问题研究》，2012年第4期。

② Michael Evans, “*US - Australia Relations in Asia*”, Woodrow Wilson Center Asia Seminar 1, June 2005, pp. 5 - 6. http://www.wilsoncenter.org/sites/default/files/Michael_Evans_paper.pdf.

为此，澳大利亚为了在亚太地区获取更大的战略优势，在强化美澳联盟的同时，也开始不遗余力地发展与日本的关系，大力支持日本扩大国际空间的努力，并且预见性地把日本看作是澳大利亚在21世纪的强有力的朋友。两国在1995年5月签署了建立建设性伙伴关系的联合声明。此后，在美国的推动下，日澳两国首脑在1997年又以联合维和、灾难救助以及防范大规模杀伤性武器为由开始加速两国的防务联系与合作。霍华德总理在2005年3月曾说，“日本是澳大利亚在亚洲最重要的朋友，它是过去四十年澳大利亚最大的出口市场以及维护地区和平与繁荣的战略性伙伴”。[①] 近几年来，随着两国政治关系的不断升温，日本和澳大利亚更是从战略的高度看待两国关系的发展。以阿博特为首的澳大利亚新政府和以安倍晋三为首的日本新政府更是不遗余力地推动两国间“新型特殊战略伙伴关系”的建设。日澳两国共同的努力最终促成了双方在2014年4月签署了《面向21世纪的特殊战略伙伴关系的联合声明》，该声明从经济关系、安全和防卫合作、地区和国际事务、文化和人员往来等角度阐释了日澳关系的重要性，把日澳双边关系提升到了历史最高点。[②]

美国前副总统切尼（Richard Bruce Cheney）毫不掩饰其以美、日、澳三国联盟为主轴主导亚太安全格局的图谋，在他的力促下，日澳两国于2007年3月签订了有防务协定性质的《日澳安全合作联合宣言》，并于2007年4月将军事防御关系置于日澳双边关系之下。根据《日澳安全合作联合宣言》，日澳将在共同的

① Michael Evans, “*US – Australia Relations in Asia*”, Woodrow Wilson Center Asia Seminar 1, June 2005, p. 6. http://www.wilsoncenter.org/sites/default/files/Michael_Evans_paper.pdf.

② Prime Minister Abbott and Prime Minister Abe Joint Statement, “Special Strategic Partnership for the 21st Century” http://www.mofa.go.jp/files/000044640.pdf.

安全利益基础之上加强合作与协商。[①] 它是日澳两国合作的里程碑，标志着日澳准军事联盟的建立，也是美国打造美日澳三边联盟的重要一步。此外，在《日澳安全合作联合宣言》的基础之上，日本与澳大利亚也加强了后勤补给和情报交流的合作。在美日《物品劳务相互提供协定》签订后，日本便于 2010 年 5 月与澳方就签署该协议达成了共识，希望借此强化美日澳三国间的安保合作。澳大利亚在 2011 年 3 月完成了协定生效手续，日本国会也于同年 4 月认可了该协定。但因日本国内的政治情况，该协议在 2013 年 1 月才开始正式生效。《物品劳务相互提供协定》大大促进了日澳两国军队的交流与协作，根据该协议，澳大利亚军队和日本自卫队在执行维和、救灾、人道主义救援等任务时可以相互提供食品、燃料、交通工具、住所、医疗卫生等后勤保障服务。日本和澳大利亚于 2012 年 5 月 17 日在东京签署《军事情报保护协议》，该协议为两国共享军事机密和反恐情报提供了法律上的依据。在美日和美澳均已签署该协议的情况之下，日澳两国签署此项协议使美日澳三国在军事情报上的交流更为顺畅。据日媒报道，此举有助于三国针对朝鲜核问题以及中国积极扩张海权等亚太地区的安全变量作出迅速回应。[②] 这样，日澳关系便同美日联盟关系和美澳联盟关系结合在了一起，并以美国为中心形成了一个相互依托的三角合作体系。[③]

就美日澳三边关系而言，在合作机制化方面，2001 年 7 月，美澳两国防长提议由美日澳三国组建一个协商亚洲安全问题的非

---

① Japan – Australia Joint Declaration on Security Cooperation, March 13, 2007. http://www.mofa.go.jp/region/asia – paci/australia/joint0703.html.

② "联美抗中，日澳签军事协议"，美国中文网，2012 年 5 月 18 日。http://www.sinovision.net/portal.php? mod = view&aid = 215475.

③ 李凡：《冷战后美国和澳大利亚同盟关系》，北京：中国社会科学出版社，2010 年版，第 109 页。

正式对话机制，这是搭建美日澳三边联盟的初步试探。美日澳2002年启动了副外长级的三边高官会，随后在2005年5月美国国务卿赖斯、澳大利亚外长唐纳（Alxander Downer）和日本外相麻生太郎（Asō Tarō）宣布三边安全对话由副部长级提升至部长级。三国坚持认为，对关键政治问题更直接的讨论有助于三国在广泛的地区安全问题上进行更为系统的协调。[①] 次年3月，外长级的三边战略对话正式启动。2007年，美日澳三国在香格里拉对话和亚太经合组织（APEC）峰会期间，分别举行了首次三边国防部长会谈以及三边峰会。截至2013年底，美日澳三国已经举办了五次三边战略对话部长级会议。第五次会议于2013年10月在巴厘岛APEC部长级会议期间举行。10月5日，日本外相岸田文雄（Kishide Fumio）、美国国务卿克里（John Kerry）和澳大利亚外交部长毕晓普（Julie Bishop）发表了联合声明，声明专门谈及了东海问题和南海问题。关于东海问题，三国一致反对任何有可能改变东海现状的强制性、单方面的行动，并强调缓解紧张局势、避免意外和误判以及改进海上通信的重要性。关于南海问题，三国强调各主权声索方应维持该地区的和平与稳定，尊重贸易和航海自由和国际法规。[②] 虽说这份声明并没有直接提及中国，但毫无疑问，中国是该声明的主要针对目标，加之此前美日外长和防长举行了”2+2”会议，美韩之间举行了防务磋商活动，中国政府不得不对美国亚太联盟的加强趋势保持警惕。中国外交部发言人华春莹表示，“美、日、澳彼此是盟友关系，但这不应成

① William T. Tow, Mark J. Thomson, Yoshinobu Yamamoto & Satu P. Limaye: *Asia–Pacific Security: US, Australia and Japan and the new Security Triangle*, New York: Routledge, 2007, p. 2.

② “Trilateral Strategic Dialogue Joint Statement”, Office of the Spokesperson, Washington, DC, October 4, 2013. http://www.state.gov/r/pa/prs/ps/2013/10/215133.htm.

为介入领土主权争议的借口，否则只会使问题更加复杂化，损害各方利益。我们敦促有关国家尊重事实，明辨是非，谨言慎行，停止任何不利于问题妥善处理、有损地区稳定的言行。"①

在合作内容方面，美日澳三边对话格外强调维护全球的稳定与安全，其焦点自然是亚太地区。2015 年 4 月底，美日完成了新防卫合作指针的修订，新防卫合作指针明确表明"就防卫装备和技术而言，日本将探索与伙伴的合作"② 这意味着日本不仅可以和美国开展双边军事合作，还可以与包括澳大利亚在内的其他国家加强军事关系。受此影响，日本安倍政府在 2015 年 5 月 18 日决定向澳大利亚提供潜艇技术，如果竞标成功，这将成为日本自 2014 年 4 月以"防卫装备转移三原则"代替"武器出口三原则"之后，首次向外国提供武器技术。澳大利亚也对日澳之间的合作充满期待，澳大利亚外长毕晓普在 2015 年 5 月访日期间就表达了与日本加强战略联系的意愿。在毕晓普访问日本后不久，日本自卫队便在 2015 年 7 月首次参加了由美国和澳大利亚联合举行的大规模军事演习。这次名为"护身军刀"的演习是美澳第六次联合军演。日本自卫队的加入标志着日澳安保合作进入了新局面，日澳准联盟关系迈上了新台阶。由此，美国不仅与日本和澳大利亚搭建了双边防卫合作的"线"，还构建了美日澳三边防卫合作的"面"。

在传统军事合作成分增多的同时，美日澳还重点推进了在非传统安全领域的合作。早在 2012 年 6 月，美日澳三国防长在新加

---

① 外交部发言人华春莹就第五次美日澳三边战略对话部长级会议发表含涉东海、南海问题内容的联合声明答记者问，2013 年 10 月 7 日。http://www.fmprc.gov.cn/mfa_chn/fyrbt_602243/t1085213.shtml.

② U. S. Department of Defense, "The Guidelines for U. S. – Japan Defense Cooperation", April 27, 2015. http://www.defense.gov/pubs/20150427_ – – _ GUIDELINES_ FOR_ US – JAPAN_ DEFENSE_ COOPERATION.pdf.

坡香格里拉会议期间就明确表示，“亚太地区的战略态势处于持续演变当中，该地区越来越面临多样化的安全威胁”。[①] 依据2012年6月三国发表的联合声明，恐怖主义、海盗行为、大规模自然灾害、走私行为、网络安全、大规模杀伤性武器扩散以及航海自由等问题都被认为是危及亚太和平与稳定的因素。为此，三国应着眼于共同的民主价值观、业已建立的合作模式、相似的战略理念以及促进安全与稳定的共同目标，努力建立积极主动的三边防务关系。此外，就反恐、人道主义援助和减灾救灾等问题，美日澳三国应该建立信息交换机制，以确保在上述活动中能够合理、有效地利用相关资源。在2015年5月举行的香格里拉安全对话中，美日澳再次确认了在上述领域开展合作的重要性。

总而言之，鉴于美国已经分别同日、澳两国建立了密切的军事联盟，且美日澳三国军事联盟的雏形也已初见端倪，美国更加不遗余力地在其盟友之间充当建立三边甚至是多边联盟的推动者的角色。

三、强化“美日韩”三边合作

因为朝鲜半岛有着特殊的地缘政治地位，所以其上空始终笼罩着大国博弈的阴影。中、美、日等亚太大国在此都有自己的利益诉求，这就使得朝鲜半岛成为了大国利益的重叠区和冲突区。这种状况的存在，虽然对急欲主导半岛事务的美国形成了重大挑战，但也客观上为美国推行东亚战略提供了一个最为现实的舞台，成为美国实施东亚战略的关键因素。[②]

---

① “Joint Statement of the U. S. – Australia – and Japan Meeting at Shangri – La”, June 02, 2012. http://www.defense.gov/releases/release.aspx? releaseid = 15338.

② 祁建华、王庆东：《东亚安全与驻韩美军》，北京：世界知识出版社，2009年版，第147页。

冷战后，朝鲜核问题迟迟不能得到解决，朝韩紧张局势俨然是亚太地区随时都有可能爆炸的火药桶。2010年美国国会研究服务局（Congressional Research Service，CRS）向国会提交的一份报告就指出，围绕朝鲜核问题的谈判和外交活动牵扯到美国与所有地区大国的关系，并且是美中关系中的一个复杂因素。该报告更把处于分治状态的朝鲜半岛视为地区大国开展更加微妙的战略和经济竞争的场所。[①] 在这种认知的指导之下，美国政府不遗余力地强化其在朝鲜半岛的战略优势，大力推动美、日、韩之间的战略协调与合作，力图建立起拥有共同战略利益和价值观念的美日韩三边联盟，以此遏制朝鲜，规制中国。

韩国和日本虽说都是美国亚太联盟体系的重要支柱，但因为两国的历史宿怨和领土争端，它们在军事和安全领域的双向交流并不多。这一局面在冷战结束之后开始发生变化。1992—1993年版的韩国《国防白皮书》指出，鉴于日本在亚太地区的地位不断增强，以及发展以美国为支柱的安全互助关系的需要，并考虑到可能对地区稳定和朝鲜半岛和平统一作出贡献的合作方法，应积极加强和日本的实质性的军事交流和合作。[②] 美日韩三边合作开始自第一次朝核危机。冷战结束之后，老布什政府从战略高度出发，在保持对朝鲜高压政策的前提下，曾一度向朝鲜伸出橄榄枝。例如，美国宣布撤走部署在朝鲜半岛上的核武器，停止1992年度的“协作精神”美韩联合军事演习等等。朝鲜也投桃报李，积极回应美国的善意举动。它与韩国在1991年12月31日签署了《朝鲜半岛无核化联合宣言》，并在1992年5月宣布其位于宁边的核设施接受国际原子能机构的常规检查。但仅仅几个月之后，

① Emma Chanlett - Avery，“North Korea：U. S. Relations，Nuclear Diplomacy，and Internal Situation”，Congressional Research Service，May 26，2010. https：//www. fas. org/sgp/crs/nuke/R41259. pdf.

② 转引自吴心伯：“冷战后的韩国安全政策”，《当代亚太》，1996年第2期。

韩国就宣布朝鲜正在建造一座用于核武器开发的新设施，这违反了双方签署的无核化协议。由此，韩朝两国就核设施核查问题再次展开激烈争吵。朝鲜要求美国和韩国彻底停止“协作精神”军事演习。韩国则因为与朝鲜的谈判没有任何进展而决意恢复与美国的联合军演。双方就美韩联合军演问题的拉锯战最终导致朝鲜在 1993 年 3 月宣布退出《不扩散核武器条约》，朝核问题再次进入危机状态。为了应对这次朝核危机，美日韩三国在朝鲜半岛能源开发组织内部及有关朝鲜半岛和平机制的“四方会谈”过程中强化了合作。针对朝鲜的核计划和导弹计划，韩国参谋长联席会议主席金宽镇与日本防卫厅参谋长联席会议主席西元彻也于 1995 年 2 月达成了加强两国军事合作的意向。美日韩三方还在 1999 年 6 月设立了对朝政策协调机构——三边协调与监督小组。在这一合作框架之下，三国官员就朝鲜核问题定期磋商，协调立场。

自李明博当选韩国总统以来，韩国政府更加重视美日韩三边合作。首先，加大三国防务官员和外交部长的会谈频率。美日韩三国防长自 2009 年以来每年都在参加香格里拉亚洲安全会议期间另行举行三边会谈，会谈除了反恐、维和、救灾和人道主义救援等问题以外，如何应对朝鲜的核威胁始终是会谈的焦点。2014 年是美日韩三国防务官员举行会晤的高峰年。2014 年 4 月，美日韩举行了副部长级安保对话。2014 年 5 月，美日韩三国在新加坡香格里拉对话时举行了国防部长会谈。此外，美日韩三国的总参谋长还在 2014 年 7 月举行了历史上的首次会晤。其次，加强军事领域的合作。发生在 2010 年的“天安舰”事件以及“延坪岛”事件为三国加强军事合作提供了良好的契机。上述两事件发生之后，美国不失时机地大力推动美日韩三方的安全合作。2010 年 11 月，美国国务卿希拉里召集日韩两国外长共同商讨应对之策，会后发表的联合声明就明确指出，朝鲜的挑衅和好战行为严重威胁了三国的安全，必将受到三国团结一致的回击。与此同时，联合声明强调美日联盟、美韩联盟和日韩伙伴关系是维护亚洲和平与稳定的基石。[①] 作为回击的具体措施，美国与日本和韩国均举行了军事演习。与以往不同的是，日韩两国均作为观察员参加了美国与对方的联合军事演习。在此基础之上，2012 年 6 月 21 日，美日韩三国首次举行了三方都参加的联合军事演习。这次演习规模空前，韩国派出了驱逐舰和潜艇警备舰，日本派出了“宙斯盾”护卫舰和战斗机，美国派出了“乔治·华盛顿”号核动力航空母舰。美国希望通过此次“破冰式”的联合军演把韩日两国实实在在地捆绑在一起。美军太平洋司令部司令洛克利尔（Samuel J. Locklear）就公开表示，美国想通过联合军演谋求“美日韩高级政策协调会”的进一步完善和发展，加强三国军事合作计划。[②] 除了军事合作以外，美日韩三国还将维护“亚太和全球的稳定和安全”作为“共同的事业和责任”，三国既关注全球和地区热点问题以及中东局势的发展，也谋求在反恐、防止大规模杀伤性武器扩散、打击海盗、应对全球气候变化、防治传染性疾病、促进能源安全、推动绿色发展、维护通航自由和海上安全等方面开展既深入又广泛的合作。[③] 这种三边合作的广泛性堪比美日澳三方联盟。

美国自实施“重返亚洲”战略以来，还一直试图通过情报共享促进日韩关系的突破。2012 年 5 月 8 日，日本防卫省和韩国国防部宣布将签署《军事情报保护协定》和《军需相互支援协定》，

① “Trilateral Statement by Japan, the Republic of Korea, and the United States” Washington D. C., Dec. 6, 2010. http://www.state.gov/r/pa/prs/ps/2010/12/152431.htm.

② “美日韩 3 国军事合作各有目的，很难形成同盟”，新华网，2012 年 6 月 28 日。http://news.xinhuanet.com/mil/2012－06/28/c_ 123343771.htm.

③ “Trilateral Statement by Japan, the Republic of Korea, and the United States” Washington D. C., Dec. 6, 2010. http://www.state.gov/r/pa/prs/ps/2010/12/152431.htm.

以共享有关朝鲜的军事情报和在参加联合国维持和平行动时相互提供后勤支援，这是日本和韩国首次签署双边军事合作协定。但是，《军事情报保护协定》因韩国公众的反对而中途夭折。这就意味着，日本和韩国还不能直接共享情报，必须依靠美国作为共享信息和情报的中间国。2014 年 12 月，美国、日本和韩国再次签署一项军事协议，协议规定三国将共享涉及朝鲜核导弹以及整体军事战备的情报和敏感信息。① 该情报共享协议标志着美、日、韩三边关系向前迈出了重要的一步。此外，为了能够使美日、美韩联盟发挥合力，奥巴马政府积极调解日韩关系，敦促日韩两国就历史问题早日达成和解。据日本媒体报道，奥巴马总统在与日本首相安倍晋三、韩国总统朴槿惠的首脑会谈中曾直接要求两国努力解决慰安妇问题。与此同时，美国国务院负责东亚事务的官员在 2015 年下半年也奔走于东京和首尔之间进行斡旋。② 日本政府为了在历史问题上分化中韩也积极谋求与韩国达成某种共识。2015 年 12 月 29 日，在美国的撮合之下，日韩两国就慰安妇问题达成最终协议。日本外相岸田文雄将其称为“划时代的历史成就”，为“面向未来的新时代”铺平了道路。③ 美国政府也盛赞此次签署的协议取得了“历史性共识”，由此产生的日韩关系的改善对于以美日韩为核心的美国亚洲战略来说是不可或缺的。④ 可

① 日本《外交学者》杂志网站 12 月 30 日子报道：“美国、日本和韩国签署了一项军事协议，三国将共享涉及朝鲜核导弹及整体军事备战状态的情报和敏感信息”，载《参考消息》，2014 年 12 月 31 日，第 3 版。

② 《日本经济新闻》12 月 29 日报道：“为了遏制在军事、经济领域崛起的中国，美国一直致力于撮合日韩两个盟国的关系”，载《参考消息》，2015 年 12 月 30 日，第 1 版。

③ 德国《商报》网站 12 月 28 日报道，载《参考消息》，2015 年 12 月 30 日，第 1 版。

④ 日本《每日新闻》12 月 29 日报道，载《参考消息》，2015 年 12 月 30 日，第 1 版。

以预见的是，日韩两国之间这根"哽喉之刺"的去除不仅使中韩两国在历史问题上联手对抗日本变得更加困难，而且为日韩两国以及美日韩三国的安保合作提供了重要的基础。

第二节　深化联盟内涵：以"民主价值观"重塑联盟

在历史上，美国是推行意识形态外交最为卖力的国家。二战结束初期，随着东西方冷战格局的形成，美国在建立亚太联盟体系时，意识形态扮演着极其重要的角色，其联盟体系建立的主要目的就是应对苏联以及共产主义的威胁。在后冷战时期，美国以意识形态和价值观为导向的外交策略虽然继续存在，但其根本特点已经从冷战时代的意识形态对抗，转向了后冷战时代保持和享有"价值优势"以便获取更多的利益话语权。[①] 在此背景下，美国在保持和加强其亚太联盟的军事色彩之外，更加注重以民主价值观重塑联盟，使联盟发展为美国统治下的"民主共同体"。[②]

一、美国促进民主的推动因素

在冷战期间，美国的亚太联盟服务于美国的"遏制"战略，具有极为浓厚的军事色彩。冷战的结束使美国及其盟友不再面临苏联带来的"共产主义威胁"，意识形态和价值观在美国维系其亚太联盟关系时显得更加突显，甚至成为联盟的重要基石。这其中有两个基本原因：其一是美国的传统价值观是美国推进民主，

① 朱锋："'价值外交'与亚洲政治新变局"，《现代国际关系》，2007 年第 9 期。

② 李凡：《冷战后美国和澳大利亚同盟关系》，北京：中国社会科学出版社，2010 年版，第 149 页。

打造“民主共同体”的源动力；其二是推进民主是美国冷战后实施联盟管理、扩大联盟发展的重要工具。

美国传统价值观的核心思想是“天赋使命观”和“种族优越论”。“天赋使命观”源于基督教的救世思想和清教徒的宿命论。清教徒以“上帝的选民”自居，认为自己与众不同，负有将自由、民主、人权、法治等核心价值观传播、推广到全球的神圣使命。“种族优越论”也发端于清教的宿命论，认为，美国人民是上帝的“选民”，代表着“善”和“正义”。基督教中的清教是美国政治文化的最主要源头，清教主义有着浓厚的自由主义倾向。① 托克维尔就曾这样评价新教教义：“清教的教义不仅是一种宗教学说，而且还有许多方面掺有极为绝对的民主与共和理论。”② 他进而又评论了宗教和自由的关系：“自由认为宗教是自己的战友和胜利伙伴，是自己婴儿时期的摇篮和后来的各项权利的神赐依据。自由视宗教为民情的保卫者，而民情则是法律的保障和使自由持有的保证。”③ 美国人对于自由的崇尚与此有很大的关系。

在冷战时期，美国就高举“自由世界反对共产主义蔓延”的大旗推进民主。对此，许多学者都有过精辟的论述。约翰·斯帕尼尔（John Spanier）认为：“美国外交的根本目的是要在一个双方敌对的世界上保卫民主的社会秩序……其基本方针是通过联盟来支持一切新、老民主国家。”④ 专门从事民主化研究的美国著名

① 刘建飞：《美国“民主联盟”战略研究》，北京：当代世界出版社，2013年版，第7页。

② ［法］托克维尔：《论美国的民主》上卷，董果良译，北京：商务印书馆，1988年版，第36页。

③ ［法］托克维尔：《论美国的民主》上卷，董果良译，北京：商务印书馆，1988年版，第49页。

④ ［美］约翰·斯帕尼尔：《第二次世界大战后美国的外交政策》，段若石译，北京：商务印书馆，1992年版，第448页。

国际问题专家托马斯·凯若瑟斯（Thomas Carothers）说："上百年来，美国的领导人一直在强调，在海外推进民主是美国发挥国际作用的关键因素。"[①] 实际情况也大概如此，但是有一点必须指出，无论美国在冷战期间多么高举"民主"的大旗，在美苏争霸的战略环境下，由于美国面对苏联这样一个强大的意识形态和地缘战略对手，它也只能将推进民主纳入反苏反共这个大战略框架中来，[②] 促进民主由此也就变成了一种策略性的工具，实行威权政治甚至独裁统治并不妨碍亚太一些国家获得美国的援助和支持，美国在二战后对韩国独裁总统李承晚的支持正好说明了这一点。而在冷战后，随着国际格局的变化和美国安全战略的调整，在失去了强大的竞争对手之后，美国才把促进民主提到了外交政策的核心地位。

沃尔特在他的《联盟的起源》一书中也谈到了意识形态对于联盟的重要性。他说，一致性的意识形态联盟是指拥有共同的政治、文化或其他特性的国家所建立的联盟。按照一致性意识形态的假设，两个或更多的国家越是类似，它们联盟的可能性就越大。……虽说帕默斯顿勋爵宣称英国"没有永久的朋友，只有永久的利益"，但作为外交大臣的他的政策仍然表明他相信民主国家天然地亲近。[③] 如果说，意识形态在联盟起源中并没有起突出作用的话，那么意识形态在增强联盟合法性上的作用就相对较大了。李斯卡认为，联盟意识形态的功能是为联盟提供理性的思考方式，在发挥这一功能时，意识形态"以有选择的历史记忆为基

---

① Thomas Carothers, *Aiding Democracy Abroad: The Learning Curve*, Carnegie Endowment for International Peace, Washington, D. C., 1999, pp. 3 – 4.

② 刘建飞：《美国"民主联盟"战略研究》，北京：当代世界出版社，2013年版，第27页。

③ ［美］斯蒂芬·沃尔特：《联盟的起源》，周丕启译，北京：北京大学出版社，2007年版，第31页。

础，勾画出未来的规划”。[①] 按照传统的联盟观点，为特定目标而形成的联盟会随着这一目标的实现而解体。然而，美国在赢得冷战之后，其遍布全球的联盟网络并未瓦解，反而日益壮大。这也给美国带来了另外一个问题，那就是联盟使命的扩展和泛化实际上加大了联盟维持的难度和联盟管理的必要性。[②] 在美国无法再用“共同威胁”团结盟友的时候，意识形态和价值观念就成了联盟内部一种不同于安全威胁的“黏合剂”，并为美国维持和管理联盟提供了另外一种有效的途径。这是因为，联盟成员之间意识形态与价值观越是接近，联盟的一致性和持续性就越强，联盟管理的成本就越低。约瑟夫·奈在《理解国际冲突：理论与历史》中所说的话正好从反面印证了这一点，他说：“美国的政治文化强调自由民主、多样性和权力分散。……基于此种政治文化的对外政策强调道义感和公开性，……因此，两个迥异、对外政策过程不同的社会不能够相互理解，这一点都不让人感到奇怪。”[③]

二、美国以“民主价值观”重塑联盟

冷战结束后，美国一直力图领导世界上所有的民主国家构建新的国际秩序。共同的价值观和相同的意识形态为美国重塑和扩展联盟提供了“对内的旗帜和对外的借口”[④]。无论美国政府的国家安全战略和外交政策被贴上什么样的标签，推行美国的核心价

---

① ［美］詹姆斯·多尔蒂等：《争论中的国际关系理论》，阎学通等译，北京：世界知识出版社，2003 年版，第 573 页。

② 刘丰：“美国的联盟管理及其对中国的影响”，《外交评论》，2014 年第 6 期。

③ ［美］小约瑟夫·奈：《理解国际冲突：理论和历史》，张小明译，上海：上海世纪出版集团，2005 年版，第 151 页。

④ 李凡：《冷战后的美国和澳大利亚的同盟关系》，北京：中国社会科学出版社，2010 年版，第 215 页。

值始终是其国家战略的一个重要组成部分。迈克尔·H·亨特（Michael H. Hunt）在《意识形态与美国外交政策》一书中就一针见血地指出："美国外交政策意识形态的表述，不时地受到质疑、轻视或扭曲，但从未被抛弃。艾森豪威尔对控制冷战代价的关注；富兰克林·罗斯福偏爱的四强合作的概念；西奥多·罗斯福偏爱的遏制亚洲的政策，所有这些都在某种程度上成为美国外交政策的基本动力。但是，没有一种政策被下一届政府继续执行。即使今日，要甩掉意识形态对外交政策的影响也是很不容易的。"①

冷战之后的美国领导人如同亨特提及的美国领导人一样，自然也会高举"道义"的大旗，继续充当"全体人类自由的灯塔"。在1994年克林顿政府出台的名为"参与与扩展战略"的国家安全战略报告和1999年出台的《新世纪国家安全战略报告》（A National Security Strategy for a New Century）中，推进海外民主与维护美国安全和促进经济繁荣并列，被视为美国国家安全战略的三大目标。② 由于"9·11"恐怖袭击事件，美国政府开始转而强调传统安全，对推进民主有所忽略，但即使在这种情况之下，白宫在2002年发布的《国家安全战略》报告中仍然提出美国要"把自由的好处传遍全世界。我们将积极努力把民主、发展、自由市场和自由贸易的希望带到世界的每一个角落……美国会与那些有能力而且有意愿促进权力平衡的国家组成联盟，以此实现美国的国家安全战略"。③ 不仅如此，布什还将民主作为美国的一项

① ［美］迈克尔·H·亨特：《意识形态与美国外交政策》，褚律元译，北京：世界知识出版社，1999年版，第204页。

② White House, "A National Security Strategy for a New Century", December 1999. http://www.globalsecurity.org/military/library/policy/national/nss9912.htm.

③ White House, "The National Security Strategy of the United States of America", September 2002. http://www.state.gov/documents/organization/63562.pdf.

重要国家实力。他在2006年的《国家安全战略报告》的序言中就提到，为了应对各种挑战和威胁，美国必须保持并发展自身的实力。这种实力不仅包括无可匹敌的军事力量，还包括经济的繁荣、民主的发展以及强大的盟友和朋友。[①] 此外，美国2006年的《国家安全战略》报告也特别强调要同民主国家结为伙伴，共同推进民主和自由；美国最亲近的盟友、朋友都应同美国分享共同价值观和原则。报告说："同我们有着共同价值观的国家可以加入到我们的伙伴关系中，以加强新生民主国家的力量并推动地区民主改革"。[②] 2010年的《国家安全战略》报告在强调民主推进的时候与其他报告相比也毫不逊色。特别值得注意的是，该报告还提出要构建一个"更广泛的联盟，以促进普世价值观"。[③] 与此相呼应，美国前国务卿希拉里·克林顿也多次谈及与那些同美国有着相同价值观和利益的国家改善关系的重要性。[④] 总而言之，任何一届美国政府都不会放弃"民主"这面旗帜，因为在这面旗帜下，会有更多的民主国家愿意与美国结成联盟。[⑤] 塞缪尔·亨廷顿（Samuel Huntington）曾这样描述民主对美国未来的重要性："民主在未来对美国具有特别的重要性。美国是现今世界上最重要的民主国家……美国的未来在某种程度上取决于民主的

---

① White House, "The National Security Strategy of the United States of America", March 2006. http://georgewbush – whitehouse. archives. gov/nsc/nss/2006/.

② Ibid..

③ White House, "The National Security Strategy of the United States of America", May 2010. http://www. whitehouse. gov/sites/default/files/rss_ viewer/national_ security_ strategy. pdf.

④ "美国：曾经准备融入，现在准备领导"，载《参考消息》，2010年10月4日，第3版。

⑤ 刘建飞：《美国"民主联盟"战略研究》，北京：当代世界出版社，2013年版，第48页。

未来。"①

正是由于推进民主战略对美国而言如此重要，所以在实践中，美国政府在选择盟友和朋友时特别注重民主因素。它在向亚太地区输出民主的同时，更是不遗余力地拉拢所谓的民主国家，把它们纳入美国的亚太战略轨道。在美国看来，与其价值观相近的国家更能成为可靠的伙伴。与这些伙伴的合作，一方面可以构筑针对中国的包围圈，另一方面又可以在道德和政治层面上达成更多的一致，抢到道义的制高点。克林顿总统在日本早稻田大学演讲时就曾讲道："民主的扩大是地区和平、繁荣和稳定的最佳保障之一。民主能够打造好邻居，消除它们之间的战争，团结它们共抗恐怖主义。民主可以使盟友之间的关系变得更加亲密，这种联盟关系不会受各国政府更迭的影响。"② 克林顿的演讲体现了美国历届政府的基本态度，即以联盟为基点，不断扩大民主国家的范围，促使军事联盟向政治联盟转变。

进入21世纪以后，美国加紧输出普世价值观，将其作为推动联盟关系的"桥梁"和核心，强调联盟是以法治、信仰和宗教自由、人的权利和尊严等为原则。③ 研究美国东南亚政策的专家西蒙（Shelton W. Simon）曾说："毋庸置疑，推动美国的伙伴朝着政治自由和经济自由的方向迈进，仍然是美国外交政策中的一个不变因素，它符合美国的核心价值。"④

---

① ［美］塞缪尔·亨廷顿：《第三波——20世纪后期民主化浪潮》，刘军宁译，北京：生活·读书·新知三联书店，1998年版，第30页。

② Remarks by President Clinton to Students and Faculty of Waseda University, July, 1993. http://www.mofa.go.jp/region/n-america/us/archive/1993/remarks.html.

③ 李凡：《冷战后的美国和澳大利亚的同盟关系》，北京：中国社会科学出版社，2010年版，第149页。

④ Shelton W. Simon: "U. S. —Southeast Asia Relations: Military Support and Political Concerns", *Comparative Connections*, 2007. https://csis.org/files/media/csis/pubs/0701qus_seasia.pdf.

美澳两国拥有大体一致的文化和历史传统以及共同的价值观，实行一样的民主政治。这使两国更容易建立信任，达成共识，从而成为“天然盟友”。美国2006年《四年防务评估报告》就指出，美国与澳大利亚和英国享有独一无二的关系，这种关系为其他盟友和伙伴树立了榜样，该榜样展示了将盟友和伙伴关系进一步向深度和广度发展的可能性。[①] 澳大利亚对此有着相同的看法，“作为一个地少人稀的国家，我们根本无法靠自己的人口和资源抵御重大的安全威胁。因而，我们与一个强大的、与我们拥有相同价值观和利益的国家结盟是极具战略意义的”。[②] 美日双方也都在不同的场合反复提及美日联盟的基础是自由、民主的价值观，强调双方的共同性，即普世价值观和民主政治体制。美国政府在推进民主上的另一个突出表现是推进美印关系。在美国的官方文件中，“最大的民主国家”这一表述往往被用来修饰印度。在谈到民主时，美印两国总有一种惺惺相惜的感觉。布什总统曾说过：“尽管美国和印度相隔半个地球，但我们在迈进21世纪时自然而然地结成了伙伴。我们两国都在结束殖民历史后建立起了生机勃勃的民主制度。”[③] 艾森豪威尔也说过类似的话，他当年在谈到美印关系时就曾说：“在地球上最大的民主国家印度和第二大民主国家美国之间横亘着一万英里的海洋和陆地，然而在民主的根本理念与信仰上我们是关系紧密的邻居，而且我们的关系应

---

① U. S. Department of Defense, “Quadrennial Defense Review Report 2006”, February 2006. http: //www. globalsecurity. org/jhtml/jframe. html # http: //www. globalsecurity. org/military/library/policy/dod/qdr – 2006 – report. pdf | | |

② 《澳大利亚人报》网站8月18日文章，“深化美澳防务联系是对中国的最好应付”，载《参考消息》2015年8月19日，第14版。

③ 转引自刘建飞：《美国“民主联盟”战略研究》，北京：当代世界出版社，2013年版，第55页。

该更为密切。”[①] 美国在 2002 发布的《国家安全战略》报告中就提到：“印度有潜质成为 21 世纪伟大的民主国家，美国也会努力改变与印度的关系。”[②] 2010 年美国《国家安全战略报告》又进一步提出基于双方的共同利益、共享的价值观以及两国人民的密切联系，建立美印战略伙伴关系。奥巴马在 2015 年 1 月访问印度时甚至说：“我们已经成为了兄弟姐妹。”[③]

上有所好，下必甚焉。美国在推行其亚太战略时大力倡导普世价值观，它在亚太地区的盟友和伙伴也亦步亦趋，紧随其后。印度将“最大的民主国家”身份标榜为自己的外交资产。[④] 虽然它被布热津斯基看作欧亚大陆的一个重要的地缘战略棋手[⑤]，但就国家整体实力而言，印度还没有达到与其他大国平起平坐的地步。恰恰是“最大的民主国家”身份所形成的软实力为印度带来了巨大的收益。与印度相比，日本表现得更为积极和主动。2006 年 11 月，麻生太郎提出构建“自由与繁荣之弧”的外交主张，力推“价值观外交”。随后，安倍大力推动建立“日美澳印价值观联盟”，把太平洋和印度洋建成“自由和繁荣”之海。有中国学者认为，冷战后日本在政治上趋于保守，在外交上更加倚重日美联盟，而且对日益崛起的中国存有疑虑，想要牵制中国，同中国争夺在东亚地区的主导权。因此，追随美国并在外交上打价值

① 转引自赵干成：《印度：大国地位和大国外交》，上海：上海人民出版社，2009 年版，第 17 页。

② White House, “The National Security Strategy of the United States of America”, September 2002. http://www.state.gov/documents/organization/63562.pdf.

③ Remarks by President Obama at India State Dinner, January, 2015. http://www.whitehouse.gov/the-press-office/2015/01/25/remarks-president-obama-india-state-dinner.

④ 刘建飞：“美国‘民主同盟’战略的困境”，《美国研究》，2010 年第 3 期。

⑤ ［美］兹比格纽·布热津斯基：《大棋局：美国的首要地位及其地缘战略》，中国国际问题研究所译，上海：上海人民出版社，1998 年版，第 35 页。

观和民主牌，协助美国实施“民主战略”，很有可能成为今后日本的战略选择。[①]

总而言之，近年来，随着中国经济和军事实力的提升，美国的焦虑心情日渐明显。为了维护自身在亚太地区的主导地位，美国逐渐对中国的崛起采取预防性政策。也就是说，美国利用各种策略和手段牵制中国并加深中国对国际秩序的依赖以防止其成为美国霸权的挑战者。在这种情况下，美国除了利用在冷战时期建立的亚太联盟体系对中国进行制衡以外，还借助“共同价值观”，利用中国周边国家对中国崛起的恐惧感“收编”了新的力量。这正好呼应了一些国际关系学者的看法，他们认为，国家集团如何能像其他集体一样形成自身的认同，这不仅对一体化至关重要，而且对具有意识形态基础的联盟也有着特殊的意义。[②]

第三节　拓展联盟方式：联盟方式向多样化发展

冷战时期，美国在塑造亚太地区秩序时主要依靠它在该地区建立起来的多组双边军事联盟。冷战结束后，世界格局发生了巨大的变化。随着亚太战略态势的转变，非传统安全问题的日益凸显以及中国在该地区影响力的不断上升，美国不断扩展其亚太联盟体系的内涵，通过实现联盟方式的多样化继续发挥其在亚太安全框架中的主导作用。

---

① 刘建飞：《美国“民主同盟”战略的困境》，《美国研究》，2010 年第 3 期。

② ［美］詹姆斯·多尔蒂等：《争论中的国际关系理论》，阎学通等译，北京：世界知识出版社，2003 年版，第 580 页。

一、推进联盟方式多样化发展的源动力

在冷战结束之初，当美国的联盟体系处在十字路口的时候，就美国联盟体系的未来发展，美国对外关系委员会主席理查德·哈斯（Richard N. Haass）认为，美国政府面临四种选择：第一，保持原有的联盟关系，使之成为美国对外政策的基石；第二，抛弃结盟形式，转而选择单边主义；第三，奉行多边主义，强调国际组织的作用，使之成为美国对外政策的主要手段；第四，在美国需要时与其他一些有能力且愿意和美国站在一起的国家开展安全合作。[①] 很明显，这其中的第四项就是在谈美国的安全伙伴关系。正如哈斯本人所讲，在后冷战时期，美国奉行的是现实主义和自由主义相结合、单边主义和多边主义相配合的具有高度灵活性的外交政策。中国年轻学者孙德刚认为，美国支配全球、维护世界霸主地位依靠的不仅是遍布全球的联盟体系，而且是遍布全球的准联盟体系。其准联盟体系以美国为中心，覆盖世界重要的战略地区，它在战略上的机动性，是美国实现国家安全的重要保证，也是其在海外用兵的重要志愿者和合作伙伴。[②]

冷战后，亚太地区的地缘政治在美国战略思维中的重要性再次凸显。布热津斯基在《大棋局》中就主张提升亚太地区在美国全球战略中的地位，他认为亚太地区与欧洲应同属于一个战略层面，美国应该通过“东扩西进”，最终实现北约与亚洲美日同盟

① ［美］理查德·哈斯：《“规制主义”——冷战后的美国全球战略》，陈瑶瑶、荣凌译，北京：新华出版社，1999年版，第75页。

② 孙德刚：《准联盟外交的理论和实践》，北京：世界知识出版社，2012年版，第373—374页。

的对接。[①] 布热津斯基的这种看法正好与美国冷战后亚太联盟体系的调整相呼应。在后冷战时期，美国通过大力发展新的联盟对象、拓展联盟合作内容、调整联盟方式等途径不遗余力地填补亚太战略真空，强化其亚太战略优势。美国 1998 年的《东亚战略报告》不仅强调美国与其亚太盟友的重要性，甚至将军事合作关系延伸至了蒙古。有中国学者就指出，为了实现两洋战略，遏制中俄的崛起，美国盟友划界的方式也发生了变化，昔日的不结盟国甚至敌国如印度和越南都成为美国拉拢的对象。美国的联盟方式也更为灵活。在亚太地区与美国有正式条约的盟国有五个，但美国与新加坡、马来西亚、印尼、文莱均达成非条约性协议，美军军舰可进入这些国家的基地和港口进行维修、补给，美向其提供武器装备并举行联合军事军演。[②]

“9·11”恐怖袭击事件和 2008 年的金融风暴又使美国单方面主导世界事务的能力受损，美国的霸权地位也因此受到削弱。随着中国的崛起，国际权力向亚太地区转移的速度正在加快，原有的双边军事联盟关系已经无法满足美国在该地区的战略需求。在这种情况之下，美国在亚太地区不遗余力地打造以双边联盟为依托、以多边联盟为目标、以安全伙伴为辅助的区域安全架构。

二、推进亚太安全伙伴关系建设

冷战之后，美国为了继续维护其全球霸权，在竭力维持其原有的联盟体系、扩大联盟职能的同时，越来越重视推动与新加坡、印度等国的安全伙伴关系。由于联盟关系的实质会随着国际

① ［美］兹比格纽·布热津斯基：《大棋局：美国的首要地位及其地缘战略》，中国国际问题研究所译，上海：上海世纪出版集团，2007 年版，第 22—26 页。

② 杨文静：“美国亚太同盟体系的调整及其走向”，《现代国际关系》，2003 年第 8 期。

国内形势的变化而出现巨大变化，在美国领导人和官方文件的表述中，盟友和伙伴这两种安全关系通常被并列在一起讨论。[①] 安全伙伴关系在美国的战略布局中变得越来越重要，它已经成为美国亚太联盟体系重要的组成部分。

（一）美国发展与新加坡的“准联盟”关系

冷战之后，随着亚太地区热点问题的不断升温，美国不断强化其与东南亚国家的关系以期通过南海领土争端进一步平衡中国的影响力。在整个东南亚地区，新加坡是与美国有着最密切关系的国家之一。新加坡虽说国土狭小，但地理位置却极为重要，它位于马六甲海峡的南端，是扼守国际海上航运的战略要地。新加坡自独立以来一直处在东南亚地区性大国的夹缝之间，又在亚太大国的影响之下，故而它对美国在东南亚的存在一直表现出欢迎和支持的态度，把美国看作保证本地区和平与稳定的重要力量。

与此同时，在美国眼中，新加坡是其“紧密的安全伙伴”，是其在东南亚存在的拥护者和配合者。新加坡虽说不是美国的正式条约盟友，但它在美国亚太战略中的重要性远远超过泰国、菲律宾等正式盟友。美国和新加坡的军事关系在冷战期间就很稳定，冷战结束后更有长足的发展。美国和新加坡在1990年签署了《谅解备忘录》。根据该协议，美国于1992年在新加坡建立了第七舰队的后勤补给指挥中心。随后，美新双方在1999年又对《谅解备忘录》进行了增补。双方还决定由新加坡出资在樟宜海军基地建设深水码头，作为美国海军航母和其他大型舰艇的停靠和补给基地。该基地是美国在日本与中东之间搭建的桥梁，在解决航空母舰维修和后勤补给问题的同时，又大大提高了美国在西太平沿岸的战略机动性。虽说美国在新加坡的常驻军事人员并不

① 刘丰：“美国的联盟管理及其对中国的影响”，《外交评论》，2014年第6期。

多，但它却为第七舰队提供了重要的后勤保障。从某种意义上说，美新之间的谅解备忘录和美菲之间的防卫部队协议有着相同的功能，都使美国实现了不驻军而保持在东南亚军事存在的目的。[①] 2005 年，新加坡总理李显龙和美国总统布什在白宫签订了《美利坚合众国与新加坡共和国关于建立更紧密防务和安全合作伙伴关系的战略框架协定》，联合声明说，这项新的协议承认新加坡是“重要的安全合作伙伴”，并“将扩大目前在反恐、防扩散、联合军事演习和训练、政策对话和防务技术等领域的合作范围”。[②] 这极大地深化了美国和新加坡的防务关系，标志着美国与新加坡之间“准联盟”关系的确立。2012 年 1 月 5 日，奥巴马总统和美国国防部长帕内塔（Leon Edward Panetta）在五角大楼发表讲话，宣布美国将实施战略重心东移的新的国防战略。随后，美国国防部发布了题为《维护 21 世纪全球领导地位，美国防务的优先事项》的国防战略报告。为了配合美国的“亚太再平衡”战略，美国第一艘濒海战斗舰“自由”号于 2013 年 4 月 18 日驶入新加坡樟宜军港，开始了它在东南亚为期 8 个月的部署。据新加坡国立大学李光耀公共政策学院亚洲与全球化研究所所长黄靖介绍，部署濒海战斗舰是美国亚太军事战略中的重要一环，其目的主要有两点：一是确保地区安全与稳定，包括反恐、反海盗以及应对局部冲突；二是加强同新加坡的联系，因为新加坡所在的海峡在全球具有十分重要的战略地位。[③] 2014 年初，美国太平洋

---

① 白雪峰：《冷战后美国对东南亚的外交：霸权秩序的构建》，厦门：厦门大学出版社，2011 年版，第 79 页。

② “美国与新加坡将签署防务伙伴关系协定”，美国国务院发言人办公室，2005 年 07 月 12 日。http：//iipdigital. usembassy. gov/st/chinese/texttrans/2005/07/20050713113947asesuark0. 6067469. html#axzz3Va6bsG9H.

③ 转引自于景浩：“美国新型战舰部署新加坡”，人民网，2013 年 04 月 19 日。http：//world. people. com. cn/n/2013/0419/c1002 –21193284. html.

舰队司令哈里斯（Harry B. Harris Jr.）到访新加坡，他在接受媒体采访时说，新加坡是美国“亚太再平衡”战略的重要部分，而新加坡在东盟的影响力也对南中国海的稳定起了积极作用，因此美国军方非常重视长期以来与新加坡建立的友谊。[①] 由此可见，在冷战结束后的新形势下，美国对新加坡的重视与日俱增，新加坡作为美国隐形盟友的身份也逐渐浮出水面。因此，可以说美国与新加坡的关系已经不再是普通的伙伴关系，它早已变为具有明显“准联盟”色彩的双边关系。

（二）美国建立并发展与越南和印度的安全伙伴关系

冷战后，美越关系的发展更加引人注目。美国与越南在 1995 年建立外交关系，实现了两国关系的正常化。但直至 2000 年美国总统克林顿首访越南之后，美越关系才持续升温。2008 年美国与越南举行了第一次战略对话。奥巴马政府上台以后，随着美国推出“亚太再平衡”战略，美越关系的发展再次提速。美国在 2010 年发布的《四年防务评估报告》中就声称要与越南发展“新的战略关系”。[②] 两国在 2011 年举行的第四次美越政治、安全与防务对话就决定致力于将两国的关系提升到“战略伙伴关系”。[③]

随着美国重新定位美越关系，美越两国的合作得以在多个领域取得突破性进展。就军事合作而言，美越之间的军事交往日益常态化。其中最主要的标志就是美国航空母舰对越南的定期访问。近几年来，“约翰·斯腾尼斯”号和“乔治·华盛顿”号航

① “美太平洋舰队司令访问新加坡，称赞其为区域稳定做出贡献”，2014 年 1 月 24 日。http：//news. 163. com/14/0124/11/9JBNRN8C00014JB5. html.

② U. S. Department of Defense：“Quadrennial Defense Review Report 2010”. February 2010. http：//www. defense. gov/qdr/images/QDR_ as_ of_ 12Feb10_ 1000. pdf.

③ “美越两国就政治、安全及防务对话发表声明”，美国国务院发言人办公室，2011 年 6 月 17 日。http：//iipdigital. usembassy. gov/st/chinese/texttrans/2011/06/20110620153844x0. 3421071. html.

母先后访问岘港，这大大提升了美越军事交流的层级。2011 年见证了美越关系突飞猛进的发展，在军事领域里，两国取得了众多历史性突破。2011 年 7 月，美越两国海军首次在南海地区举行联合军事演习。次月，美国海军舰队在越南战争之后首次造访金兰湾，“理查德·伯德”号补给舰甚至还在该港进行了为期一周的维修。2011 年 8 月，美越两国签署了正式的军事医学合作协议，决定在卫生保健、军队医疗交流与研究领域加强合作，这是两国自 1995 年关系正常化以来签署的首份军事合作协议。与此同时，美越双方还加强了人员的交流，越南军官应邀参加了美国“国际军事教育和训练计划”，开始分期分批到美国的军事院校和研究机构接受培训。2014 年 8 月，美军参谋长联席会议主席邓普西（Martin E. Dempsey）在中越两国关系紧张之时访问越南，他是四十余年来第一位访问越南的参谋长联席会议主席。美越这对昔日的仇敌联手制华的倾向越来越明显。更为重要的是，美国还主动倡议与越南签署有关后勤合作的协议，希望与越南在物资供应、后勤保障等方面相互支持与协作。通常而言，此类协议是美国与其信赖的盟友或“准盟友”签署的。美国能够主动提出与越南签署这样的协议，足以证明越南在美国眼里的重要性。此外，美国还以军事援助为“杠杆”进一步提升两国的军事关系。通过“外国军事援助计划”，美国在 2009 年第一次给越南提供了 50 万美元的军事援助。次年，这一援助增加到 135 万美元，2011 年为 100 万美元。①

就地区事务而言，南海问题是推动美越合作的重要因素。美国参议员约翰·麦凯恩（John McCain）在 2015 年 5 月 30 日就公

① Mark E. Manyin, “U. S. – Vietnam Relations in 2011: Current Issues and Implications for U. S. Policy”, CRS Report for Congress, July 26, 2011. http://fas.org/sgp/crs/row/R40208. pdf.

开呼吁美国政府应逐步取消对越南的武器禁运，并向越南提供更多的防御性武器，以便越南更好地抗衡中国。[①] 2015 年 6 月 1 日，美国国防部长卡特和越南国防部长冯光青分别代表两国签署了一份旨在指导美越未来军事合作的《国防关系联合愿景声明》。卡特表示，为了提高越南的海洋巡逻能力，美国还会向越南提供 1800 万美元的军事援助。[②] 在中国与美国以及菲律宾、越南等国围绕南海争端关系日益紧张之时，美国总统奥巴马在 2016 年 5 月访问了越南。在此次访问中，奥巴马总统宣布取消美国针对越南长达 50 年的武器禁运，越南则宣布两国关系实现“全面正常化”。由此，美越关系进入了一个新的发展阶段。实际上，美越两国在南海问题上各取所需，相互倚重。美国想利用越南与中国的领土纠纷进一步牵制中国在东南亚的影响力，并在“亚太再平衡”战略的基础之上，深化同这一地区的经济、战略联系。越南则想“携美自重”，在南海问题上争取更大的战略回旋余地，给中国施加更大的战略压力。美越两国与其他一些东盟国家在南海问题上已经组成统一战线，它们利用东亚地区论坛等多边场合就南海问题联手打压中国，挑拨邻国与中国的关系。对此，有中国媒体一针见血地指出，为了在南海地区共同“防范中国”，美越这对曾经打了十多年仗的宿敌走到了一起。[③] 对于美越两国关系向“准联盟”方向发展的趋势，中国政府必须要保持充分的警惕。

美国与印度的战略伙伴关系始于 2000 年。印度是世界第二人口大国并地处南亚枢纽地带，具有极其重要的地缘战略价值。同时，印度经济增长迅速，军事力量强大，长久以来一直是美国拉拢的对象。冷战之后，美国积极与印度建立安全伙伴关系并将其

① 美联社新加坡 5 月 30 日电，载《参考消息》，2015 年 6 月 1 日，第 1 版。

② “美防长拉南海盟友压中国”，《环球时报》，2015 年 6 月 2 日，第 1 版。

③ 同上。

与自己在亚太地区的联盟体系连接起来。美国智库德国马歇尔基金会的亚洲项目高级研究员丹尼尔·特文宁（Daniel Twining）认为，冷战之后美国以“辐辏”结构为特征的亚太联盟体系以及前沿军事存在仍是支撑其亚太安全战略的两根重要支柱，但与冷战时期不同的是，冷战后美国的亚太安全战略又增加了另外一根支柱，那就是在经济和军事上扶植能与中国抗衡的新兴力量中心。①为了达到制衡中国的目的以及保持其在亚太地区的主导地位，冷战后，美国更加看重印度的战略分量。美印关系在2000年3月迎来转折点，美国总统克林顿对印度的访问成为了两国关系发展进程中的一个重要分水岭。作为22年来首次访问印度的美国总统，克林顿高度重视美国与印度的关系。在他访问期间，美印两国发表了《印美关系：21世纪展望》的联合声明，声称要建立一种持久的、在政治上有建设性、在经济上有效益的“新型伙伴关系”。自此以后，美印两国关系日益密切。美国希望印度发挥其亚洲大国作用，为美国维持南亚地区秩序，确保南亚安全局势处于美国的控制之中。除此以外，中国因素在美印建立新型伙伴关系的过程中是一个不可忽视的因素。随着中国经济的快速发展以及中国在亚太地区影响力的快速提升，美国急需培育和扶植地区其他力量以抗衡中国的崛起。

小布什总统在入主白宫后继续秉承克林顿政府的对印政策，更加重视发展与印度的双边关系。尤其是“9·11”恐怖袭击事件之后，美国为了反恐的需要更是积极地拉拢印度。美国在2002年9月发表的《国家安全战略》报告就认为印度能够成为21世纪最伟大的民主国家，因此应该加强美印双边关系。在这一战略的指导之下，美国和印度的关系在进入21世纪之后发展极为迅速。在2003

① Danial Twining, “America's Grand Design in Asia”, *The Washington Quarterly*, Summer, 2007.

年，美印“新型伙伴关系”被双方升级为“战略伙伴关系”。在2004年1月，美印开始实施“战略伙伴关系后续步骤”，两国逐步在民用核领域、民用空间项目和高科技贸易等领域开展合作。在2005年6月，美印两国又签署了《美印防务关系新框架》（New Framework for the U. S. – India Defense Relationship），这份协议既涉及武器的联合生产又涉及技术转让以及导弹防御体系合作。美国与印度签署如此高水平的军事合作协议，实际上等于给予了印度“准盟友”的待遇。2006年3月小布什访印，此次访问使美印关系又迈上了一个新台阶。在他访问期间，美国和印度签署了民用核能合作协议，这等于承认了印度梦寐以求的核国家身份，由此解决了困扰美印关系30多年的一大难题。美国在2006年发布的《四年防务报告》就把印度称为一个正在崛起的关键性的战略伙伴。美国负责政治事务的副国务卿伯恩斯（Nicholas Burns）2007年在《外交》杂志上发表了题为《美印新伙伴关系》的文章，他指出：现今，美国与印度关系的战略意义重于美国与其他任何一个大国之间的关系。这是一个不可多得的机会，具有实现全球均势的现实可能性。①

奥巴马总统上台以来，美国对印度的重视远超之前。美国加快建设与印度的战略伙伴关系并进一步推动印度加入其遏制中国的大战略。2009年11月，印度总理辛格访问了美国。他在对外关系委员会发表讲话，呼吁美国与印度在全球经济和政治结构正在改变、国与国之间依存度不断加强的国际大背景之下，建立印美“全球范围内的战略伙伴关系”。② 2010年奥巴马政府发布的

① Nicholas Burns, “America’s Strategic Opportunity With India, The New U. S. – India Partnership”, *Foreign Affairs*, November/December 2007. http://www. foreignaffairs. com/articles/63016/nicholas – burns/americas – strategic – opportunity – with – india.

② “A Conversation with Prime Minister Dr. Manmohan Singh”, （Council on Foreign Relations） November 23, 2009, Washington D. C. http: //www. cfr. org/india/conversation – prime – minister – dr – manmohan – singh/p20840.

《国家安全战略》报告称，“美国与印度正在建立战略伙伴关系，这种伙伴关系基于我们的共同利益、两国人民之间的密切联系以及被美国和印度所共享的价值观”。① 2010 年 6 月 1 日至 4 日，美国与印度的首次战略对话在华盛顿举行，会后美印两国发表了联合声明。声明指出：美国欢迎印度在塑造一个稳定、和平、繁荣的亚洲的过程中发挥主导性作用。美印两国的良好关系具有全球性意义，美印两国会进一步加强在经济、安全、反恐、气候变化等领域的合作。② 首轮美印战略对话的成功举行为美印关系的后续发展奠定了坚实的基础。从目前来看，美国与印度的战略对话已经常态化。截至 2014 年 7 月，美印两国之间的战略对话已经举行了五次。最近的一次于 2014 年 7 月在印度首都新德里举行。2015 年 1 月，美国总统奥巴对印度进行国事访问并成为印度“共和日”庆典的主要来宾。此次访问的日程安排就是急速升温的美印关系的最好例证。首先，从美国角度来看，奥巴马是第一位在任内两度访问印度的美国总统，而且印度是奥巴马此次出访的唯一目的地，往返都没有顺道访问他国。其次，从印度角度来看，邀请他国领导人参加“共和日”庆典是印度给予他国领导人的最高外交礼遇。此外，莫迪政府一改以往印度政府的谨慎做法，在全球媒体面前大秀“印美”恩爱。在此次访问期间，美印共发布了三份重要的文件：《共同努力，共同发展——美国总统访问印度期间的共同宣言》（Joint Statement during the visit of President of USA to India —Shared Effort; Progress for All）、《印美德里友谊宣

① White House, “The National Security Strategy of the United States of America”, May 2010. https: //www. whitehouse. gov/sites/default/files/rss_ viewer/national_ security_ strategy. pdf.

② “U. S. – India Strategic Dialogue Joint Statement”, Office of the Spokesman, Washington, DC, June 3, 2010. http://www. state. gov/r/pa/prs/ps/2010/06/142645. htm.

言》（India – U. S. Delhi Declaration of Friendship）和《美印对亚太和印度洋地区的共同战略展望》（US – India Joint Strategic Vision for the Asia – Pacific and Indian Ocean Region）。这三份文件分别从美印双边关系的过去、现在和未来阐释了印度在美国全球战略中的重要性。对美国而言，强化美印关系是对冲中国崛起的重要手段。印度作为世界上最大的民主国家，对美国尤其具有吸引力，美国重点扶植印度的最大目的就在于制衡中国，同时标榜美国的自由价值观。对印度而言，印度对中国始终抱有"既生瑜何生亮"的嫉妒心态，加之中印之间的领土争端尚没有得到解决，中国在印度洋地区的影响力又在日益扩大，加强和美国的战略合作既可以标榜印度的地区大国地位，又可以增加对华谈判的筹码，这正是莫迪政府正在逐渐脱离不结盟政策的重要原因。

在加深与印度的"全面战略伙伴关系"的同时，美国也鼓励其亚太盟国加深与印度的合作。由于美日有着特殊的关系，在美国与印度的关系加强之后，印日关系也深受影响。美日印之间的三边合作关系既有历史和地缘政治的背景，也有各自的利益诉求。随着美国"亚太再平衡"战略的推进，美日印三国之间的互动将日益频繁，战略合作水平也将逐步提高。海上安全问题是美日印三方合作的主要内容，其聚焦点也一定会向中国集中。2012年10月，美日印在新德里举行了第三次三边对话。此次对话的主要内容是中国与邻国的南海争端以及地区安全保障问题。在会谈中，一名日本外务省官员称美国将日印安保合作视为深化日美联盟的一环。从确保海上交通线安全及牵制中国的角度出发，美国正期待印度行动起来成为南亚的一极。[①] 2014年1月，日本防卫大臣小野寺五典对印度进行了为期4天的访问。在访问期间，日

① 何理："美日印三边合作升温的背景和前景"，《现代国际关系》，2013年第2期。

印双方就提升双方的防务合作达成了共识，“（印度和日本）将通过常规联合作战演习以及在反恐、反海盗、海洋安全等方面的军事交流，进一步巩固和加强战略与全球合作伙伴关系”。①

针对美印双边关系以及美日印三边关系的最新进展，中国学者吴心伯指出，平衡和牵制中国在亚洲不断上升的实力和影响力是奥巴马政府对印政策的重要考虑。无论是积极发展与印度的军事合作，还是推进印度在东亚地区事务中发挥更大作用，都带有强烈的制衡中国色彩。② 总之，美国在亚太地区以其双边联盟为核心，多组安全伙伴关系为外延，构建了一张巨大的亚太安全网络。2014 年 3 月出台的《四年防务评估报告》再次强调亚太安全网络的重要性。该报告指出，为了实现“亚太再平衡”战略，美国国防部的核心工作是加强美国与澳大利亚、日本、韩国、菲律宾和泰国的双边联盟，同时深化与新加坡、马来西亚、越南等安全伙伴的防务合作。通过双边联盟关系和安全伙伴关系，美国着重提升盟友和安全伙伴应对地区危机的能力。③ 该网络的目的是进一步拉拢和控制美国的盟友和地区新兴国家，使美国在亚太地区获取更大的战略纵深，发挥更大的影响。该网络在美国实施“重返亚太”战略的背景下，对中国的战略利益造成了严重的威胁，大大地压缩了中国在亚太地区的战略空间。

---

① 日本《外交学者》杂志网站 1 月 21 日文章：“安倍访印彰显日印亲密关系”，载《参考消息》，2014 年 1 月 23 日，第 3 版。

② 吴心伯：《奥巴马政府的亚洲战略》，载李向阳主编《亚太地区发展报告（2013）》，北京：社会科学文献出版社，2013 年版，第 17 页。

③ U. S. Department of Defense, “Quadrennial Defense Review Report 2014”. March 2014. pp. 16 – 17. http://www. defense. gov/pubs/2014_Quadrennial_Defense_Review. pdf.

第四章

冷战后美国亚太联盟体系演变的动因

冷战期间，联盟战略一直是美国保持盟主地位、与苏联抗衡的重要手段。美国的亚太联盟体系是美国推行全球战略的重要支柱之一，为美国取得冷战的胜利立下了汗马功劳。冷战结束后，国际形势风云变化，国际关系进入了大动荡、大变革、大调整的新阶段。美国为了继续维持其全球霸权地位，随着国际安全环境的变化，不断调整其亚太安全战略，作为美国亚太安全战略重要组成部分的联盟战略也必然会受到影响。

第一节　冷战后亚太国际格局的变化与美国亚太安全战略的调整

冷战结束后，世界格局发生了惊天动地的变化。随着东欧剧变、苏联解体，原有的两极格局不复存在，世界朝多元化发展的趋势越来越明显。受此影响，亚太地区的安全格局也出现了转型。与此相适应，美国的国家安全战略亦作出了相应的调整。

一、冷战后亚太国际格局的新变化

冷战后亚太国际格局的最大特征就是国际格局由两极体系向

多极体系转变。冷战期间，苏联和美国在亚太地区争夺霸主地位，美国在该地区的霸权受到了一定程度的掣肘。美国赢得冷战之后，在政治、经济、军事和科技方面有着其他国家无法匹敌的巨大优势，没有哪个国家再有能力挑战美国的霸权地位。这一点正如美国学者罗伯特·阿特（Robert Art）所言："当前没有一个国家可以与美国势均力敌，对美国本土构成压倒性的直接军事威胁。没有一个大国威胁着要利用欧亚大陆资源把军事力量投放到西半球或者用来反对美国；没有一个强国把军事力量瞄准美国领土，妄图侵略美国；没有敌对的联盟计划着与美国作对；欧亚大陆上没有出现把美国卷入漩涡的大国间战争。"① 2001 年美国国防部也重申了这样的观点：现而今，美国没有全球性对手，在可预见的将来也不会有。② 此外，冷战的胜利在一定程度上也意味着西方的政治制度、经济制度、意识形态赢得了彻底的胜利。弗朗西斯·福山的"历史终结论"就认为，国际上发生的一系列的事件不仅是冷战的结束，而且是历史的终结，追求自由自此成为人类主要的奋斗目标。③

但历史并没有随着冷战的结束而终结，随着两极体系的瓦解，世界各种力量加快分化组合。冷战后的世界远非太平盛世，原来被两极体制所抑制和掩盖的诸如种族冲突、民族矛盾、领土争端、宗教对立等问题逐渐暴露出来，对世界和平和安全造成了很大的威胁。这一点在亚太地区表现得格外突出，亚太地区是世

① ［美］罗伯特·阿特：《美国大战略》，郭树勇译，北京：北京大学出版社，2005 年版，第 14 页。

② Secretary of Defense William S. Cohen, "Annual Report to the President and the Congress", Washington D. C., 2001, p. 3. www. history. defense. gov/.../SecretaryofDefenseAnnualReports. aspx.

③ 转引自徐国琦："塞缪尔·P·亨廷顿及其文明冲突论"，《美国研究》，1994 年第 1 期。

界主要大国利益的交汇处，该地区既有冷战时期遗留下来的旧的“地区热点”又有新的大国博弈。虽说在冷战结束后的相当长的一段时间里，国际格局最主要的特点是以美国为首的西方占据全面优势。[①] 但是在进入 21 世纪之后，世界权力的转移加快了步伐，中国、印度、俄罗斯等地区大国开始迅速崛起，美国一极化统治世界的趋势逐渐出现改变。这种转型正是大国合力形成的结果[②]，也是现有权力结构不能完全适应和满足新兴大国的发展需求的结果。毋庸置疑，亚太国际格局的发展深受区域内大国之间互动的影响，这种互动塑造并制约着亚太秩序的发展方向。在美国看来，冷战后出现在亚太地区的权力转移和秩序重组对其在亚洲的霸权构成了挑战。中国经济和军事实力的快速发展以及全球地位的巨幅提升必然会影响到既有的亚太地区的力量对比和权力秩序，亦会使中美在亚太地区的权力差距日益缩小，这大大加剧了美国的“霸权焦虑”。长期以来，防止亚太地区落入另一个霸权之手是美国的一项基本国策。1999 年，时任美国国防部负责亚太事务的助理国防部长帮办科特·坎贝尔（Kurt Campbell）在接受中国学者采访时就曾明确指出，冷战结束后美国在亚太地区的战略目标是：“维护和平与稳定，提供安全保障，使那些涉及美国长期利益的国家放心，震慑企图破坏该地区稳定的国家所采取的潜在行动。我们还致力阻止任何一个怀有破坏和平与稳定野心的国家主宰亚洲。”[③] 显然，在坎贝尔接受采访之时，美国政府就

---

① 金灿荣：《东北亚安全合作的背景变化》，载黄大慧主编：《变化中的东亚和美国：东亚的崛起及其秩序建构》，北京：社会科学文献出版社，2010 年版，第 21 页。

② 王晓波、陈斌：“冷战后美日韩联盟体系与中国”，《延边大学学报（社会科学版）》，2011 年第 4 期。

③ 韩红：“美国人眼中的世界和亚洲：对美国部分官员、学者访谈录”，《战略与管理》，1999 年第 6 期。

已经把中国看做了美国在亚太地区的潜在敌手。这也是为什么美国在冷战之后不但没有解散或削弱其与日韩等国建立的军事联盟，反而不断强化这些联盟关系的原因之一。面对新的安全环境和挑战，美国开始调整其亚太战略，强化其在该地区的联盟体系。

二、冷战后美国国家安全战略大辩论

冷战之后的国际安全环境发生了根本性的改变，这既给美国带来了前所未有的机遇，又给美国带来了巨大的挑战。美国政府不得不重新分析其所面临的全新的战略环境以及冷战后美国的国家实力和国际地位。正如每次重要的战略调整之前都有一场大辩论一样，这一次，美国理论界就美国安全战略的调整进行了一场深刻而持久的争论。争论紧紧围绕美国的亚太战略地位以及美国的战略选择展开。其间，新现实主义和新自由主义，新孤立主义和新干涉主义，单边主义和多边主义展开了激烈的交锋①，形形色色的战略主张层出不穷，令人目不暇接。经过这场辩论，到20世纪90年代中期，美国的亚太战略初具雏形。1995年，美国著名国际关系学者约瑟夫·奈在《外交》杂志上撰文，详细评估了各派的基本主张以及对美国安全战略的影响，并分析了美国在东亚的五种可能的战略选择。在文章一开始，他就开宗明义地指出，东亚繁荣的原因有很多，但其中一个重要且容易被人忽视的原因是美国在该地区的联盟关系以及前沿军事存在。他进一步说道，美国在深度参与亚太地区事务时面临五种可能的战略选择。第一种选择强调美国应该脱离亚太地区，追求一个仅限于西半球

① 崔海宁："试析冷战后美国国家安全战略思想的大争论"，《山东师范大学学报（人文社会科学版）》，2005年第2期。

或大西洋的战略。第二种选择强调美国应该放弃它在亚太地区的军事联盟，不再扮演领导者角色，让该地区的国家彼此制衡。第三种选择认为美国应该建立松散的地区多边机构，用以取代美国在东亚的联盟体系，并且作为联合国在该地区的补充。第四种选择认为美国应该创建一个类似于北约的多边联盟体系，将亚太联盟串联起来。第五种选择强调美国的领导地位，即：美国应该保持在亚太地区的领导者角色，深度参与该地区的事务。①

具体而言，第一种战略选择体现了冷战后美国的新孤立主义思想。新孤立主义认为美国应该减少其国防开支和海外义务，把国家安全战略的重心转移到国内。为此，一些新孤立主义学者提出美国要用“脱离战略”取代冷战时期的“遏制战略”。② 约瑟夫·奈极为鄙视这种观点，认为美国是一个太平洋国家，完全脱离富有活力的亚太地区是一种愚蠢的选择。第二战略选择是基于新现实主义思想提出的，这种思想强调“离岸均势战略”，认为，美国的霸权不会永远持续下去，美国应该利用自身具有优势的地理位置充当离岸平衡手的角色。具体来讲就是，撤走驻欧、日、韩的军队，放弃对这些盟国的军事承诺，将自己的军事力量视为阻止新的全球性大国崛起的最后手段。③ 第三种战略选择带有新自由主义学派的影子，它重视国际机制、国际组织的作用。该战略与集体安全战略类似，美国学者阿特认为，集体安全战略是一项多边主义战略，其目标是防止世界各地出现国际侵略与领土征

① Joseph S. Nye, Jr. “The Case for Deep Engagement”, *Foreign Affairs*, Vol. 74, No. 4 (Jul. - Aug., 1995), pp. 92 - 94. http://www.jstor.org/stable/20047210? seq=3#page_scan_tab_contents.

② Eugene Gholz, Daryl G. Press and Harvey M. Sapolsky, “Come home, America: The Strategy of Restraint in the Face of Temptation”, *International Security*, Vol. 21, No. 4, Spring 1997, pp. 5 - 48.

③ 崔海宁：《利益和价值观之间的权衡——冷战后美国国家安全战略的调整及其理论取向研究》，北京：经济科学出版社，2014 年版，第 79 页。

服。它需要各国彼此间无限合作，将战争从它们的关系中清除出去。[①] 但是，在约瑟夫·奈看来，建立这样的机制既费时又费力，在美国完全撤离亚太之后，这种机制并不能为该地区提供足够的安全保障。第四种战略选择在一定程度上体现了新干涉主义理念。新干涉主义认为，为了维护美国的领导地位和最大利益，美国应该扩大在海外的军事存在，加强对外干涉能力，巩固和扩大联盟关系。约瑟夫·奈认为这种战略非常危险，如果在亚太地区推行，中国必然会和美国"结仇"，美国将因此丧失把中国转变为"负责任大国"的机会。第五种战略选择在约瑟夫·奈眼里是最明智的选择，也正是被克林顿政府所采纳的亚太战略。它并没有完全遵从某一特定的理论范式，而是博采众长，既要保持和加强前沿军事存在和联盟关系又要尝试建立某种形式的多边安全合作机制。实际上，无论何种理论范式，其核心思想都是一致的，那就是如何以最低的成本、最有效的手段维护美国的国家利益和霸权地位。这种主流理论范式之间的相互碰撞和交融为美国亚太战略的调整提供了很好的智力资源并为战略调整定下了基本方向。

三、冷战后美国亚太安全战略的调整轨迹

美国对亚太地区的重视和美国与该地区在政治、经济、文化、军事上的往来增加有很大的关系。实际上，美国国家战略重心的东移从冷战结束前后就已经开始。美国政府在1989年提出的"新太平洋伙伴关系"和1990年的《亚太地区战略构想：展望21世纪》的基础上，于1991年11月更为全面地提出了建立一个以

---

① ［美］罗伯特·阿特：《美国大战略》，郭树勇译，北京：北京大学出版社，2005年版，第118页。

北美为基点，包括日本、韩国、澳大利亚等盟国和东盟国家在内的呈“扇形结构”的“太平洋共同体”[①] 的战略构想，从而实现美国主导下的亚太地区新秩序。老布什总统提出建立新秩序的主要意图一方面是为了适应冷战结束后新的世界形势，另一方面是为了驳斥美国国内再度兴起的新孤立主义。他在 1991 年的《国家安全战略》报告中认为：从全球范围看，尽管出现了新的力量中心，但美国依然是唯一一个在各个领域真正拥有全球影响力的大国。当世界进入一个新的时期，它应该有新的秩序。这个世界新秩序代表着一个“公正”、“和平”、“安全”的新纪元。美国在 90 年代的基本利益和目标就是建立一个“政治和经济自由、人权与民主制度兴旺发达的世界”。[②] 这种新构想在安全上的基本特点是，推行“合作性戒备”战略，充当“地区性平衡器、诚实的掮客和安全的最终保证者”角色。[③]

老布什总统时期，美国的亚太安全战略的基本轮廓为：第一，强调美国是一个太平洋国家，它在亚太地区有着广泛而持久的国家利益，冷战的结束并没有改变这一基本事实。第二，美国在亚太地区的基本安全框架保持不变。美国在冷战结束后不会撤离亚太地区，相反，美国会更加积极地参与到亚太事务当中。第三，美国在亚太地区的盟国仍被视为美国“构筑世界新秩序的最紧密伙伴”[④]。但美国政府认为，在新形势下，美国遍布全球的联

---

① James A. Baker III, “America in Asia: Emerging Architecture of a Pacific Community”, *Foreign Affairs*, Winter 1991/1992, Vol. 70, No. 5, p. 5.

② 梅孜编译：《美国国家安全战略报告汇编》，北京：时事出版社，1996 年版，第 195 页。

③ U. S. Department of Defense, “A Strategic Framework for the Asian Pacific Rim: Looking Towards the 21st Century”, April 1990. http://babel.hathitrust.org/cgi/pt? id = uc1.31822018798785; view = 1up; seq = 5.

④ 汪伟民：《联盟理论与美国的联盟战略——以美日、美韩联盟研究为例》，北京：世界知识出版社，2007 年版，第 143 页。

盟关系应该加速转型以适应全球安全形势的变化。布什政府强调，美国“必须调整联盟以及集体安全”政策，认为这是一种建立在“磋商、合作和集体行动”基础之上、“公平地分担责任和义务”的“伙伴关系”。[①] 基于此，布什政府在亚太安全问题上的基本做法是：第一，继续保持在亚太地区的前沿军事存在，要求盟国增加防务义务，并与“盟国”建立“伙伴关系”。第二，强调美国与亚太地区盟友关系的重要性。将美国与日本、韩国、澳大利亚以及东盟的关系视为亚太安全结构的基轴。1992 年 1 月，布什在出访亚太时重申，美日、美韩、美澳联盟关系是美国在这一扇形安全结构中并列的三个支架。[②]

克林顿总统在入主白宫以后，在相当长的时间里以国内事务为主，并没有把制定新的国家安全战略视为政府的首要任务，但这丝毫不影响他对亚太地区的重视。作为冷战后当选的第一位美国总统，他在 1993 年 7 月访问东京时提出建立一个“分享力量和繁荣以及共同承担民主义务”[③] 的新太平洋共同体。这一设想反映了美国在亚太地区的长远战略目标，是美国亚太政策的又一重大转折。[④] 在 20 世纪 90 年代中后期，经过对国际安全环境的深入评估，美国亚太安全战略渐趋成型。1994 年 7 月，克林顿政府出台了《国家参与和扩展安全战略》。克林顿在报告的前言中说，冷战的结束彻底改变了美国及其盟友所面临的安全环境。苏联的威胁虽然不复存在，但美国仍要面对一系列的老问题和新挑战。

① George H. W. Bush, Address to the United Nations, October 1, 1990. http: //millercenter. org/president/bush/speeches/speech - 3426.

② 转引自赵学功：《当代美国外交（修订版）》，北京：社会科学文献出版社，2012 年版，第 214—215 页。

③ Remarks by President Clinton to Students and Faculty of Waseda University, July, 1993. http: //www. mofa. go. jp/region/n - america/us/archive/1993/remarks. html.

④ 赵学功：《当代美国外交（修订版）》，北京：社会科学文献出版社，2012 年版，第 215 页。

在此背景之下，美国的领导地位与以往任何一个时刻相比都更加重要，为了应对美国所面临的挑战并利用冷战结束给美国带来的各种机遇，美国要坚定不移地奉行“参与和扩展战略”。[①] 所谓“参与”是指，美国要避免新孤立主义倾向，积极参与国际事务，进一步加强美国的领导地位。所谓“扩展”是指，扩大美国在世界上的影响，推广美国式的市场经济、民主价值和价值观念。该战略的根本目标是维护美国的霸权地位，在此基础上，克林顿政府确立了美国国家安全战略的三个基本目标，即加强美国的安全、促进美国的经济发展、推进国外的民主。为了适应新的国家安全战略的需要，1995 年 2 月，美国政府颁布了《国家军事战略报告》，正式提出了“灵活与选择参与”的军事战略。在新的军事战略报告中，美国政府要求美国的武装力量要实现三项战略任务：和平时期积极预防、危机时刻实施威慑、战斗时确保胜利。1997 年克林顿取得总统连任后，再次调整美国国家安全战略。他于同年 5 月出台了《新世纪国家安全战略》，新战略进一步明确了美国军事战略的发展方向，系统地提出了“塑造—反应—准备”战略。所谓“塑造”就是将外交与对外援助、军事合作等结合起来，塑造有利于美国的国际环境。所谓“反应”就是在塑造失败的情况下，美国有能力迅速行动，应对各种威胁。所谓“准备”就是美国为未来的不确定性做好各种准备。[②]

在美国“灵活与选择参与”和“塑造—反应—准备”战略的指导下，美国加强了与盟国的军事合作，构建了一个以美国为核心、双边联盟为支柱、多边机制为补充的跨太平洋安全体系。其中，最引人注目的是，美国在克林顿政府时期空前强化了与日本

---

① White House, “A National Security Strategy of Engagement and Enlargement”, July 1994. http://nssarchive. us/NSSR/1994. pdf.

② White House, “A National Security Strategy for a New Century”, May 1997. http://fas. org/man/docs/strategy97. htm.

的联盟关系，美日两国在1996年签署了美日安全保障联合宣言，在1997年签署了美日防卫合作新指针。日本国会在1999年通过了美日防卫合作新指针的三个相关法案。与此同时，为了配合美国新的国家安全战略和军事战略，美国还进一步巩固和发展了与韩国、澳大利亚、泰国、菲律宾等亚太盟国的关系，这大大加强了美国在亚太地区的军事存在。

"9·11"恐怖袭击案对美国的安全战略产生了深远而持久的影响。它彻底改变了美国对国际安全环境的判定，恐怖主义成为美国所面临的最大威胁。2002年9月，布什政府颁布了《国家安全战略》报告。报告指出，"我们所面对的严重威胁是极端主义和现代技术的结合"，"美国现在面临的威胁与其说来自舰艇和军队，不如说来自少数仇视美国的恐怖主义分子手上的武器"。[①] 对于威胁国家安全的各种因素的主次顺序的判定决定了安全战略选择的轻重缓急。为了打击恐怖主义，布什政府放弃了先前的威慑和遏制战略，转而采取先发制人的战略。在2006年发布的《国家安全战略》报告中，美国政府再次强调了先发制人战略的重要性。同年发布的《四年防务评估报告》将恐怖主义、大规模杀伤性武器和新兴战略对手视为美军面临的三大威胁。并明确了美国军事战略的四大军事重点：摧毁恐怖组织、保卫美国本土、应对处在"战略十字路口的"的新兴军事强国、防止敌对国家和恐怖主义分子获取大规模杀伤性武器。[②] 基于美国军事战略的调整，在维护美国霸权地位和重塑世界秩序的过程中，美国更加重视在亚太地区的前沿军事存在，更加倚重其亚太联盟关系。2006年的

① White House, "The National Security Strategy of the United States of America", September 2002. http: //www. state. gov/documents/organization/63562. pdf.

② U. S. Department of Defense, "Quadrennial Defense Review Report 2006", February 2006. http: //www. globalsecurity. org/military/library/policy/dod/qdr – 2006 – report. htm.

《四年防务评估报告》就指出，美国要提升在太平洋海域的作战能力。一是增加潜艇的部署，将美军大约60%的潜艇转移至该区域；二是加大航母的威慑力，确保未来美军11艘航母中的至少6艘能够在太平洋水域执行作战任务。[①] 亚太联盟体系仍是美国亚太安全架构的重要支柱。它在反恐战争期间发挥了巨大的作用，仍是美国重点倚仗的组织形式和安全战略得以实施的前提和基础。[②] 反恐战争就像"黏合剂"一样，大大拉近了美国与其传统盟友的距离。美国将新一轮军事部署的调整与重构联盟关系结合起来，这大大强化了美国与日本、韩国、澳大利亚等国的传统盟友关系，并将美日、美澳和美韩联盟提升到了全球战略层面。此外，美国还宣布泰国、菲律宾为美国的非北约盟国，将美泰、美菲联盟关系纳入了东南亚反恐的大框架。[③] 在此基础上，美国还从实用主义出发，为了反恐战争的需要，进一步改变传统联盟策略，根据新的利益基础和战略目标与有关国家结成"意愿联盟"。在2006年《国家安全战略》报告和《四年防务评估报告》中，美国政府对其在亚太的联盟关系都寄予了很大期望，认为，"盟国、伙伴和朋友存在的目的不再是保护特定的某个国家免受冷战的威胁，而是应对来自未来的、不受地理因素限制的非传统威胁"[④]，因此美国的联盟体系应该继续发展，确保新挑战出现时仍

① U. S. Department of Defense, "Quadrennial Defense Review Report 2006", February 2006. http: //www. globalsecurity. org/military/library/policy/dod/qdr - 2006 - report. htm.

② 李凡：《冷战后的美国和澳大利亚同盟关系》，北京：中国社会科学出版社，2010年版，第121页。

③ 李凡：《冷战后的美国和澳大利亚同盟关系》，北京：中国社会科学出版社，2010年版，第122页。

④ White House, "The National Security Strategy of the United States", March 2006. http: //nssarchive. us/? page_ id = 29.

然能够起到应有的作用。[①]

2009 年 1 月，奥巴马成为美国历史上第一位黑人总统。他上台后面临着复杂且不确定的国内外局势。在美国国内，由于 2008 年金融危机的冲击，美国经济持续低迷。在国际社会，美国急需修复因布什的单边主义政策而受损的美国形象，重塑美国的领导力。面对快速发展的世界形势，美国国务卿希拉里・克林顿在 2009 年 7 月 15 日的演讲中首次阐释了美国外交政策的转型，她说："我们的外交政策必须要反映现实情况，不能只沉浸于过去。照搬 20 世纪权力平衡战略对于今天而言毫无意义。我们不能再回到冷战的遏制战略和单边主义上去。如今，我们必须要认清两个不能被回避的事实。第一，没有哪个国家能够单独应对世界上的各种挑战。第二，几乎每个国家都在担心同样的全球性威胁，但由于历史、地理、惯性和意识形态的原因，这些国家不能将共同的关切转变为共同的行为。……为了解决这些专家所说的'集体行动困难'的问题，美国要承担起领导责任，因为缺了美国没有哪个问题能够得以解决。"[②] 为此，奥巴马政府对美国的对外政策进行了冷战以来最全面、最深刻的调整。其中，最突出的一点是放弃了布什政府奉行的"先发制人"战略。与小布什的"先发制人"战略相比，奥巴马政府在处理国际事务时更加重视多边外交，军事手段只作为外交努力失败之后的最后选择。

更为重要的是，以中国为代表的新兴国家在 21 世纪的头十年中迅速崛起，成为活跃在国际舞台上的一支重要力量，给美国的全球霸权带来了严重挑战。在"9・11"恐怖袭击案之后，美国

① U. S. Department of Defense, "Quadrennial Defense Review Report 2006", February 2006. http://www.globalsecurity.org/military/library/policy/dod/qdr-2006-report.htm.

② Remarks by Hillary Clinton at the Council on Foreign Relations, 15 July, 2009. http://www.voltairenet.org/article161197.html.

政府再次将应对新兴国家的崛起放在了国家安全战略的重要地位。美国国防部在2010年《四年防务评估报告》的前言中称："我们必须做好应对即将来临的各种安全挑战的准备，这些安全挑战既包括一些国家的军事现代化也包括非国家实体通过狡诈和破坏性的方式对美国及其盟友和伙伴发起的攻击。"① 奥巴马可谓是冷战结束后对亚太地区最为重视的美国总统，他甚至以首任美国"太平洋总统"自居。在其上任伊始，美国政府就明确宣布，美国将其全球战略重心转向亚洲，巩固和扩大美国对亚太事务的主导权。仅在奥巴马总统第一任期的4年间，他本人、副总统、国务卿、国防部长等政要就数十次走访亚太，力推美国亚太战略的调整。希拉里更是把第一次出访的目的地放在亚太地区，一改以往首访欧洲的外交传统。2014年乌克兰危机出现以后，一些人认为美国会推迟一直以来承诺的"重返亚太"的战略计划，甚至将战略重心再次转向欧洲。为此，美国国防部长哈格尔（Charles Timothy Hagel）就坚称这种情况不会发生。他说，在与俄罗斯的冲突中，美国将支持自己的北约盟友，但尚没有增加美国在欧洲驻军数量的计划。他进而又指出："我们在亚太地区部署了33万多名官兵、180艘舰船以及2000多架飞机。这是我们在世界上部署的规模最大的作战司令部。"② 这一点也可以从美国国防部发布的2014年《四年防务评估报告》中看出。在谈到地区发展趋势时，防务评估报告不仅将亚太地区置于首位，而且着墨最多。报告认为，美国国防部对"亚太再平衡"战略的核心支持就是提升美国与澳大利亚、日本、韩国、菲律宾和泰国的军事联盟以及加

① U. S. Department of Defense, "Quadrennial Defense Review Report 2010", February 2010. http://www.defense.gov/qdr/QDR%20as%20of%2029JAN10%201600.pdf.

② 美国《洛杉矶时报》网站3月30日报道："查克·哈格尔：重返亚洲仍在进行当中"，载《参考消息》，2014年3月31日，第6版。

深与新加坡、马来西亚、越南等合作伙伴的关系。[①]

在美国“亚太再平衡”战略的指导下，美国军方多次表述，美国不会因为军费削减而减少对其亚太盟友和伙伴的安全承诺，美国将进一步深化和提升在亚太的军事力量。为此，美国政府在东北亚地区继续强化军事部署，扩充军事力量，构筑反导系统，推动驻日本、韩国等地的美军重组。在东南亚地区，美国增强了在新加坡的海军驻军，加强与菲律宾、越南等国的防务合作，强势插手南海问题，并首次实现了在澳大利亚达尔文的轮换驻军。在南亚，美国将印度视为制衡中国崛起的重要伙伴，全面推进与印度的军事战略合作伙伴关系。除此以外，美国的亚太联盟体系在“亚太再平衡”战略的影响下，也呈现出了向“网络化”发展的趋势。美国一方面推进双边联盟向多边化发展，同时推进与新加坡、越南、印度等国的安全伙伴关系。当两者交织在一起的时候，就形成了一张包围中国的跨太平洋的网络。

第二节　冷战后美国亚太联盟体系演变的国家利益驱动

美国学者罗伯特·阿特指出，制定一项大战略，最要紧的工作就是确定一个国家的国家利益。国家利益一经确定，就会推动这个国家的外交政策与军事战略：国家利益决定了国家的基本方向，决定了国家资源需求的类型与数量，也决定了国家实现目标所必须遵循的资源运作方式。[②] 美国在亚太地区的联盟体系正是基于国家利益考虑而建立的。冷战之后，美国成为世界上唯一的

① U. S. Department of Defense, “Quadrennial Defense Review Report 2014”, March 2014. http: //www. defense. gov/pubs/2014_ Quadrennial_ Defense_ Review. pdf.

② ［美］罗伯特·阿特：《美国大战略》，郭树勇译，北京：北京大学出版社，2005 年版，第 56 页。

超级大国，有着其他国家望尘莫及的国家实力，其利益更是遍布全球。美国的官方文件从不讳言美国领导全球的意愿和维护美国国家利益的决心。2010 年的《国家安全战略》报告就明确指出，美国国家安全战略的核心就是重塑美国的领导力以便在 21 世纪更有效地推进美国的国家利益。[①] 1994 年发布的《国家参与和扩展安全战略》将美国的国家利益界定在三个层面之上：第一，生死攸关的利益，如领土安全。第二，重要的国家利益，如促进经济发展、开拓国外市场。第三，人道主义和其他利益，如维护人权，推进民主。[②] 2000 年《美国国家利益报告》将美国国家利益分为"生死攸关的利益"、"极为重要的利益"、"一般重要的利益"和"次要利益"。[③] 2010 年《国家安全战略》报告的第三部分将推进国家利益分为"安全"、"繁荣"、"价值观"和"国际秩序"等四小部分。美国学者罗伯特·阿特认为美国有一项生死攸关利益（本土防御）、两项高度重要利益（大国之间的和平、石油安全）、三项重要利益（国际经济开放、扩展民主、气候变化）。[④] 虽说上述官方文件和学者著述对美国国家利益的划分略有不同，但它们始终没有离开美国国家利益的三个核心要素，即：维护国家安全、促进经济繁荣和推广价值观念。美国国家安全顾问赖斯在一次演讲中就指出："最终，美国的目的是在亚洲建立一个更加稳定的安全环境、一个开放和透明的经济环境、一个尊

---

① White House, "The National Security Strategy of the United States", May 2010. http://www.whitehouse.gov/sites/default/files/rss_viewer/national_security_strategy.pdf.

② White House, "A National Security Strategy of Engagement and Enlargement", July 1994. http://nssarchive.us/NSSR/1994.pdf.

③ The Commission on America's National Interests: *America's National Interests*, July 2000. http://belfercenter.ksg.harvard.edu/files/amernatinter.pdf.

④ ［美］罗伯特·阿特：《美国大战略》，郭树勇译，北京：北京大学出版社，2005 年版，第 56—57 页。

重普世价值和自由的政治环境。实现这样的目标需要几届政府的不懈努力。近期，奥巴马总统将继续在如下四个方面为下一步的发展打下关键的基础——加强安全、扩大繁荣、增进民主价值观和促进人类尊严。”[①]由此可知，美国的亚太利益也由安全利益、经济利益和政治利益三大要素构成。在安全层面，地区热点问题、大规模杀伤性武器扩散和恐怖主义袭击仍是美国的主要威胁。在经济层面，美国作为世界第一大经济体，亚太地区经济的崛起和经济一体化进程对美国的经济繁荣有着极其重要的意义。在政治层面，通过亚太联盟扩展美式民主，扩大其在亚太地区的辐射力和影响力已经成为美国的基本战略目标。

总而言之，美国亚太联盟体系是其推行霸权战略、强权政治，维护美国国家利益的重要支点。美国国家利益的全球化致使美国不得不随着国际形势的风云变化不断调整其联盟战略。

一、安全利益驱动

就全球区域板块而言，亚太地区不仅版图最大、人口最多，而且是大国最为集中、经济最具活力、争端最为复杂的战略地区。[②] 维护美国在亚太地区的安全利益是美国历任总统在推动亚太联盟战略时最优先考虑的内容。安全问题也是冷战后美国亚太战略和联盟战略的核心议题。美国对其亚太安全利益的评估直接影响着它的亚太联盟体系的走向。冷战结束后，亚太地区经历了巨大变化，美国的亚太战略不再只是其全球遏制战略的一部分，

---

① Susan E. Rice, “America’s Future in Asia”, Washington D. C. , 21st November 2013. http: //www. voltairenet. org/article181088. html.

② 袁鹏：“寻求中美亚太良性互动”，载中国现代国际关系研究院美国研究所主编《中美亚太共处之道：中国·美国 与第三方》，北京：时事出版社，2013 年版，第 3 页。

它更多地集中到美国在这一地区的国家利益和战略关注上。中国学者吴心伯就认为，“与本地区的经济交往、前沿军事存在和双边安全同盟仍然是美国推进亚太战略的重要手段。另一方面，随着亚太地区形势的发展和变化，防止大规模杀伤性武器的扩散、打击恐怖主义、因应大国的崛起，成为了美国亚太战略的新的重要内容”。①

（一）朝鲜核问题是美国强化其东北亚联盟的重要借口

1993 年 7 月，美国总统克林顿在韩国国会发表了题为《新太平洋共同体的安全基础》的演讲，在演讲中他明确表示，美国“新太平洋共同体”战略有四个安全优先：第一是美国维持对亚太地区的军事承诺，第二便是加大努力，防止大规模杀伤性武器扩散。② 美国国防部在 2014 年发布的《四年防务评估报告》指出，“我们会继续为美国的‘亚太再平衡’战略做出贡献，亚太地区对美国的政治、经济和安全利益至关重要，我们会致力于维护该地区的繁荣与稳定。朝鲜的弹道导弹和大规模杀伤性武器计划，尤其是核计划，对美国构成了巨大的威胁，美国会努力维持朝鲜半岛的和平与安全”。③ 由此可知，在朝鲜核问题爆发以来的二十几年间，它始终是美国亚太安全战略的关注焦点。延边大学金强一教授就指出，朝鲜半岛问题不仅包括南北分裂的问题，还

---

① 吴心伯：“美国的亚太战略”，载周方银主编《大国的亚太战略》，北京：社会科学文献出版社，2013 年版，第 17 页。

② Fundamentals of Security for A New Pacific Community addressed by President Clinton before the National Assembly of the Republic of Korea, Seoul, South Korea, July 10, 1993. http://www.state.gov/1997-2001-NOPDFS/regions/eap/930710.html.

③ U.S. Department of Defense, "Quadrennial Defense Review Report 2014", March 2014. http://www.defense.gov/pubs/2014_Quadrennial_Defense_Review.pdf.

包括大规模杀伤性武器等问题。[1]

从目前状况来看，虽说朝鲜正经受着有史以来最严厉的联合国制裁，但它并没有放弃发展核武器和弹道导弹的计划。美国战略与国际研究中心在2012年8月发布的一份报告就认为，朝鲜已经生产出了足量的、用以制造核弹头的钚，其铀浓缩能力也超出了国际社会的预估。报告进一步指出，在2003年的时候，朝鲜官员就曾威胁说，朝鲜有可能向其他国家“转移”核能力。2007年9月，以色列空军袭击了一座叙利亚在建的核反应堆，美国政府认为这座反应堆正是在朝鲜的帮助之下才建立起来的。[2] 朝鲜核问题自产生以来，共发生了三次危机。前两次危机发生于20世纪90年代，第三次则出现在21世纪。[3] 1990年4月，美国根据军事卫星图片怀疑朝鲜在宁边的核基地正在研发核武器。随后，美国政府通过各种途径开始向朝鲜政府施压。1992年国际原子能机构在美国的要求之下提出要检查宁边的核设施，朝美双边开始剑拔弩张。1993年，朝鲜宣布退出《不扩散核武器条约》，美国则做好了对朝鲜核设施进行军事打击的准备。除了20世纪90年代上半期的核危机以外，在20世纪90年代后半期还爆发了有关“金仓里地下核开发”的第二场危机。2002年10月，美国再次指控朝鲜正在进行核武器开发并于当年的12月停止向朝鲜提供重油。由此，第三次朝核危机爆发。此后，朝鲜在2006年、2009年和2013年先后进行了三次核试验。与前两次危机不同的是，第三次

---

① 金强一：“解决朝鲜半岛问题的方法、视角及路径选择”，《东北亚论坛》，2012年第2期。

② Center for Strategic and International Studies, “U. S. Force Posture Strategy in the Asia Pacific Region: An Independent Assessment”, August 2012. http://csis.org/files/publication/120814_ FINAL_ PACOM_ optimized. pdf.

③ 参见李军：“中美在朝核问题上的合作及其局限性”，载中国现代国际关系研究院美国研究所主编《中美亚太共处之道：中国·美国与第三方》，北京：时事出版社，2013年版，第119页。

危机至今尚没有找到解决的途径，而且涉事各方角力不断，矛盾一时间难以调和。在此背景之下，朝鲜又分别在2016年1月6日和2016年9月9日进行了第四次和第五次核试验，这被视为朝鲜公然藐视国际社会呼声的最新表现。

朝鲜核问题与美国冷战后的安全战略有着密切的关系。它不仅为美国强化东北亚联盟体系提供了强有力的借口，还牵涉到美国防止大规模杀伤性武器在全球扩散的基本原则。冷战结束之后，美国享有其他国家不可比拟的巨大的军事优势，拥有世界上最大的核武库和最强大的常规军事力量，但即便如此，美国仍然认为其面临的威胁与冷战时期相比变得更加难以预测。这主要是因为美国政府认为大规模杀伤性武器有可能在全球范围内扩散，任何核扩散情况都将对美国构成直接的军事威胁，甚至构成美国在21世纪面临的主要威胁。[①] 此外，美国对朝鲜核问题的关注除了涉及美国安全战略的基本原则以外，还与美国对朝鲜的认知有很大的关系。美国学者亚历山大·温特就指出，500件英国核武器对美国的威胁还不如5件朝鲜核武器大。[②] 英国是美国的“天然盟友”，美国自然不会担心英国的核能力，而朝鲜在美国的眼中是“流氓国家”、“无赖国家”。在美国看来，当“流氓国家”拥有大规模杀伤性武器之后，会对美国的国家安全造成更大的伤害。为了因应这种可能出现的局面，1998年美国国会成立了以拉姆斯菲尔德为主席的弹道导弹威胁委员会。该委员会经过研究得出的结论是，伊朗、朝鲜、伊拉克等“无赖国家”有可能随时对

① ［美］阿什顿·卡特、威廉姆·佩里：《预防性防御：一项美国新安全战略》，胡利平、杨韵琴译，上海：上海人民出版社，2000年版，第15页。

② ［美］亚历山大·温特：《国际政治的社会理论》，秦亚青译，上海：上海人民出版社，2000年版，第323页。

美国发动弹道导弹袭击。[①] 因此，不让“无赖国家”拥有核武器是冷战后美国的一项关键性利益。[②]

近年来，朝鲜半岛又经历了“天安舰”事件、“延坪岛”炮击事件以及金正日突然离世等变故。这些都成为美国强化在朝鲜半岛军事威慑力的直接理由。2010 年，“天安舰”事件之后，美国立即派遣 3 艘俄亥俄级核动力潜艇至太平洋和印度洋海域，分别驻扎在日本的横须贺、韩国的釜山以及印度洋的迭戈加西亚 3 个美军基地。这种貌似针对朝鲜的军事调遣实际上也形成了针对中国的威慑。2013 年 6 月 10 日，韩国《中央日报》披露说，美国有可能在韩国部署 F－22“猛禽”战机。该报道还说，韩国京畿道平泽市将于 2015 年建成世界上最大规模的美军基地，驻扎 4.4 万美军士兵。该基地还被视为美国陆军在东北亚的“中心基地”。[③] 就在朝鲜于 2015 年 1 月进行第四次核试验之后，美国有官员就表示，美韩两国正在就部署“末段高空区域防御系统”（THAAD，萨德系统）一事进行讨论。[④] 这种非官方的说法最终在 2016 年 7 月 8 日得到了证实，该日上午美韩双方在首尔发表联合声明称，由于韩国正面临着“朝鲜的核武器及导弹威胁”，双方决定在驻韩美军基地部署“萨德”系统。这一点正如中国学者所预见的那样，“朝鲜试验氢弹给了美国推行‘亚太再平衡’战略、加快建立美韩日三角军事同盟极好的借口，美韩很可能借朝

① Context of July 15, 1998, “Rumsfeld's Ballistic Missile Committee Says Chief Threat to US Is from Iran, Iraq, and North Korea”. http://www.historycommons.org/context.jsp?item=a071598ballisticcommittee&scale=2#a071598ballisticcommittee.

② ［美］理查德·N. 哈斯：《规制主义——冷战后的美国全球新战略》，陈遥遥、荣凌译，北京：新华出版社，1999 年版，第 43 页。

③ 刘江平：“美军驻亚太兵力部署调整与朝鲜半岛局势”，载巴忠倓主编《美国战略调整与中国国家安全》，北京：时事出版社，2013 年版，第 288—289 页。

④ “美官员：萨德入韩选址调查完成”，《环球时报》，2015 年 2 月 13 日，第 3 版。

鲜试爆氢弹而重新启动在韩国部署‘萨德’反导系统问题”。[①] 必须明确的是，美国在韩国部署“萨德”系统名义上是为了遏制来自朝鲜的挑衅，实际上却以中国为潜在的遏制目标。此外，美韩两国还越来越多地针对朝鲜展开年度例常军事演习。这些都为朝鲜半岛的紧张局势增加了新的不安定因素。而每每朝鲜半岛出现紧张局面，美韩联盟、美日联盟甚至是美韩日三边关系都会得到相应的加强和提升。美韩联盟已经成为美国维护自身东北亚地区战略利益的重要手段。

（二）“9·11”事件是美国冷战后调整亚太联盟体系的重大契机

冷战结束之后，随着国际安全环境的改变，美国的安全威胁变得越来越多样化。因此，在美国的全球安全战略中，反对恐怖主义一直占有重要的地位。2001 年“9·11”恐怖袭击事件之后，反恐问题成了美国国家安全战略的核心问题。作为国家安全战略重要组成部分的亚太联盟战略自然要服务于这一核心问题。也就是说，美国的反恐战略必然会涉及到美国的联盟战略，并为该战略增加新的内容。美国 2002 年《国家安全战略》报告就指出：“美国正在全球范围内进行反恐战争。我们的敌人不是某一政权或个人，也不是某种宗教或意识形态。我们的敌人是恐怖主义——针对无辜平民的有预谋和政治意图的暴力活动。”在此背景之下，美国需要“与盟国密切协调，以便共同评估最具危险性的威胁”。[②] 美国政府随后在 2003 年又发布了《国家反恐战略》，报告指出：“我们将和所有致力于这场战争的国家合作，并且继

① 高浩荣：“朝鲜半岛局势将走向何方?”，《参考消息》，2016 年 1 月 8 日，第 11 版。

② White House, “The National Security Strategy of the United States of America”, September 2002. http://nssarchive.us/? page_ id =32&page =5.

续帮助我们的盟友和伙伴加强他们的反恐能力。”① 毋庸置疑，美国在战略判定和战略目标上所作出的任何改变都会影响其联盟关系。上述报告还指出，“9·11”恐怖袭击之后，美国从经营了50年的联盟体系中收获了巨大的回报，北大西洋公约组织和澳大利亚都快速启动了与美国的联盟条款，日本也为美国的反恐战争提供了历史性的帮助。② 此时，美国最大的担心便是恐怖主义分子得到大规模杀伤性武器。2003 年 5 月 21 日，布什总统在美国海军陆战队学院毕业典礼上发表演说时就明确指出：“我们绝不允许任何恐怖网络或恐怖国家利用大规模杀伤性武器威胁或是讹诈整个世界。”③ 在美国国务院 2005 年 4 月 27 日公布的《2004 年度各国反恐怖主义形势报告》中，朝鲜被列为支持恐怖主义的六个国家之一。报告明确指出，尽管朝鲜是六项打击恐怖主义的国际公约及议定书的签字国，但它并未采取切实措施配合打击国际恐怖主义的行动。④ 为了因应朝鲜的潜在威胁，美国进一步强化了它与日本和韩国的联盟关系，调整了驻日和驻韩美军的部署。

在反恐战争初期，尽管美国在亚太地区取得了一定的进展，但东南亚地区仍然是伊斯兰祈祷团和阿布·沙耶夫组织等恐怖主义组织活动的重要基地，对美国及其盟友的安全构成了巨大威

① White House, “National Strategy for Combating Terrorism”, February 2003. https://www. cia. gov/news – information/cia – the – war – on – terrorism/Counter_Terrorism_Strategy. pdf.

② White House, “National Strategy for Combating Terrorism”, February 2003. https: //www. cia. gov/news – information/cia – the – war – on – terrorism/Counter_ Terrorism_ Strategy. pdf.

③ George W. Bush, “Commencement Address at the United States Coast Guard Academy in New London”, Connecticut, May 21, 2003. http: //www. gpo. gov/fdsys/pkg/PPP – 2003 – book1/html/PPP – 2003 – book1 – doc – pg518 – 3. htm.

④ “2004 年度各国反恐怖主义形势报告（摘要）”，《美国参考》，2005. 04. 27. http://iipdigital. usembassy. gov/st/chinese/texttrans/2005/06/20050610140530liameruoy0. 153042. html#axzz3Rv4HrVUI.

胁。此外，东南亚各国在应对恐怖主义威胁时也面临着各式各样的困难和挑战。在菲律宾、印度尼西亚等国都存在反政府武装，这些反政府分离势力很可能成为恐怖主义滋生和扩散的“温床”。在此情况之下，美澳军事联盟在震慑和打击恐怖势力方面起到了不可替代的作用。美国就曾高度评价澳大利亚在反恐战争中的作用，《2004 年度各国反恐怖主义形势报告》评论道，澳大利亚于 2004 年继续坚持大力打击恐怖主义的立场，为此应受到特别表彰。澳大利亚政府不仅提高了本国的反恐能力，而且也为整个地区的合作以及反恐能力的提高作出了贡献。[①] 菲律宾和泰国也积极参与“9·11”事件之后的阿富汗和伊拉克战争，为美国主导的反恐战争贡献了一份自己的力量。

随着美国反恐战争的顺利开展，美国打击恐怖主义的方式也出现了一些新变化。奥巴马总统上台之后，美国开始采用“军事打击”外加“经济援助”的方式双管齐下地打击恐怖势力。此外，美国开始摒弃“反恐战争”的说法，将目标更集中地放在打击基地组织上。在军事打击的同时，美国更是着眼于运用政治、经济和社会力量消除恐怖主义产生的土壤。2011 年 6 月，美国新的《国家反恐战略》报告公布，该报告既是美国政府对过去十年的“反恐战争”的全面总结，也是美国对未来反恐形势的展望。随着恐怖主义对美国威胁程度的降低，美国的威胁评估也出现了变化。反恐不再是美国国家安全战略的决定性因素，它“仅仅是美国国家安全战略的一部分，确保国家安全利益是制定反恐战略的根本目的，但反恐不是塑造外交政策的唯一因素”。[②] 这表明美

---

① White House, “National Strategy for Combating Terrorism”, February 2003. https://www.cia.gov/news - information/cia - the - war - on - terrorism/Counter_Terrorism_Strategy. pdf.

② White House, “National Strategy for Counterterrorism”, June 2011. http://www.whitehouse.gov/sites/default/files/counterterrorism_ strategy. pdf.

国对恐怖主义的认知更加理性和务实，但无论是布什政府在反恐战争中所奉行的单边主义，还是奥巴马政府在打击恐怖主义的过程中所坚持的多管齐下的政策，其出发点都是维护美国的国家利益。

二、经济利益驱动

除了安全利益以外，经济利益是美国亚太联盟体系调整的另外一个重要动因，大力开展经济外交是美国亚太安全政策的重要补充。也可以这样讲，为了全面维护美国的亚太主导权，美国将试图在该地区打造一种新型旧金山体系。众所周知，旧金山体系是美国在冷战期间打造的多组双边军事联盟体系，即人们常说的“辐辏”结构的联盟体系。经济上的旧金山体系则指美国因应中国的崛起以及东盟一体化进程而与亚太国家签订自由贸易协定的政策。美国这样做，并非因为它在亚太地区的主导地位不够巩固，而是因为中国的崛起在一定程度上冲击了美国在这一地区的经济地位。美国担心，若任其发展会对美国的战略地位造成根本性的影响。由此，美国除了在亚太地区加强安全领域的优势以外，也开始增强自身与亚太国家的经济联系，并力图按照自己的意愿塑造区域经济合作的方式和规则。美国在亚太地区的经济利益主要表现在两方面：一是分享亚太地区经济发展的红利，进一步振兴美国经济，重塑美国全球经济领导权；二是主导亚太地区的多边经济合作机制，防止形成把美国排除在外的经济贸易集团，牵制中国在亚太地区的经济影响力。

（一）融入亚太经济，分享亚太经济发展红利

历史上的大国都是把本国的经济、政治和安全利益放在首位的。英国强权之下的世界和平和英国在全球的主导地位就是建立

在经济基础之上的。[①] 套用19世纪末英国经济学家斯坦利·杰文斯（William Stanley Jevons）的话来说："不受任何约束的贸易……已使地球上好几块地方成为了我们所盼望的进贡国。"[②] 美国也是如此，随着"世界权势东移"、"亚太成为新的世界中心"，美国迫切希望加强自己在亚太地区的经济存在感，以确保美国在地区事务中的主导地位。

近二十年，亚太经济迅猛发展，并已成为全球经济增长的主要动力。亚太经济约占全球GDP的60%和国际贸易的50%。自20世纪90年代以来，亚太地区的商品贸易增长了300%，而全球在该地区的投资则增长了400%。[③] 亚太地区不仅包括世界最重要的经济和贸易大国：美国、中国和日本，而且，韩国、印尼、越南、新加坡、马来西亚等一系列中等国家也在经历新一轮的复兴。[④] 与此形成鲜明反差的是，自2007年12月金融危机爆发以来，美国经济深受冲击，失业率在2009年曾高达10%[⑤]。虽说美国劳工局的最新数字表明2014年12月份的美国失业率已经降到了5.6%[⑥]，但美国经济复苏之路仍任重而道远。世界银行2015年《全球经济展望》就指出，全球经济还有很多不稳定不确定因

① ［美］罗伯特·吉尔平：《全球政治经济学：解读国际经济秩序》，杨宇光、杨炯译，上海：上海世纪出版集团，2006年版，第36页。

② William Stanley Jevons, *The Coal Question*, London: Macmillan, 1906, p. 411.

③ 陈淑梅、全毅："TPP、RCEP谈判与亚太经济一体化进程"，《亚太经济》，2013年第2期。

④ 袁鹏："寻求中美亚太良性互动"，载中国现代国际关系研究院美国研究所主编《中美亚太共处之道：中国·美国与第三方》，北京：时事出版社，2013年版，第5页。

⑤ Trading Economics, "United States Unemployment Rate 1948 – 2015". http://www.tradingeconomics.com/united-states/unemployment-rate.

⑥ Bureau of Labor Statistics, "Labor Force Statistics from the Current Population Survey". http://www.bls.gov/cps/.

素，发达国家仍然没有摆脱金融危机的影响，经济增长乏力，新兴国家的经济增长亦不如从前。2012—2014年间，全球贸易量以低于4%的速度增长，远远低于金融危机前7%的增长速度。① 在此背景之下，开拓亚太市场为美国重振经济提供了绝佳的机会。美国与亚太地区国家有着紧密的经贸联系。在美国排名前15的贸易伙伴中，有7个位于亚太地区，近60%的美国商品出口到亚太市场，美国企业每年向亚太地区提供3000多亿美元的商品和服务。② 因此，亚太地区在美国经济战略中有着无可取代的作用。这一点正如美国总统奥巴马在2011年11月APEC峰会上指出的那样，“亚太地区对美国的经济增长至关重要。我们把亚太地区视为美国的首要之务，这是因为没有亚太地区的繁荣，我们就无法创造更多的就业机会和商业机会，就无法发展美国的经济。我们在这一地区有很多重要的贸易伙伴，它是美国商品最大的出口目的地，我们与亚太地区的贸易量远胜于其他地区。亚太地区迅速增长的经济对于美国实现出口翻翻，创造新的就业机会而言是一个关键因素”。③ 日本、韩国、澳大利亚均是美国在亚太地区的重要盟友。它们对亚太地区的经济发展有着巨大的影响力。据世界银行提供的最新数据，2013年，日本、澳大利亚和韩国的国内生产总值在世界192个国家和地区中分别排第3位、第12位和第14位。④ 经过几十年的发展，美国与上述三国的联盟关系已经相当成熟，这种良好的联盟关系必将为美国以上述三国为依托进一

① World Bank Group, “Global Economic Prospects”, January 2015. http://www.worldbank.org/en/publication/global-economic-prospects.

② 吴心伯：“论奥巴马政府的亚太战略”，《国际问题研究》，2012年第2期。

③ Opening Remarks by President Obama at APEC Session One, November 13, 2011. http://www.whitehouse.gov/the-press-office/2011/11/13/opening-remarks-president-obama-apec-session-one.

④ The World Bank, “GDP Ranking”, 16-Dec-2014. http://data.worldbank.org.cn/data-catalog/GDP-ranking-table.

步开拓亚太市场提供更大的便利条件。美国的亚太盟国不仅仅为其搭建了良好的经济平台，在美国眼中，它们更是地区和平与稳定的重要因素。因此，加强联盟关系对于维护亚太地区的和平与稳定，进而实现美国在这一地区的政治、经济利益有着重大的现实意义。

（二）参加 TPP，主导亚太区域经济一体化进程

在亚太各国经济迅速增长之时，亚太地区的区域经济合作也在如火如荼地展开。2010 年初，中国—东盟自由贸易区正式实施，这大大加快了双边的货物与服务贸易。同年十月，中国与东盟签署《中国—东盟实现和平与繁荣战略伙伴关系行动计划(2011—2015 年)》，中国和东盟的关系发展到了新的高度。在中国—东盟自由贸易区有效实施的同时，“东盟 10 + 3”、“东盟10 + 1”、东盟地区论坛、东亚峰会等一系列以东盟为核心的东亚合作机制也在有条不紊地推进。显然，这个基本上把美国排除在外的区域一体化安排并不符合美国在亚太的战略利益和长远安排。由于美国的长期战略是防止出现一个将美国排除在外的东亚经济集团，2008 年国际金融危机之后，美国为重振实体经济和确保亚太的领导地位，不仅加入了东亚峰会，还‘借壳上市’，力图全面打造“跨太平洋伙伴关系”协定。[①] 打造以美国为主导、众多亚太国家参与的“跨太平洋伙伴关系”协议是美国对以“东盟 10 + 3”为基础的亚太经济一体化进程的回应和干涉。它对美国而言不仅有巨大的经济意义，而且有重大的政治和安全意义。它与美国的亚太安全战略形成掎角之势，共同维护美国在亚太地区的国家利益。

① 黄莺、张文宗：“中美亚太经济合作的路径选择”，载中国现代国际关系研究院主编《中美亚太共处之道：中国 · 美国与第三方》，北京：时事出版社，2013 年版，第 86 页。

“跨太平洋伙伴关系”最初名为“跨太平洋战略经济伙伴”协定，由文莱、智利、新西兰和新加坡4国在2005年6月签订并于2006年5月生效。随着美国的加入，该协议的影响力大大增加，并受到亚太各国的普遍关注。截至2015年10月5日TPP谈判结束之时，该协定共包括12个成员国，其经济总量占全球经济总量的40%。

“跨太平洋伙伴关系”是美国“亚太再平衡”战略的重要工具，其目的是参与并主导亚太地区的多边贸易合作机制。美国贸易代表办公室就明确指出，奥巴马总统的贸易议题是致力于为美国的工人、农民、牧场主和商业拓展经济机会。一个21世纪的贸易协定将会促进美国的经济发展，增加就业，推动“美国制造”出口到一些经济最有活力且增长最快的国家。作为奥巴马政府经济政策的基石，“跨太平洋伙伴关系”协定反映了美国的经济要务和价值观念。它不仅力争为美国的商品和服务提供新的市场准入机会，还会设立高标准的贸易规则并着眼于21世纪全球经济的重要问题。[①] 罗伯特·吉尔平（Robert Gilpin）就认为，国际体系中的大国在确定国际经济的目的和管理国际经济活动的基本原则方面起着重大作用。例如，冷战期间，西方世界的经济体系在美国的领导下，就是以加强安全联系对抗苏联为目的的。[②] 那么，美国力推“跨太平洋伙伴关系”协定的根本目的则是凭借该协议振兴国内经济，扩大出口市场，增加国内就业，巩固自己在亚太的经济地位，同时通过“跨太平洋伙伴关系”推行贸易谈判的“白金标准”打造“21世纪自由贸易协定的范本”，以此遏制在

---

① Office of the United States Trade Representative，“Unlocking Opportunity for Americans through trade with the Asia Pacific.” https：//ustr. gov/tpphttps：//ustr. gov/tpp.

② ［美］罗伯特·吉尔平：《全球政治经济学：解读国际经济秩序》，杨宇光、杨炯译，上海：上海世纪出版集团，2006年版，第36页。

亚太地区形成一个把美国排斥在外的经济集团，维护美国的世界领导地位。TPP 作为美国“亚太再平衡”战略的经济支柱和主要践行手段有利于美国在安全和经济两方面掌控亚太地区发展的主导权，增强亚太地区国家对美国的战略信心，加强盟国对美国的联盟依赖，遏制中国在亚太地区的崛起。

日本作为美国在亚太地区最重要的军事盟友一直主张亚太地区经济一体化，以争夺该地区的经济主导权。它在 2002 年和 2008 年分别与新加坡和越南签订了经济伙伴关系协定，并于 2008 年与东盟签订了全面经济伙伴关系协定。随后，在 2011 年又与印度签订了全面经济伙伴协定。除了双边自由贸易区协议以外，日本还积极参与到亚太地区的多边经济制度的安排当中，它在“10 +1”和“10 +3”合作机制中均扮演着重要的角色。随着中国的名义 GDP 在 2010 年超越日本，中日两国的综合国力对比发生逆转。避免东亚经济一体化进程被中国全面主导已经成为日本的迫切需求，快速推进国家“正常化”的重要性也日益显著。[①] 美国“亚太再平衡”战略的推行以及 TPP 的谈判不可能离开日本的支持。美日联盟是美国维系亚太安全体系的重要基础，它不仅对美国的亚太安全战略有着不可取代的意义，而且直接影响到美国在亚太地区的经济战略布局。美国国防部长卡特在 2015 年 4 月 8 日访问日本时就说：“作为国防部长，我深知军事实力是以经济实力为基础的。这就是为什么 TPP 对美日两国都如此重要，甚至是美国亚太再平衡战略重要组成部分的原因之一。它会增强美国以及包括日本在内的众多美国盟友和伙伴的经济实力。”[②] 为此，美

① 葛成：“跨太平洋伙伴关系协定与美日战略利益的契合及分歧”，载李向阳主编《亚太地区发展报告（2015）》，社会科学文献出版社，2015 年版，第 101 页。

② U. S. Department of Defense, “Remarks by Secretary Carter and Nakatani at a Joint Press Conference”, April 08, 2015. http://www.defense.gov/Transcripts/Transcript.aspx? TranscriptID =5613.

国在参加TPP谈判之后，就一直积极动员日本加入，以便在日后的亚太经济合作机制中占有更大的优势。在此背景一下，TPP便成了日本和美国开展战略合作的新契机，两国在亚太经贸事务中的合作日趋紧密。2015年1月25日，美日双方就宣布，日本在未来会从美国进口更多大米。作为交换，美国撤回针对出口美国市场的日本汽车的安全标准。有中国专业人士认为，美日TPP的谈判速度大大超出外界的想象，美日两国的经济规模占TPP谈判总量的80%，美日谈判成功就代表着TPP谈判完成大半。[①]

总而言之，最大程度上维护美国的经济利益是美国竭力维持霸权地位，调整亚太联盟体系的重要原因。伊曼纽尔·沃勒斯坦(Immanuel Wallerstein)从历史角度研究霸权得出的结论是霸权国在其霸权时期都奉行自由主义贸易，反对贸易保护主义。因为霸权国占有最领先的技术，所以在霸权建立和霸权上升时期，霸权国最具比较利益优势，是最具成本效益的生产国，因而也就成为国际经济体制中自由贸易的最大受惠国。[②] 亚太地区经济的发展以及区域经济一体化进程的加速使美国决策者再次看到了延长美国霸权周期的大好良机。但是，正如一位中国学者指出的那样，如果TPP最终的政治作用大于经济作用，那么从长期看，美国就不能从根本上削弱中国的经济中心地位。从这个角度来说，美国有很强的利用联盟关系影响盟国经济政策的动机。[③] 这一点正如美国新任国防部长卡特在2015年4月所讲的那样："TPP是一项具有战略意义的决议，它也许是亚太再平衡战略的最重要的组成部分之一。事实上，你们可能觉得这不应该是一位国防部长要说

① 魏建国："别寄望美国国会不批转TPP"，《环球时报》，2015年2月17日。

② 转引自秦亚青：《霸权体系与国际冲突：美国在国际武装冲突中的支持行为（1945—1988）》，上海：上海人民出版社，2008年版，第88页。

③ 吴心伯：《转型中的亚太地区秩序》，北京：时事出版社，2013年版，第95页。

的话。但是，如果从最宏观的角度看待亚太再平衡战略，TPP 对我而言就如同航母一样重要。它能够加深我们与盟友和伙伴的关系，它能够突显我们对亚太地区所作出的承诺。与此同时，通过 TPP，我们可以建立一种能够反映美国利益和价值观的全球秩序。"①

历史也能够很好地证明这一点，在美国的霸权成长之路上，政治和经济之间的互动无时无刻不出现在美国的战略调整当中。二战之后，美国先是通过马歇尔计划整合欧洲的经济，随后再对欧洲进行政治整合。美国在亚太地区强力推行 TPP 的举措就很有可能成为当年欧洲整合的翻版。若真如此，美国很可能借主导亚太经济一体化之机，在 TPP 内部实现政治一体化，进而构建一个比美国亚太联盟更为庞大的联盟体系。就目前而言，TPP 仍然是一个将中国排斥在外的自由贸易框架，由于它具有非常明确的指向性，因此，中美交锋的意味格外明显。

三、政治利益驱动

美国对其亚太联盟体系的调整不仅仅源于安全和经济方面的因素，也源于意识形态和价值观的考量。长期以来，美国一直以"亚太国家"自居并主导亚太地区事务，除了获取安全和经济利益以外，在美国决策者眼里还有着更为长远的利益考量，那就是凭借一切可以利用的方式和手段，在亚太地区推广美国式民主和价值观，力求打造西方民主政治和自由市场经济制度的大本营。美国贸易代表迈克尔·弗罗曼（Michael Froman）就曾说："目前

① U. S. Department of Defense, "Remarks on the Next Phase of the U. S. Rebalance to the Asia - Pacific (McCain Institute, Arizona State University)", April 06, 2015. http://www.defense.gov/Speeches/Speech.aspx? SpeechID = 1929.

这些（TPP）谈判的努力都致力于升级21世纪全球贸易体制的路线和规则——这不仅仅符合美国的利益，还服务于美国的价值观，这是我们发展美国经济，进而维护美国安全的核心要务。”[①] 关于这一点，罗伯特·吉尔平就指出，美国出于意识形态的、政治的和战略的动机，谋求维护自由世界经济，渴求在国外弘扬它的价值观念，建立安全的国际秩序，加强与盟国的政治联系。[②]

（一）“输出民主”是确保美国政治利益的重要手段

美国“输出民主”中的“民主”指的是“美国式民主”，因此美国“输出民主”指的是美国把自己的民主制度输出到其他国家。[③] 美国向外输出民主早在建国之初就已经开始了。当时，美国输出民主的方式主要有两种，一是在领土扩张之后直接复制美式民主；二是在殖民扩张之后，向他国输出民主。有历史学者就指出，在整个20世纪，美国有三次领导建立世界秩序的机会，第一次是在第一次世界大战之后，威尔逊（Thomas Woodrow Wilson）提出“十四点建议”，希望建立国际联盟，摒弃传统的均势和秘密军事联盟。第二次是在第二次世界大战之后，自由国际主义成为美国外交的重要支柱，罗斯福总统怀抱威尔逊自由国际主义理想，构想并筹建联合国。第三次是冷战之后，布什总统继承美国的自由国际主义传统，重塑冷战后的国际秩序。[④] 在此阶段，美国向外输出民主无论在形式上还是内容上都上升到了一个新的

---

① “Remarks by Ambassador Michael Froman at the Council on Foreign Relations: The Strategic Logic of Trade”, http://www.ids-quota.com/files/froman_council_of_foreign_relations.pdf.

② ［美］罗伯特·吉尔平:《国际关系政治经济学》，杨宇光等译，上海：上海世纪出版集团，2006年版，第84页。

③ 罗艳华:《美国输出民主的历史和现实》，北京：世界知识出版社，2009年版，第12页。

④ 李庆余等:《美国外交传统及其缔造者》，北京：商务印书馆，2010年版，第347—348页。

高度。它以强大的政治、经济和军事实力为后盾，以推广自由民主为手段，试图重塑国际秩序或特定国家的国内秩序，外交的进攻性、意识形态分量显著增加，对国际机制、多边合作的兴趣和意愿相应下降。[①]

对于美国而言，向外输出民主的根本目的是扩展美国的政治制度和价值观念，维护美国的世界霸权。威尔逊总统用一个自由国际主义者所特有的思维方式重新定义美国的国家利益，把价值观看成是国家利益不可分割的一个有机组成部分，他指望由美国按自己的模式改造旧世界，建立世界新秩序。因为在他看来，只有在一个开放、民主和和平的世界中，美国的利益和理想才能够真正得以实现。[②] 此外，早在威尔逊总统时期，民主就被看成是国际安全的一部分。冷战后美国的历届总统都无一例外地继承了上述理念。而且，由于美国有着他国无法匹敌的综合国力，在对外输出民主时极为自信和傲慢。虽然早在威尔逊总统时期民主就被认为是促进和平的重要手段，但这种理论的影响力在冷战之后才真正攀上顶峰，成为美国政府制定国家战略的重要理论依据。美国代理助理国务卿约瑟夫·云（Joseph Yun）在谈及美国“亚太再平衡”战略时就曾讲到：“尽管再平衡反映了美国政府重视在亚太地区的战略和经济参与，但维系我们整个战略的却是我们对推进民主和人权的大力支持。”[③] 在此背景之下，美国所倡导的价值观已经变成它占领全球“道德制高点”的重要利器，并成为

① 牛新春：“历史的悲剧：自由主义的困境”，《现代国际关系》，2014 年第 10 期。

② 李庆余等：《美国外交传统及其缔造者》，北京：商务印书馆，2010 年版，第 237—238 页。

③ “代理助理国务卿约瑟夫·云谈民主、人权和‘亚洲再平衡’”，《美国参考》，2013 年 3 月 20 日。http：//iipdigital. usembassy. gov/st/chinese/texttrans/2013/03/20130322144715. html#axzz3Qs9SMZyW.

维系美国同亚太盟国关系的重要基础，以及拉拢亚太新兴国家的重要手段。通过影响亚太国家的价值取向，美国可以构建一个对其更为友好的战略环境，巩固和促进美国在亚太地区的安全利益和经济利益。这一点诚如美国国务卿克里在东京工业大学演讲时所讲的那样："我们在战争的废墟上结成的现代伙伴关系历经数十年，已经发展为世界上最牢固的纽带之一。我们的联盟为亚太地区的和平、稳定与繁荣提供了保障。我们的关系是建立在共同价值观之上的全球伙伴关系，拥有强大的双边安全联盟和应对地区和全球挑战的共同方针"，"我们所有人——作为政府和作为公民——的责任，是要把这些普世价值始终摆在我们国际努力的首要位置，让它们引导所有国家的各级领导人，让它们帮助打破变革的阻力，让它们为世界各地的人民点亮灯塔。我今天恭敬地向你们所说的这些共同价值观，应该成为一个由明确规则指导的新的合作时代的基础。"①

由此可知，"推进民主"在美国国家安全战略中的地位已经得到大幅提升，甚至被当成美国"国际努力"的首要任务。克里的讲话不仅意味着美国将推进民主视为美国维护其政治利益的重要手段，还意味着美国意欲以其为基础打造"新的合作时代"。

（二）美国"输出民主"的思想渊源

冷战结束之后，美国所宣称的"邪恶"敌人土崩瓦解。于是，美国学者弗朗西斯·福山（Francis Fukuyama）就指出，冷战的结束意味着历史已经终结于自由资本主义制度，这种制度是"人类意识形态发展的终点"和"人类最后一种统治形式"。② 正

① "克里国务卿关于21世纪太平洋伙伴关系的讲话"，《美国参考》，2013年4月20日。http://iipdigital.usembassy.gov/st/chinese/texttrans/2013/04/20130419146134.html#ixzz3QxRwjEpC.

② ［美］弗朗西斯·福山：《历史的终结及最后一个人》，黄胜强、许铭原译，北京：中国社会科学出版社，2003年版，代序，第1页。

如他所宣称的那样，冷战的结束标志着自由资本主义制度的胜利。美国历史学家芭芭拉·沃德也曾指出："我相信，从长远来看，将自由社会的理想传播到全世界会令美国人民——世界上唯一将国家建立在预先构建的理念之上的人民——感到更幸福、更自由、更有创造力。"[①] 在整个冷战时期，美国民众较为积极地支持政府扛起"反共"大旗，在全球范围内组建反共联盟，这种民意倾向就与美国民众所笃信的使命感有着密切的联系。在冷战期间以及冷战结束之后，除了尼克松的外交政策以外，美国历届政府的外交政策都有着明显的使命意识和传教士心态。吉米·卡特政府把捍卫人权视为其外交政策的重要使命，里根政府又与所谓的"邪恶帝国"水火不容，老布什政府则花大力气推行国际政治新秩序。克林顿政府的对外战略将人权摆在了极为重要的位置，"民主的扩展"，即在冷战胜利的基础之上继续壮大市场民主国家的力量，成为美国在冷战之后的重要国家使命。"9·11"恐怖袭击案令志得意满的美国突然间意识到，作为世界唯一超级大国的美国并不安全。恐怖主义成为美国新的邪恶敌人，于是，美国的使命变成了打击世界范围内的恐怖主义，捍卫自由的生活方式。

基辛格在《大外交》一书中曾指出："塑造冷战后美国的世界领袖身份起源于美国一贯且历久不衰的思想传统。"[②] 这个思想传统指的就是已经融入到美国人血液中的自命的优越感和使命感。美国的开国元勋基本上也都有过类似的表述。潘恩（Thomas Paine）在一本极大地鼓舞了北美民众独立情绪的小册子——《常识》中就说："美洲的事业在很大程度上是全人类的事业。已经

① Babara Ward, "The New Year, the Decisive Year for Us", Robert A. Divine, ed., *American Foreign Policy Since 1945*, Chicago: Quadrangle Books, Inc., 1969, p. 53.

② ［美］亨利·基辛格：《大外交》，顾淑馨、林添贵译，海口：海南出版社，1997 年版，第 10 页。

和将要发生的很多事情的影响并不限于本地区，而是具有普遍性，关系到所有爱人类的人所坚守的原则，而在这一过程中，他们的爱事关重大。”[①] 杰斐逊则认为，美国是人类最好的希望。无独有偶，美国宪法制定不久，联邦国会就宣称：“美国政府的组成与世界上其他国家都不一样。它的目标是人类的幸福。”[②] 由此可知，美国人认为，美国不但是一个“完美”的国家，值得其他国家去效仿和追随，而且还肩负着为全人类谋幸福的历史使命。毋庸赘言，这种历史使命感并非是大公无私的，而是以美国的国家利益和价值观念为基础的，是美国理想的具体化表述。这正好对应了美国外交的两大传统：现实主义和理想主义。现实主义相信，美国的外交政策应建立在追求权力、繁荣和安全的基础之上。理想主义则认为，美国外交政策的目的应该是促进普遍的人类理想，尊重民主、人权和普世价值。就历史经验而言，任何国家的外交政策都有现实主义的身影，而存在于美国民族主义意识形态中的国家使命观则在世界上是独一无二的。中国历史学者王立新就指出，近代以来，欧洲诸国奉行的就是以主权至上、权力政治、均势外交为特征的现实主义外交，而以强调国际道德标准、国际法和国家组织，主张输出民主和促进人权为特征的理想主义外交主要为美国所倡导。[③]

美国外交中的这种理想主义主要源于美国的宗教传统以及作为立国基础的自由主义意识形态。美国人热衷于向外输出民主，推行和维护以自由、平等、民主为核心内容的价值观，这貌似是

---

① ［美］托马斯·潘恩：《常识》，田素雷、常凤艳译，北京：中国对外翻译出版公司，2010 年版，第 3 页。

② ［美］卡尔·戴格乐：《一个民族的足迹》，王尚胜等译，沈阳：辽宁大学出版社，1991 年版，第 511 页。

③ 王立新：《意识形态与美国外交》，北京：北京大学出版社，2007 年版，第 197—198 页。

美国为维护其国家利益而采取的“现实主义”策略，但实际上美国向外输出民主有着深厚的宗教传统，与基督教新教的教义息息相关。中国著名学者资中筠就指出：“基督教作为一种精神理想和普遍的道德标准，在潜移默化中对美国国民性的形成有深远的影响。它所宣扬的某些基本原则始终是维系美国社会的共同价值观。”[①] 正是这些建立在新教教义基础之上的价值观，维系着延续了200多年的美国社会体系，构成了美国国家和社会的本质。无论在过去还是现在，美国人都坚信上帝赋予了他们一项特殊的使命，这一使命就是将他们优越的价值观和社会制度像传教士布道一样传播到世界各个角落，并按照他们的基本理念改造这个世界。美洲殖民地开拓时期，移民始祖登上新大陆，主要出于经济原因或者宗教原因，或两者兼而有之。出于宗教原因而离开欧洲大陆的早期移民渴求宗教自由，憧憬人间的选民共同体。他们认为《圣经》是上帝为人类制定的律法，是人类的行为准则。他们信奉16世纪瑞士宗教改革家加尔文的神学学说，认为自己是上帝的“选民”，来到荆棘密布的美洲荒野是为了实践一种更好的生活方式，为人类树立一个典范，建立一个“山巅之城”，并把光明和救赎带给世界其他地区。根据加尔文的神学理论，只有“选民”才能得到上帝的恩赐，进而得到拯救。现今，作为神学理论，这条教义的影响力已不如从前，但它在心理层面的影响却是根深蒂固、久挥不去的。美国人认为，上帝的“选民”能够获得绝对的真理，从而有权干涉、影响甚至控制“非选民”的生活。这种天命思想被很多美国政治家奉为圭臬，威尔逊总统就是带着这种强烈的使命感参与国际政治的，也正是威尔逊把美国的使命

① 资中筠：《20世纪的美国》，北京：生活·读书·新知三联书店，2007年版，第31页。

思想变成了一个全球性的概念。[①] 里根总统在 1982 年的感恩节演讲中就说到："我一直认为这个神圣的国家是与众不同的，上帝将其置于两个大洋之间，以便让处在地球任何一个角落的充满信仰和信奉自由的人找到。我们的先辈恳请上帝在我们的日常生活中展现其意志，以使美国成为一个自由、公正并富有正义的国度。"[②] 冷战后，美国加快了对外输出"民主"的步伐，其原因之一就是美国人认为，上帝的"选民"有权干涉和影响"非选民"的生活。美国在冷战后发动的每一场战争，基本上都打着"推翻独裁政权"、"推进民主"的幌子。

美国的政治家和普通民众在看待诸多国内和国际问题时除了受宗教传统的影响之外，还受自由主义意识形态的影响。自由主义一直是美国居主导地位的政治信条，美国人因其所信奉的自由主义观念而团结在一起。自由作为美国居主导地位的政治传统这一说法最早源自于托克维尔的《论美国的民主》。在该书中，他讲道："美国人所占的最大便宜，在于他们是没有经过民主革命而建立民主制度的，以及他们是生下来就平等而不是后来才变成平等的。"[③] 路易斯·哈茨（Louis Hartz）进一步拓展了托克维尔的思想，他认为通过对美国历史与欧洲政治历史的比较，自由主义是美国历史上唯一占主导地位的政治思想传统。[④] 托克维尔和哈茨阐释的这些思想被称为"托克维尔—哈茨命题"，并被学界广泛接受。

---

① 王立新：《意识形态与美国外交》，北京：北京大学出版社，2007 年版，第 143 页。

② "Proclamation 4979 – Thanksgiving Day, 1982" by President Ronald Reagan. http://www.presidency.ucsb.edu/ws/index.php? pid=43059.

③ ［法］托克维尔：《论美国的民主》上卷，董果良译，北京：商务印书馆，1988 年版，第 52 页。

④ ［美］路易斯·哈茨：《美国的自由传统》，张敏谦译，北京：中国社会科学出版社，2003 年版，第 3 页。

自由主义作为一个有着丰富内涵和历史渊源的政治哲学概念，对其下定义是一件非常困难的事情。在西方政治思想史上，自由主义和保守主义的关系就十分复杂。由于历史文化传统的差异，这两个政治哲学概念在美国和欧洲有着截然不同甚至相反的含义。实际上，自由主义并不是一套一成不变的教条。如果套用西方学者流行的说法来表达的话，西方现代实际上只有一种意识形态，那就是自由主义。保守主义在本质上是要“保守”自由主义的成果，而激进主义则企图以激进的方式实现极端化的自由主义原则。[①] 不过，所有的自由主义者都必须首先认同个人自由和个人选择。被誉为美国二战后最优秀记者的汤姆·威克（Tom Wicker）在谈论哈茨的时候曾说：“多年在哈佛大学任政府学教授的已故的哈茨博士，探究的是源于欧洲较早并更具普遍性的意思：他所谓的自由派——‘美国民主主义者’——是信仰个体自由、平等以及资本主义的人，是视个人的成功与失败取决于自身努力与能力，并认为人类市场活动是检验这一努力和能力的适当场所的人。”[②] 众所周知，美国社会是一个多元化社会，不同流派的思想和信仰在这里交织、碰撞。即便如此，从霍布斯（Thomas Hobbes）、洛克（John Locke）到现代的自由主义者，无不坚持个人主义的立场，坚持个人至上的观点。他们往往强调个人的价值，并把个人自由置于其他价值之上。尽管自由主义没有经典的概念和描述，但作为美国的传统思想，它由一系列实践目标和理念构成，如天赋人权、个人自由、政治参与、机会平等、私人财产权等。这些恰恰构成了在美国居主导地位，而且被各个阶层普遍接受和认可的价值规范。自由主义意识形态直接决定了美国如

---

① 李强：《自由主义》，北京：中国社会科学出版社，1998 年版，第 4 页。

② ［美］路易斯·哈茨：《美国的自由传统》，张敏谦译，北京：中国社会科学出版社，2003 年版，1991 年版引言。

何看待这个世界，对美国国家安全战略的制定和实施有着重大的影响力。

（三）美国自由主义意识形态与美国国家安全观

美国总统奥巴马在2009年的就职演说中讲道："我们仍是一个年轻的国家，但用圣经的话说，现在是抛弃幼稚的时候了。现在应是我们让永恒的精神发扬光大的时候，应是选择创造更佳历史业绩的时候，应是将代代相传的宝贵财富、崇高理想向前发展的时候：上帝赋予所有人平等、所有人自由和所有人充分追求幸福的机会。……至于我们的共同防御，我们绝不接受安全与理念不可两全的荒谬论点。建国先贤面对我们难以想见的险恶局面，起草了一部保障法治和人权的宪章，一部子孙后代以自己的鲜血使之更加完美的宪章。今天，这些理念仍然照耀着世界，我们不会为一时之利而弃之。因此，对于今天正在观看此情此景的其他各国人民和政府——从最繁华的首都到我父亲出生的小村庄——我们希望他们了解：凡追求和平与尊严的国家以及每一位男人、妇女和儿童，美国是你们的朋友。我们已经做好准备，再一次走在前面。"① 奥巴马的演讲体现了美国政治家的一贯思维，即美国在考虑对外关系时宗教传统以及普世主义的价值观和使命感有着无可取代的地位。从学者的角度，弗朗西斯·福山说："对美国人而言，他们的《独立宣言》和《宪法》都不只是北美大陆法律和政治秩序的基石，也是放之四海而皆准的价值观，对美国边界以外的人类而言也具有意义。当年里根总统多次引用约翰·温斯罗普州长的名言，把美国称为一座'山巅上的光辉之城'，曾引起了许多美国人的共鸣。这种感觉不时地导致美国人产生一种自

① "奥巴马总统就职演说全文"，《美国参考》，2009年1月20日。http://iipdigital.usembassy.gov/st/chinese/publication/2009/01/20090120132232abretnuh0.422497.html#axzz3RUFwKDkL.

身的国家利益与整个世界更大的利益混为一谈这一典型的美国倾向。”[①] 由此可知，宗教传统和自由主义意识形态塑造了美国人对国家利益和国家安全的认知。而国家利益和国家安全恰恰是国家战略的核心概念。有中国学者指出，所谓国家安全战略，就是运用各种可能的资源把自己的国家利益最大化。[②] 毋庸置疑，很多国家都将意识形态视为国家利益的组成部分，甚至是核心部分，这一点并不是美国所特有的。然而，源自于基督教教义和自由主义的具有普世主义色彩的价值观和使命感却把美国人对于意识形态的执著推高到了极致。对于这个多元国度而言，多种族、多文化的社会特征很难使其利用族群和文化特性维系国家的团结，自由的理念便成了美国独具特色的国家身份和社会“黏合剂”。对于大多数国家而言，国家的兴衰存亡有赖于国土的完整、主权的独立、人民的安康。但对于美国而言，除了这些基本要素之外，自由思想的生命力同样事关美国国运。正如奥巴马总统在就职演说中所指出的那样，美国绝不接受“安全”和“理念”不能两全的谬论。实际上，“理念”已经成为“安全”的一部分，自由的思想受到了威胁就等于美国的国家安全受到了威胁。中国历史学者王立新认为，美国很少从狭隘的地缘政治和经济的角度来界定其国家安全，维护自由的生存和美国的生活方式一直是美国国家安全不可缺少的一部分。[③] 由此，美国的国家安全可以从两个维度来理解。一是，在宗教使命感和自由主义意识形态之下，美国的国家安全依赖于将美国式民主输送至世界各地，在“理念”层

---

① ［美］弗朗西斯·福山：《国家建构：21世纪的国家治理与世界秩序》，黄胜强等译，北京：中国社会科学出版社，2007年版，第108—109页。

② 周建明：《美国国家安全战略的基本逻辑》，北京：社会科学文献出版社，2009年版，第60页。

③ 王立新：《意识形态与美国外交政策》，北京：北京大学出版社，2007年版，第201页。

面征服整个世界。另一个则是在现实主义之下，美国的国家安全取决于美国利用其巨大的政治、经济和军事优势实现美国物质利益的最大化。

美国不仅把自由主义意识形态和民主制度视为国家安全的重要组成部分，更为重要的是美国希望按照自由主义国际思想构建新的国际秩序。很多美国政治家认为美国不能在世界上“孤立”地存在，美国的安全与国际秩序密不可分，只有按照美国自由主义“图纸”所构建的国际秩序才能真正保障美国的国家利益。换句话讲，在美国决策者眼里，在国际社会中，民主国家越多时，美国的国家安全所受到的威胁就越少。

美国强调在普遍价值观基础之上构建国际秩序，只有当美国式民主扩展到全世界时世界才能实现持久和平。在美国看来，民主是促进和平的重要手段，民主国家之间更倾向于维持和平的关系。这就是著名的“民主和平论”的核心议题，是美国在冷战后输出民主的重要理论源头，亦是冷战后美国历届政府制定国家安全战略的重要理论依据。美国学者斯帕尼尔（John Spanier）就指出：“不民主的国家生性好战并且邪恶；而民主国家是和平的、有道德的，这种国家受人民的监督并定期更换他们的领袖。”① 进而，一些美国学者强调：“民主国家之间绝不开战的理念，对许多学者而言已经成为一种公理。……克林顿总统在1994年国情咨文中就阐释了他为何把推进民主作为其外交政策支柱的原因。”② 其实，克林顿总统早在1993的联合国大会上就把民主和平论作为其演讲的重要话题之一。他说：“民主国家之间很少出现战争。

① ［美］约翰·斯帕尼尔：《第二次世界大战后美国的外交政策》，段若石译，北京：商务印书馆，1992年版，第11页。

② E·Mansfield and J·Snyder, Democratization and War, *Foreign Affairs*, May-June 1995, p.79.

它们是贸易、外交和全球治理中更可信赖的伙伴。”[①] 奥巴马总统在2015年《国家安全战略》报告中传承了美国冷战后历届总统有关民主的论调，他说：“为了有效地领导一个正在发生政治剧变的世界，美国需要在国外继续推广普世价值。”[②] 在国外推广民主的策略既符合美国的基本价值理念，又可以促进美国的国家利益，是美国外交传统中理想主义和现实主义的完美结合。冷战结束以后，美国官学两界的一个基本共识是：美国的国家安全不仅建立在强大的经济和军事基础之上，更是建立在美国的意识形态基础之上。美国通过输出民主在强化其亚太联盟关系的同时，更是将一批民主国家招至自己的麾下。有中国学者就指出，美国输出民主，倡导自由主义国际秩序的目的是通过一种既符合美国价值观与理想，又能满足美国国内经济、政治和文化需要的方式来重组国际事务以促进美国的安全和利益。[③]

第三节　冷战后美国亚太联盟体系演变的中国因素影响

随着全球地缘政治和经济中心的东移，亚太地区已经成为全球的焦点。英国智库国际战略研究所在2015年2月11日发布的《2015军事平衡》年度报告中就声称：“中国和其他亚洲国家的经济和军事力量会持续增长。这是一种长久的战略趋势，在可预

① Remarks to the 48th Session of the United Nations General Assembly in New York City, September 27, 1993. http://www.presidency.ucsb.edu/ws/index.php?pid=47119.

② White House, “The National Security Strategy of the United States of America”, February 2015. http://www.whitehouse.gov/sites/default/files/docs/2015_national_security_strategy_2.pdf.

③ 王立新：《意识形态与美国外交政策》，北京：北京大学出版社，2007年版，第225页。

见的将来不会改变。……在2010—2014年间，亚洲的防务开支大概增加了27%。防务开支最大的国家依然是中国。2010年，中国占亚洲整体防务开支的28%，而在2014年该比例则上升到了38%左右。"[①] 在此情况之下，美国必然会继续推进它的"亚太再平衡"战略，大幅度介入亚太事务，加强与亚太盟国的安全关系，以"遏制"中国在亚太地区逐渐上升的影响力。

一、美国对中国亚太角色的认知

鉴于中国的综合国力不断提升，国际和区域影响力显著提高，如何看待中国在亚太地区所扮演的角色，如何评估中国在亚太地区的作用和影响力，在很大程度上决定着美国的亚太战略和联盟政策。就目前而言，对于中国的亚太角色，美国的矛盾心态非常明显。一方面，美国尚能理性地接受中国的经济发展，以及由经济发展而带来的国力提升，并强调中美两国在亚太地区有很强的利益互补性和合作空间。另一方面，美国又深深地感受到中国在亚太地区影响力的上升对美国既有优势造成的巨大挑战，并认为中国在实力增长之后会将美国的影响力挤出亚太地区。

（一）中美之间存在广泛的合作领域

在2005年7月，美国负责东亚和太平洋事务的助理国务卿克里斯托弗·希尔（Christopher R. Hill）在美国参议院外交关系委员会举行的有关中国崛起的听证会上就认为，中国在亚太地区以及整个发展中世界的影响力的大幅提升是中国经济发展的一个符合逻辑的结果，美国不会将中美关系视为一种零和游戏。同样，

① The International Institute for Strategic Studies: *The Military Balance 2015*. https://www.iiss.org/en/publications/military%20balance/issues/the-military-balance-2015-5ea6.

中国也不会将美国在亚太地区谋求自身利益的行为视为一种威胁。中国十分清楚，美国是亚太国家中的一员，其他亚太国家（包括中国在内）有赖于美国的市场、投资、技术以及开放并富有活力的社会。冷战结束60年来，亚太国家一直将地区的和平与稳定寄希望于美国在该地区的军事存在。在处理地区事务上，美中两国的方式在很多情况下彼此互补。希尔进一步指出，美中两国在很多重要议题上还存在分歧，这些分歧必须以符合美国价值观和国家利益的方式小心处理。希尔最后强调说，美国处理与中国的关系需要正确评估双方的共同利益以及通过对话解决双方的分歧。[①] 正如希尔所言，中国的世界影响力与中国的经济发展紧密相关。中国经过改革开放以来30多年的建设，经济规模已经在2010年升至世界第二位，仅次于美国，并成为世界经济增长的重要引擎。中美两国作为世界上第二大和第一大经济体，在全球化的背景之下，任何零和游戏对两国的伤害都是不言而喻的。奥巴马政府负责东亚和太平洋事务的助理国务卿丹尼尔·拉塞尔（Daniel Russell）也坚持希尔所持有的观点，他说："有些人认为，在中美两国之间一定会出现冷战式敌对，为了争夺霸权，中美两国即使不发生冲突，也会出现零和式竞争。我不同意这种机械性思维。……它偏离了一个基本事实，即我们两国的经济密切相连，任何一方的成功都与另一方息息相关。"[②] 美国参议院外交关系委员会主席罗伯特·梅南德斯（Robert Menendez）于2014年

① Christopher R. Hill："Emergence of China in the Asia - Pacific：Economic and Security Consequences for the U. S. "，Testimony before the Senate Foreign Relations Committee，Subcommittee on East Asian and Pacific AffairsWashington，D. C.，June 7，2005. http：//2001 -2009. state. gov/p/eap/rls/rm/2005/47334. htm.

② Daniel Russel：" The Future of U. S. - China Relations"，Testimony Before the Senate Foreign Relations Committee，Washington D. C.，June 25，2014. http：//www. foreign. senate. gov/imo/media/doc/Russel_ Testimony2. pdf.

6月在谈及中美两国经济合作时指出："美国在过去四年间对中国的出口增加了将近400亿美元，从670亿美元增加到了1060亿美元。美国对华出口创造和维持了数以百万计的工作岗位……这足以说明美中两国合作的巨大潜力。"① 中国知名学者时殷弘也有类似的判断，他说："近两年来，美国政府的许多对华言行显示，它已开始倾向于在中国持续和平发展的前提下，接受或多少无可奈何地迁就中国的发展。与此相关，它在继续对华军事防范和政治指责、增进贸易保护主义压力以及尝试加强对华外交竞争的同时，致力于增大和拓宽对华协商和协调，并且将此置于对外和对华政策议程中的更显要的位置。"②

（二）中美两国间存在战略竞争关系

冷战结束之后，虽说出现了新兴国家的崛起，美国仍然是唯一一个具有全球影响力的国家，以美国为首的西方阵营仍然占据优势地位。随着中国经济、社会和军事的迅猛发展，美国对中国的猜忌自然也会增大。中国的现代化可能是人类历史上最大规模的现代化。在中国现代化进程开始以前，西方最大规模的工业化和城市化是美国19世纪70年代到20世纪20年代的现代化，那时美国的人口只有1亿。拥有13亿人口的中国推行现代化，并且速度如此之快，对世界的冲击一定是史无前例的。③ 此外，中国

① Chairman Menendez's Opening Remarks at Hearing on the Future of U. S. – China Relations, Wednesday, June 25, 2014. http://www.foreign.senate.gov/press/chair/release/chairman – menendezs – opening – remarks – at – hearing – on – the – future – of – us – china – relations.

② 时殷弘：《中国的和平发展和中美关系的战略形势及挑战》，载黄大慧主编《变化中的东亚和美国：东亚的崛起及其秩序建构》，北京：社会科学文献出版社，2010年版，第67页。

③ 金灿荣：《东北亚安全合作的背景变化》，载黄大慧主编《变化中的东亚和美国：东亚的崛起及其秩序建构》，北京：社会科学文献出版社，2010年版，第26页。

与美国有着不同的政治制度、价值观念和社会体系。在政治上，中国坚持走中国共产党领导下的社会主义道路。在经济上，中国是世界第二大经济体。在军事上，中国致力于实现军事现代化。在国际舞台上，就一些重大问题，中国与美国有着不同的立场。由此，在一些美国政界和学界的人看来，中国是一个性质难以确定、与美国格格不入的国家。因此，为了防患于未然，美国必须要把中国视为战略对手。小布什政府时期的国务卿康多莉扎·赖斯在《外交事务》杂志上发表文章称，“中国仍然是亚太稳定的潜在威胁。它的军事力量现在还不能与美国相匹敌，但这种情况不会持续下去。……中国憎恶美国在亚太地区所扮演的角色。这意味着中国不是一个‘安分守已’的国家，它为了自身的利益将会改变亚洲的权力平衡。单凭这一点，中国就是一个战略竞争者，而不是克林顿政府所说的‘战略伙伴’”。[①] 进攻性现实主义者的代表人物米尔斯海默认为，国际政治从来就是一项残酷而危险的交易，而且可能永远如此。虽然大国竞争的激烈度时有消长，但它们总是提防对方，彼此争夺权力。每个国家压倒一切的目标是最大化地占有世界权力，这意味着一国获得权力是以牺牲他国为代价的。然而，大国不只是为了争当大国中的强中之强，尽管这是受欢迎的结果，它们的最终目标是成为霸王，即体系中唯一的大国。[②] 依照米尔斯海默的看法，中美两国是亚太地区最有影响力的国家，该地区又牵涉到两国的核心战略利益，因此，中美之间在亚太地区形成战略竞争态势在所难免。此外，中美两国间长期存在的“结构性矛盾”依然没有消失。中国对美贸易的

---

① Condoleezza Rice：“Campaign 2000：Promoting the National Interest”，*Foreign Affairs*，January/February 2000. p. 45. http：//www. foreignaffairs. com/articles/55630/condoleezza – rice/campaign – 2000 – promoting – the – national – interest.

② ［美］约翰·米尔斯海默：《大国政治的悲剧》，王义桅、唐小松译，上海：上海世纪出版集团，2008 年版，第 2 页。

巨额顺差一直是美国国内政治的热点议题；中国的军事现代化一直是美国的心头大患；中国日益扩大的国际影响力又一直令美国各界忧心忡忡。在此情况之下，美国的军事战略家和保守派人士将中国视为战略对手也就成为了一件令人不难理解的事情。对此，美国“知华派”学者也对目前中美关系的走向“深表忧虑”。美国约翰·霍普金斯大学教授兰普顿（David Lampton）表示：“尽管美中关系的根基还没有坍塌，但是美国的政策制定精英日益倾向于将中国视为美国全球主导权的威胁。”①

2015年2月发布的美国《国家安全战略》报告就很好地概括了美国的这种矛盾心态。报告说：“我们寻求与中国发展一种建设性关系，这种关系有利于两国人民，有利于促进亚洲以及世界的安全和繁荣。为了应对地区和全球挑战，我们寻求与中国开展合作，处理气候变化、公共卫生、经济增长和朝鲜半岛无核化问题。虽说中美两国之间存在竞争，但我们不认为竞争必然会导致冲突。与此同时，我们会力促中国在海上安全、贸易和人权问题上遵守国际规范。我们会密切监视中国的军事现代化以及中国在亚洲正在扩大的军事存在。同时，我们也寻求降低误解和误判的可能性。就网络安全问题，我们将采取必要的措施保护美国的商业和网络系统，以防止由个人或中国政府实施的商业窃密行为。”②

也有中国学者认为，目前，中美在这一地区依然存在合作与竞争并存的复杂局面。在经济上，双方既融合又竞争；在安全上，双方既防范又借重；在政治上，双方既协调又疑虑。但亚太地区广大的地域和复杂的事物为中美两个大国发挥影响力留下了

① “美对华猜疑有加重之势”，《环球时报》，2015年5月13日，第1版。

② White House, “The National Security Strategy of the United States of America”, February 2015. http://www.whitehouse.gov/sites/default/files/docs/2015_national_security_strategy_2.pdf.

空间。[①]

二、美国对中国崛起的战略考量

早在小布什2006年的《四年防务评估》报告中，中国就被视为美国“最大的潜在对手”。[②] 美国战略与国际问题研究中心在2012年撰写了一份名为《亚太地区美军态势战略》的报告，报告就指出：“中国逐步增加的军费开支、日渐提升的军事能力以及在处理南海和东海领土争端时的武断行为对美国及其盟友构成了潜在的军事威胁。”[③] 由此，因应中国的崛起，维护和扩大在亚太地区的存在便成了美国政府的一项重要任务，而这其中又以提升美国在亚太地区的军事能力和安全存在为主要内容。中国的崛起不仅仅是美国决策者关心的事情，世界各大金融机构也纷纷预测中国崛起的速度。依据世界银行国际比较项目在2014年4月30日发布的最新数据，按照购买力平价计算，中国的经济规模在2011年的时候就已经达到美国的87%。考虑到中国在2011年之后的经济增长，到2014年底，中国的经济总量就很有可能超过美国。[④] 摩根大通集团（JP Morgan）在比较中美两国经济规模时更

① 王缉思、倪峰、余万里：《美国在东亚的作用——观点·政策及影响》，北京：时事出版社，2008年版，第41—43页。

② U. S. Department of Defense, “Quadrennial Defense Review Report 2006”, February 2006. http://www.defense.gov/qdr/report/Report20060203.pdf.

③ Center for Strategic and International Studies, “U. S. Force Posture Strategy in the Asia Pacific Region: An Independent Assessment” http://csis.org/files/publication/120814_FINAL_PACOM_optimized.pdf.

④ World Bank: “Purchasing Power Parities and Real Expenditures of World Economies: Summary of Results and Findings of the 2011 International Comparison Program”, 2014. http://siteresources.worldbank.org/ICPINT/Resources/270056-1183395201801/Summary-of-Results-and-Findings-of-the-2011-International-Comparison-Program.pdf.

加看重美元市场汇率这一因素。按此计算，美国第一大经济体的地位会维持到2024年，届时美国将会被中国超越。① 无论采用何种计算方法，得出何种结论，各大金融机构在一点上是一致的，即按现有的发展趋势，中国必将在未来的某一个“节点”上超越美国，成为世界第一大经济体。正如一位中国学者所言：“中国正逐渐获得东亚地区经济中心的地位。如果现有趋势不发生改变，中国的本地区的经济中心地位在未来一个时期将进一步得到巩固。”②

如上所述，近十年来，中国的经济发展十分迅猛，经济总量和军事实力已今非昔比，这令美国及其亚太盟友深感意外，因此在政治、经济和军事等各方面产生了一种强烈的不安全感。美国国防部2014年《四年防务评估报告》就说：“中国的军事现代化正在全面迅速地展开，而中国领导人对其军事能力和军事意图却缺乏相应的透明度和开放性。”③ 早在2005年7月，美国负责东亚和太平洋事务的助理国务卿克里斯托弗·希尔，在美国参议院外交关系委员会举行的有关中国崛起的听证会上指出，应对中国的崛起——中国经济和政治的发展，中国融入有一定之规的国际秩序，中国逐步成为亚太地区的军事强国——将是美国及其盟友在未来25年或更长时间内面对的主要挑战和重要机遇。在过去30年中，七届美国政府都努力将中国和中国人民融入国际社会。现在，美国所面临的关键问题是一个与国际社会更加融合、更加

① Bloomberg Business，“China Set to Overtake U. S. as Biggest Economy in PPP Measure”，May 1，2014. http：//www. bloomberg. com/news/articles/2014 – 04 – 30/china – set – to – overtake – u – s – as – biggest – economy – using – ppp – measure.

② 周方银：“中国崛起、东亚格局变迁与东亚秩序的发展方向”，《当代亚太》，2012年第5期。

③ U. S. Department of Defense，“Quadrennial Defense Review Report 2014”，March 2014. http：//www. defense. gov/pubs/2014_ Quadrennial_ Defense_ Review. pdf.

强大的中国如何发挥自身的影响力，以及在其发挥影响力的同时又能否与美国及其盟友合拍。美国乐于看到一个自信、和平和繁荣的中国，并将中国视为美国的全球伙伴，但中国必须在国力增长的同时承担更多的国际义务。[①] 美国参议院外交关系委员会主席罗伯特·梅南德斯则强调了中国“好战”的一面。他于2014年6月在名为“美中两国关系的未来”的听证会上就说：“毫无疑问，美国最大的外交挑战之一就是正确处理与中国的关系以及‘亚太再平衡’战略。”他进一步指出：“令我们感到担忧的是，我们看到了一个在处理海洋争端时越来越有挑衅性的中国，它在东海和南海恐吓和威胁邻国并试图以武力解决领土和地区争端。”他进而向参加听证会的人员提出了一个问题：“在中国崛起的背景之下，我们怎样才能确保我们的盟友和伙伴拥有（应对中国的）足够资源？怎样做才能与中国一起通过战略与经济对话等机制确保美中之间的分歧不会导致冲突？”[②] 梅南德斯的这个问题恰恰体现了冷战以来美国对华政策的两种基本逻辑：遏制和接触。自冷战结束以来，对华政策问题一直是美国政界和学界最有争议的话题之一。主张遏制中国的人认为，美国最大的安全利益是防止在欧亚大陆上出现任何一个足以威胁美国利益的挑战者，而中国是世界上最具有这方面潜力的国家。为阻止中国的崛起，美国应该奉行对华遏制政策。然而，支持接触政策的人则认为，美国应该与中国保持经济和战略上的密切接触，把中国融入国际社会

① Christopher R. Hill: “Emergence of China in the Asia – Pacific: Economic and Security Consequences for the U. S. ”, Testimony before the Senate Foreign Relations Committee, Subcommittee on East Asian and Pacific AffairsWashington, DC. , June 7, 2005. http: //2001 – 2009. state. gov/p/eap/rls/rm/2005/47334. htm.

② Chairman Menendez’s Opening Remarks at Hearing on the Future of U. S. – China Relations, Wednesday, June 25, 2014. http: //www. foreign. senate. gov/press/chair/release/chairman – menendezs – opening – remarks – at – hearing – on – the – future – of – us – china – relations.

再逐步改造中国。事实上，“遏制”和“接触”在冷战后的美国对华政策中一直并存，美国的对华政策也一直在“遏制”和“接触”两种政策之间摇摆。自上个世纪 90 年代以来，美国政府一直奉行与中国开展“全面接触”的官方立场，在公开的官方文件中并没有“遏制中国”的赤裸说法。但是，在与中国进行全面接触，将中国融入国际社会的同时，美国政府并没有放弃“遏制”中国的努力。无论美国政府采取哪种对华政策，其目标始终是明确的，那就是通过各种手段遏制中国崛起的势头，把中国的发展纳入美国的战略轨道，以确保美国的国家利益和全球霸权。美国的“亚太再平衡”战略以及不断强化的亚太军事联盟关系就是其中最重要的表现。

第五章

冷战后美国亚太联盟体系的影响评估与发展趋势

20世纪60年代，罗伯特·奥斯古特曾经谈到联盟的功能和作用，它认为作为一种安全战略，国家一般希望通过缔结和维持联盟而达到下列的目标：一是增强本国的力量；二是加强内部的安全；三是约束盟国；四是影响国际秩序。[①] 其中，第一项是一个国家建立联盟的最初级、最基本的目标。联盟对一个国家，尤其是对“盟主”而言是最佳的“权利倍增器”，它意味着一个国家在战前和战中可以依靠盟国调动更多的资源以便对敌国形成有效的威慑和打击，从而维护本国的安全。美国学者帕特里夏·韦茨曼曾说道：“联盟在传统上被视为国家增强自身实力的工具。依据这一说法，整合盟友的力量为己所用就构成了一个国家建立联盟的目标。”[②] 第二项对联盟中的小国和弱国尤其重要，因为在危急时刻，这些国家的政权可以“背靠大树好乘凉”，依靠联盟获取更多的政权稳定性。第三项功能对“盟主”而言更为重要。一方面，对盟友的约束可以起到更好的协调作用，避免盟友之间

① Robert E. Osgood, *Alliance and American Foreign Policy*. Baltimore: Johns Hopkins University Press, 1968. pp. 21 – 22.

② Patricia A. Weitsman, *Dangerous Alliances: Proponents of Peace, Weapons of War*, California: Stanford University Press, 2004, p. 1.

出现伤害彼此利益和安全的行为。这一点对美国的亚太联盟而言有着巨大的现实意义，如何协调在历史和领土问题上存在争端的日、韩两国关系就事关美国亚太联盟的持续性和稳定性；另一方面，通过约束盟友的危险行为，盟主可以避免被卷入对盟主利益有害的非重大利益的冲突当中。第四项是联盟要达到的最高目标。就美国的亚太联盟体系而言，它是美国在冷战期间和冷战后塑造以美国为主导的亚太霸权秩序的重要工具，亦是美国在全球维系其霸权地位的重要一环。

第一节　冷战后美国亚太联盟体系与美国的霸权护持

随着冷战的结束，美国成为了世界上唯一的“超级大国”，没有任何一个国家或国家集团有能力与美国在世界上“分庭抗礼”。在失去“共同威胁”的前提之下，美国还有没有必要在亚太地区继续维系庞大的联盟体系，遵守对盟国的诺言。针对这一问题，尽管在美国国内外有着不同的声音，但作为冷战后实力超群的全球“霸主”，美国的根本利益和战略目标不会随着冷战的结束而改变。也就是说，美国维护其全球霸权，防范任何潜在的挑战者，努力延长其霸权周期的战略目标不会改变。对所有国家而言，军事手段都是实现国家安全战略目标最直接和最有效的方式，而美国恰恰拥有他国所不具备的最重要、最显赫的战略资产——军事优势。由此，作为美国军事优势重要体现的联盟体系在美国霸权护持当中的重要性就不言而喻了。美国学者迈克尔·马斯坦杜诺（Michael Mastanuno）指出，在霸权秩序中，处于领导地位的国家必须要有追随者，这些追随者越是愿意承认霸权秩序的合法性，越是与霸权国拥有共同的价值观念和目标，这种秩序持续的时间就越长。[1] 伊肯伯里（John Ikenberry）曾指出："霸权国的权力能力确保了规则、权利的确立与维系。而霸权所拥有的权力能力——包括军事实力、金融资本、市场占有率、技术等——最终确保了其他国家参与和遵从该秩序。"[2] 与学者的观点相应和，美国在冷战结束后因应世界局势的变化，不遗余力地推行"亚太再平衡"战略，调整亚太军事部署，强化亚太联盟，拉拢新兴国家，推动将中国排除在外的"跨太平洋伙伴关系"。上述种种举动的最终目的就是要维持美国在亚太地区的霸权地位，主导冷战后的世界新秩序，将世界新兴力量中心纳入美国的战略轨道。

一、美国亚太联盟体系有助于维持美国亚太地缘战略优势

一个地区的地缘状况和宏观地理环境直接影响相关国家对自身利益的判定以及区域内外国家间的关系。维持美国在全球的霸主地位，确保美国在政治、经济、安全等方面的主导权，始终是美国国家安全战略的核心目标。美国所有的战略举措，包括美国的联盟战略，都是为这一目标服务的。美国的亚太联盟正是美国维持其亚太地缘战略优势、实现其安全战略目标的重要保障。

美国著名战略理论家、地缘政治学家布热津斯基认为，欧亚大陆是美国最重要的地缘战略目标。美国能否在欧亚大陆持久、

① ［美］迈克尔·马斯坦杜诺：《不完全霸权与亚太安全秩序》，载［美］约翰·伊肯伯里主编《美国无敌：均势的未来》，韩召颖译，北京：北京大学出版社，2005 年版，第 184 页。

② ［美］约翰·伊肯伯里：《大战胜利之后：制度、战略约束与战后秩序重建》，门洪华译，北京：北京大学出版社，2008 年版，第 24 页。

有效地保持举足轻重的地位直接影响美国对全球事务的支配。[①] 对欧亚大陆地缘战略地位的关注始自麦金德（Halford J. Mackinder），麦金德的地缘政治观集中体现在他于1904年提出并随后经过两次修改的"心脏地带"理论中。他认为，欧亚大陆是世界上最有权力潜质的区域，对欧亚大陆中心地带，即所谓的"心脏地带"的控制是统治欧亚大陆的关键。此后，随着德国在中东欧的兴起，麦金德又将东欧看成是控制"心脏地带"的关键，将欧亚大陆视为"世界岛"。由此，便有了著名的麦金德三段警言：谁统治了东欧谁就可以控制"心脏地带"；谁统治了"心脏地带"谁就能控制"世界岛"；谁统治了"世界岛"谁就能控制全世界。[②] 作为麦金德思想的首要继承者，荷兰裔美国人尼古拉斯·斯皮克曼（Nicholas John Spykman）从海陆势力的交锋处切入，创立了著名的"边缘地带"理论。不同于麦金德，斯皮克曼认为欧亚大陆"边缘地带"，即位于欧亚大陆"心脏地带"与周边沿海岛国中间的新月形区域才是世界上真正攸关强权国家是否能够建立和维持霸权的场所。这是因为，不仅仅世界上绝大多的人口和资源都集中在该地带，东半球的冲突也往往与"边缘地带"的权力分布密切相关。从海陆争霸的观点而言，"边缘地带"不仅是海陆强权冲突的缓冲地带，更是关键海陆势力消长的交锋区域。[③] 据此，作为20世纪西方地理政治思想最高成就之一的"边缘地带"理论，首次阐释了该地带对美国战后国家安全利益的重要性，即为了维护美国的全球地缘战略优势，美国必须提

① ［美］兹比格纽·布热津斯基：《大棋局：美国的首要地位及其地缘战略》，中国国际问题研究所译，上海：上海世纪出版集团，2007年版，第26页。

② Halford J. Mackinder, *Democratic Ideals and Reality*, New York: W. W. Norton & Company, 1962, p. 106.

③ 李文志："海陆争霸下亚太战略形势发展与台湾的安全战略"，《东吴政治学报》，2001年第13期。

防位于欧亚大陆“边缘地带”的强国崛起。斯皮克曼认为，20世纪世界政治中潜在的权力中心应主要包括北美的大西洋沿岸地区、欧洲沿海地区和远东沿海地区。正因为欧洲和远东是位于“边缘地带”的两个最重要的权势中心，因此这两个地区的权力集中或权力分化将对战后美国在世界政治中的安全利益产生根本性影响。[①] 因此，斯皮克曼认为，美国战后的首要目标应该是在上述两个地区建立和维持地区均势。针对中国，他直言不讳地指出：“一个现代化的、拥有四亿五千万人口且充满活力并拥有强大军事力量的中国不仅对日本，而且对西方国家在西太平洋的地位也将构成一种严重威胁。”[②]

斯皮克曼的论断虽说已经过去了七十余年，但历经世事变迁，时至今日，人们仍然能够在当前的美国亚太战略中看到它的影子。冷战之后，亚太地区在战略和经济上的重要性促使美国的战略重心从欧洲和大西洋转向东亚和太平洋就是很好的例子。有中国学者指出，除了保持绝对优势的海权外，21世纪前期美国大战略的另一个核心要素，是保证美国对欧亚大陆重点地区（西欧和东亚）的主导，这种主导的根本目的就是防止在欧亚大陆的主要区域内出现一个对美国怀有敌意且拥有压倒性优势的国家。[③] 也就是说，在欧洲和东亚地区，无论何时出现一个能够与美国相抗衡的潜在对手，美国都会动用一切资源去维持美国在世界上唯一超级大国的地位。奥巴马政府推出的“亚太再平衡”战略正是这种在美国学界和政界备受推崇的思维的沿承。

---

① 吴征宇：《霸权的逻辑：地理政治与战后美国大战略》，北京：中国人民出版社，2010年版，第94页。

② Nicholas J. Spykman, *America's Strategy in World Politics*, New York: Harcourt Brace & Co., 1942, p. 125.

③ 吴征宇：《霸权的逻辑：地理政治与战后美国大战略》，北京：中国人民出版社，2010年版，第215页。

西太平洋沿岸的地理特征为美国围堵中国提供了巨大的便利条件。中国濒临太平洋西岸，太平洋西岸北起勘察加半岛，南至马来半岛终端与印度洋相接。在西太平洋地区分布着由千岛群岛、日本群岛、琉球群岛、台湾岛、菲律宾群岛、大巽他群岛等组成的西太平洋第一岛链。对美国的军事力量投放和贸易运输有着重要意义的朝鲜海峡、台湾海峡、巴士海峡、马六甲海峡也都位于该地区。“岛链”一词既有地理上的含义，又有政治与军事上的内容。它的提出始自二战之后以美国为首的西方阵营企图封锁和扼杀苏联与中国等社会主义国家的企图。它们利用西太平洋海域中一些具有特殊战略意义的岛屿打造反苏和反华的第一线，把它视为阻止苏联和中国军事扩张的重要屏障。该岛链距中国只有160千米，由此，美国的道格拉斯·麦克阿瑟将军甚至把第一岛链称为“不沉的航空母舰”。在第一岛链之外，美国还打造了以关岛为中心，包括日本的小笠原群岛、硫黄列岛和美国的马里亚纳群岛在内的第二岛链。近些年，第二岛链在美国的军事部署调整中扮演着“进可攻退可守”的角色。它既是驻日、驻韩美军的后方依托，又是美军重要的前进基地。此外，美国还在亚太地区部署重兵和先进的武器装备，精心打造以日本、韩国、冲绳、关岛、澳大利亚等基地和设施为核心的“太平洋锁链”，用以围堵中国和亚洲大陆。这条锁链是以太平洋上的第一岛链为基础，东起靠近北极的阿留申群岛，日本群岛，韩国是这条锁链的中心，而台湾和关岛则是中轴，其一直延伸至东南亚中南半岛的新加坡、菲律宾群岛以及印度尼西亚。①

毋庸置疑，美国在亚太地区最宝贵、最重要的战略资源就是其在冷战期间打造、在冷战之后强化的军事联盟体系。美国在亚

① “拉长岛链，美拉拢印度围堵中国”，《苹果日报》，2012年04月20日。http：//hk. apple. nextmedia. com/international/art/20120420/16265041.

太地区的主要军事盟国都处在亚太地区的战略要地，有着明显的地缘优势，如果将这些国家连接起来正好在西太平洋地区形成一条围堵中国的封锁线。中国海军如果想真正成为一支具有远洋作战能力的“蓝水海军”就必须要冲出第一岛链，而美国及其军事盟友实际上在第一岛链已经对中国形成了围堵态势，这大大压缩了中国在亚太地区的战略生存空间。

布热津斯基就曾提醒美国政府，为长期维护美国在欧亚大陆的地缘政治利益，在制定美国地缘战略时，需要特别留意最重要的竞争对手。他建议：“首先，认明在地缘战略方面有活力和有能力引起国际力量分配发生潜在重要变化的欧亚国家。……确定具有地缘政治重要性的欧亚国家是哪些，这类国家的地理位置或存在的本身对更活跃的地缘战略国家或地区的状况起着催化剂的作用。其次，制定美国的具体政策，抗衡上述国家的影响，有选择地吸收它们加入联盟或控制它们，以便维护和促进美国的重要利益，同时形成更全面的地缘战略概念，在全球范围把较为具体的美国政策互相连接起来。”① 布热津斯基的意见非常明确，为了维护美国在欧亚大陆的地缘战略优势必须制衡潜在的挑战者，而在欧亚大陆东部的“边缘地带”恰恰就有这么一个“主要的战略棋手”。他说：“在远东大陆有一个越来越强大、独立，并拥有众多人口的大国。这个大国的精力充沛的对手局限在几个临近的岛屿上。这些岛屿和一个远东小半岛的一半给美国的力量提供了立足点。”② 由此可知，一些为美国政府提供重要政策咨询的学者对中国始终抱有防范、包围、遏制之心。在他们眼中，美国在中国周边打造的军事联盟对于防范中国的崛起，防止中国成为美国的

① ［美］兹比格纽·布热津斯基：《大棋局：美国的首要地位及其地缘战略》，中国国际问题研究所译，上海：上海世纪出版集团，2007年版，第34页。

② ［美］兹比格纽·布热津斯基：《大棋局：美国的首要地位及其地缘战略》，中国国际问题研究所译，上海：上海世纪出版集团，2007年版，第27页。

“挑战者”有着极其重要的作用。

二、美国亚太联盟体系有助于防范中国崛起

美国学者很早就开始关注美国的军事联盟体系对维护美国国家安全利益的重要性。在定义美国的国家利益时，保护本土安全往往被视为美国的最高利益，这基本上已经成为美国政界和学界的共识。除此以外，美国还有学者将维持欧亚大陆的大国和平视为仅次于本土防御的第二大国家利益。他们认为，美国在欧亚大陆的军事存在以及预防欧亚大陆大国间的战争，避免军备竞赛对美国有着重大的意义。罗伯特·阿特给出的解释就是大国间的战争甚至大国间的安全竞争都会打破欧亚大陆的势力均衡。他具体指出，如果“新的政治格局在未来被一个敌对的欧亚霸权国控制的话，美国将被置于一种十分不利的处境。它将可能减少美国的全球性影响。……因此，我们仍应当保持美国在欧亚大陆两端的军事存在。”① 阿特虽然没有指明中国就是那个潜在的对美国充满敌意的欧亚霸权国，但阿特的言辞很容易使人们联想到中国，将中国“对号入座”。阿特还评估了美国在欧亚大陆军事存在的作用，他说：“在欧亚大陆的两端，美国军事存在使得国家间的关系更加稳定，使得和平更容易获得。虽然这种存在不再是促进欧亚大陆大国间和平的唯一因素，甚至也许不再是最为重要的因素，但它仍然是重要的因素。”② 2015 年 3 月，美国传统基金会发表了一份有关美国军事力量的年度报告——《2015 年的美国军事实力指数》。该报告评估了美国在欧洲、中东和亚洲等三个地区

① ［美］罗伯特·阿特：《美国大战略》，郭树勇译，北京：北京大学出版社 2005 年版，第 72 页。

② ［美］罗伯特·阿特：《美国大战略》，郭树勇译，北京：北京大学出版社，2005 年版，第 73 页。

的作战环境。报告认为，中国是来自亚洲的三个主要威胁之一。就威胁行为而言，中国被认为是有“侵略性”的，“是美国在该地区最全面的安全挑战。”①

美国学者的观点与美国政府在推行“亚太再平衡”战略时的论调一脉相承，均认为美国在亚太地区的存在，尤其是军事存在是维护地区和平与稳定的重要因素。实际上，正如美国学者不经意间表明的那样，美国在亚太地区军事存在的真正目的是为了防止在该地区出现另外一个能与美国抗衡的欧亚霸权国。“欧亚霸权国”这一概念，就目前而言，简直就是未来中国的代名词，是为中国量身打造的。为了避免中国成为美国亚太利益的挑战者，在中美之间仍然缺少战略互信的情况下，分布在中国周边的美国亚太联盟体系对美国维护其亚太安全利益而言就显得更加重要了。

众所周知，美国在亚太地区的多组双边军事联盟是美国在该地区军事存在的重要平台。在失去苏联这一“共同威胁”的情况下，中国自然成了该联盟体系的关注焦点。中国一贯主张“在国际关系中弘扬平等互信、包容互鉴、合作共赢的精神，共同维护国际公平正义”，② 由此，被广大发展中国家视为“国际体系的一个负责任的、建设性的、可预期的塑造者。”③ 中国共产党第十八次全国代表大会报告就明确指出，中国反对各种形式的霸权主义

---

① The Heritage Foundation: *2015 Index of U. S. Military Strength*, March 2015. http: //index. heritage. org/militarystrength/.

② 胡锦涛：“坚定不移沿着中国特色社会主义道路前进 为全面建成小康社会而奋斗——在中国共产党第十八次全国代表大会上的报告”，2012 年 11 月 8 日。http: //www. xj. xinhuanet. com/2012 – 11/19/c_ 113722546. htm.

③ 门洪华：《东亚秩序建构：一项研究议程》，载黄大慧主编《变化中的东亚和美国：东亚的崛起及其秩序建构》，北京：社会科学文献出版社，2010 年版，第 42 页。

和强权政治，不干涉别国内政，永远不称霸，永远不搞扩张。[①]然而，美国始终以现实主义角度审视中国，对中国坚决走和平发展道路的决心视而不见，坚持认为中国反对霸权主义、主张多极化的做法是因为不满足于在以美国为中心的国际秩序中处于从属地位，这令美国决策者对中国的崛起始终抱有提防心态。与揣摩中国的战略意图相比，美国更加关注中国实力的提升。随着中国国防开支的增加以及军事现代化逐渐走上快车道，美国更加认为中国是世界上唯一一个有潜力挑战美国霸权地位，触碰美国战略底线的国家。有中国学者认为，美国现在仍有一些人刻意强调中美意识形态对立，视中国为潜在对手，特别是按照实力政治原则，视中国为最具潜力的军事竞争者，强调对中国的防范。[②] 美国的这种心态在美国国防部《四年防务评估报告》和《国家安全战略》报告中都表露无疑。它与米尔斯海默的看法彼此呼应，米尔斯海默在《大国政治的悲剧》中就曾讲道，“当一国考察它的环境，以决定哪些国家对自己构成威胁时，它主要关注潜在对手的进攻能力，而不是他们的意图。前面已经强调，意图是根本无法得知的，所以为生存担心的国家必须对其对手的意图作最坏的假设。而力量却不一样，它不但可以被度量，而且能够决定一个对手是否为一个严重的威胁。总之，大国针对能力而非意图建立均势。”[③] 面对国力快速提升的中国，美国的亚太联盟成为美国制衡中国，维护其亚太主导地位的主要工具。在实施亚太“再平

① 胡锦涛：“坚定不移沿着中国特色社会主义道路前进，为全面建成小康社会而奋斗——在中国共产党第十八次全国代表大会上的报告”，2012 年 11 月 8 日。http：//www. xj. xinhuanet. com/2012 - 11/19/c_ 113722546. htm.

② 何帆：“中美竞争性相互依存关系探析”，载黄大慧主编《变化中的东亚和美国：东亚的崛起及其秩序建构》，北京：社会科学文献出版社，2010 年版，第 94 页。

③ ［美］约翰·米尔斯海默：《大国政治的悲剧》，王义桅、唐小松译，上海：上海世纪出版集团，2008 年版，第 46 页。

衡”战略的过程中，美国的亚太盟友都扮演着重要的角色，与中国有着地缘战略利益冲突的日本自然成了美国手上的第一颗棋子。

（一）利用美日联盟，制衡中国崛起

中日两国均是亚太地区的大国，而且都有能力成为军事强国。但因为历史和现实问题，两国关系已经形成了典型的“安全困境”局面。20 世纪 90 年代以来，日本“新民族主义”泛起，在此影响之下，日本政治的右倾化趋势日益明显。一些日本政客极力美化侵略历史，屡次参拜靖国神社。日本国内要求放弃“和平宪法”，解禁“集体自卫权”的呼声甚嚣尘上。日本又于 2012 年宣布将钓鱼岛“国有化”。上述种种举动严重地伤害了中国人民的感情，极大地增加了中国政府对日本的不信任感。这一点正如汤姆·克里斯滕森所指出的那样：“目前，虽然中国分析家对美国实力的担心甚于对日本实力的担心，但中国分析家对日本的国家意图极不信任，却很少发现他们流露出对美国的厌恶。”[①] 与此同时，随着中国逐步实现军事现代化，日本的外交政策愈发受到“中国威胁论”等新冷战思维的影响，日本对中国崛起的猜忌远胜从前。在这种情况之下，中日两国若发生直接的对抗和冲突必然会导致严重的地区动荡。对于在亚太地区有着诸多利益的美国而言，中日两国“斗而不破”的局面是其最愿意看到的结果。美国利用美日联盟既牵制中国又约束日本的做法在一些美国学者眼里却是一个充满“道义”的举动。有美国学者认为：“中国官员认识到，美日同盟既保护了日本，也约束了日本，尽管他们不愿意承认这一点。……通过美日同盟和承担防卫日本的义务，美国可以使日本避免不得不同中国直接对抗。……美国官员必须十

---

① Thomas J. Christensen, “China, the U. S. – Japan Alliance, and the Security Dilemma in East Asia”, *International Security* 23, No. 4 (Spring 1999), p. 52.

分巧妙地玩弄这样一个平衡游戏：与日本的同盟关系过于密切会使中国担心自己遭到遏制，而与中国太靠近又会使日本担心自己被抛弃。这种外交使命的艰巨性只说明了这样的事实：如果没有美国霸权存在，日中地缘政治竞争的可能性会大大增加。”[①] 美国学者的这种观点无非是想证明美国霸权和美日联盟的正当性。事实上，美国和日本在制衡中国这一点上有着共同的利益，美日联盟越来越充满“反华”色彩。对美国而言，日本是其牵制中国迅速崛起的重要砝码；对日本而言，美国则是其取得对华战略优势的最后依靠。两者相互借重，密切配合。在军事上，美国强化与日本的军事联盟，鼓励日本扩大军事能力，支持日本解禁集体自卫权。在政治上，美国支持日本在国际舞台上发挥更大的作用，支持日本成为联合国常任理事国。总而言之，为了维护美国在亚太的安全利益，遏制正在崛起的中国，美日联盟是美国手中最重要的利器。中国现在和未来的发展都必将受到美日军事联盟的掣肘。

（二）利用美韩联盟，牵制中国在朝鲜半岛的影响力

美韩联盟是美国在中国家门口组建的另外一组重要的军事联盟。受其独特的地缘战略地位的影响，朝鲜半岛自古以来就是地区大国的必争之地。美国政治学家、国际关系理论大师汉斯·摩根索（Hans Morgenthau）也高度重视朝鲜半岛的地缘战略价值。他认为朝鲜半岛自古至今都处在大国的夹缝之间，两千年以来朝鲜的命运要么由一个在朝鲜半岛有着绝对优势的国家左右，要么由大国均势决定。[②] 这一点正如韩国的一句谚语所说的那样，“鲸

① ［美］迈克尔·马斯坦杜诺：《不完全霸权与亚太安全秩序》，载［美］约翰·伊肯伯里主编《美国无敌：均势的未来》，韩召颖译，北京：北京大学出版社，2005 年版，第 197—198 页。

② ［美］汉斯·摩根索：《国际纵横策论——争强权，求和平》，卢明华、时殷弘、林勇军译，上海：上海译文出版社，1995 年版，第 233—244 页。

鱼打架，虾背开花”。从历史和现实的角度来看，所谓的“鲸鱼”在过去是指中国、日本、俄国以及西方列强。如今，朝鲜半岛仍然是中国、美国、日本和俄罗斯在寻求战略平衡过程中的一个重要因素。①

韩国并非美国的“天然盟友”，它在美国亚太联盟体系中的关键地位与朝鲜战争紧密相连。也可以认为，美韩联盟是用鲜血结成的联盟。朝鲜半岛是至今世界上唯一一个仍然存有明显冷战痕迹的区域。在美国看来，冷战的结束并没有令美韩联盟失去共同的威胁。也就是说，冷战后美韩联盟的存续仍然以该地区的潜在安全威胁为依据。这种安全威胁可以从两个方面理解：一个是朝鲜的军事威胁，这是美韩联盟得以继续存在的最直接原因。在这一点上，现在的美韩联盟与冷战时期的美韩联盟没有太大的区别，防范朝鲜的军事进攻仍是美韩联盟最主要的功能。目前，美国驻扎在亚太地区的陆军拥有 2.3 万人，其中就有两万多人驻扎在韩国，其目的就是防范来自朝鲜的威胁。冷战结束后，美韩联盟又增加了新的内涵，这种内涵已经超出了朝鲜半岛的范围。美韩军事联盟已经不再单纯是美国用来主导朝鲜半岛局势的重要工具，更是美国在亚太地区构建势力均衡的重要手段。近年来，美韩关系的调整又出现了新的迹象，即美国力图将美韩联盟从一个地区联盟改造成全球联盟。2006 年 1 月，美国与韩国就驻韩美军的“战略灵活性”问题达成协议。该协议意味着，驻韩美军在“战略灵活性”原则的指导下，可以“合法”地在朝鲜半岛之外执行任务。美国这样做的目的，一方面是利用驻韩美军支持美国的反恐战争。另一方面则与牵制和防范正在崛起的中国有很大关系。1999 年，科特·坎贝尔在谈及美国冷战后在东亚地区的战略

① 菲利普·庞斯：“韩国夹在中美之间左右为难”，法国《世界日报》2015 年 4 月 8 日文章，载《参考消息》，2015 年 4 月 9 日，第 10 版。

目标时就曾明确指出："维护和平与稳定，提供安全保障，使那些涉及美国长期利益的国家放心，震慑企图破坏该地区稳定的国家所采取的潜在行动。我们还致力于阻止任何一个怀有破坏和平与稳定野心的国家主宰亚洲。"[①] 很显然，美国早已把中国视为一个最具潜力主宰亚洲事务的国家，坎贝尔谈及"野心国家"，正是在影射中国。在这种大背景下，驻韩美军从2012年开始扩充部队并部署新型武器，全面增强战斗力。具体措施是，美国向驻韩美军第二步兵师增派步兵营并重组负责指挥驻韩美军地面部队的第八军司令部。据韩国《朝鲜日报》报道，朝鲜战争时期第八军司令部是核心野战军司令部，但1953年签署《停战协议》后职能逐渐缩小，成为以人事、军事支援为主要任务的组织。但2010年至2013年重组为作战司令部后，中将级司令下面除了负责行政支援工作的少将外，又增设了少将级作战副司令。也就是说，少将级别的将领从一人变成了两人。此外，美国还计划在2014年向驻韩美军第二步兵师第一旅增派一支拥有最新型坦克和步兵战车的机械化步兵营。2013年4月，美国第23化学营已经重返朝鲜半岛，负责应对朝鲜生化武器等杀伤性武器。接着在2013年10月，驻韩美军时隔5年在朝鲜半岛又重新部署了拥有30多架OH-58D"奥基瓦勇士"侦察直升机的陆军第六骑兵团第四直升机大队。[②] 2015年4月9日美国新任国防部长阿什顿·卡特开始了为期三天的访韩行程。4月10日，他与韩国国防部长韩民求举行了会谈，双方声称要共同应对来自朝鲜核武器和导弹的威胁，为此，美韩两国应提升联合威慑力量。朝鲜则以发射两枚短程导弹作为卡特此次访问韩国的回应。

---

① 转引自韩红："美国人眼中的世界和亚洲：对美国部分官员、学者访谈录"，《战略与管理》，1999年第6期。

② 《朝鲜日报》网站2014年1月7日报道，载《参考消息》，2014年1月8日，第6版。

中韩两国自1992年建交以来，经贸往来日益密切，两国关系发展迅速。中韩作为亚太地区最有活力的经济体，相互依存不断增加。与此同时，中国是朝核问题六方会谈的重要参与者，主张通过和平方式解决朝鲜半岛危机。而韩国也深刻地认识到，朝鲜半岛的和平和发展离不开与朝鲜有着特殊关系并长期在朝鲜半岛有着巨大影响力的中国。美国与韩国的军事联盟关系以及美国在韩国的前沿军事存在不仅对中国的战略空间形成了不小的压力，而且直接影响中韩两国关系的发展方向。由于中韩两国在经济发展、政治合作、对日历史问题等方面的契合性，韩国越来越重视中韩关系的发展。作为韩国盟友又对中国有防范之心的美国绝对不会允许中韩两国的关系无限制地发展下去。相关联盟理论就认为，联盟在应对敌国威胁的同时还有一项重要的战略功能，即约束盟国。罗斯坦就指出，大国与小国结盟一方面是为了获得一定的政治和军事利益，另一方面就是限制小国的特定行为。[①] 美国针对中韩两国日益热络的双边关系的态度就很好地体现了这一点。美国深知，在中韩关系之间插入楔子的最好方法就是强化美韩军事联盟，把韩国紧紧地捆绑在美国的战车之上。有中国学者认为，虽说中韩关系的发展有利于中国扩大自己在朝鲜半岛的影响力并能牵制美韩联盟，却也存在削弱对朝鲜影响力的可能。而朝鲜一旦“失控”，中国的长期利益则可能与韩国的利益产生冲突。如果中国与朝鲜的关系过于靠近，又可能使韩国产生一定的安全顾虑，进而进一步向美国靠拢。[②] 总而言之，与中韩关系相比，美韩的联盟关系拥有更长的历史和更多的价值认同，美国仍然是对韩国拥有最大影响力的国家。美国在朝鲜半岛的地缘战略

---

① Robert Rothstein, *Alliances and Small Powers*, New York: Columbia University Press, 1968, p. 50.

② 汪伟民：《美韩联盟再定义与东北亚安全》，上海：上海辞书出版社，2013年版，第156—157页。

优势在一定程度上压缩了中国在东北亚地区的战略空间。美韩联盟成为美国维护其亚太安全利益、防范中国崛起的另一件“法宝”。

（三）利用美澳、美菲联盟深度介入中国南海事务

澳大利亚一词源于拉丁语，意思为“未知的南方大陆”（terra australis incognita）。它是西方后起的发达国家，位于印度洋和南太平洋之间，其领土包括澳大利亚大陆、塔斯马尼亚岛（Tasmania）以及其他附属岛屿和海外领土。澳大利亚有着极为重要的战略地位，它的东部是太平洋的珊瑚海和塔斯曼海，西、北、南三面分别是印度洋及其边缘海。澳大利亚被视为连接太平洋和印度洋的桥梁，从澳大利亚出发经水路可以直抵马六甲海峡和南中国海。因此，在美国的亚太战略中，澳大利亚是美国西太平洋上的“南锚”，它与日本一起共同构成了美国亚太联盟的“南北支柱”。众所周知，第二次世界大战结束之后，美国逐步在亚太地区构建了以自身为核心的联盟体系，将亚太地区纳入了其全球冷战战略。其间，澳大利亚甚至被称为“海洋地缘战略的控制中心”，[①] 包抄整个东亚的“桥头堡”和最大的后勤补给基地。作为盎格鲁—撒克逊（Anglo - Saxon）圈子的一员，澳大利亚与美国有着相似的文化和历史传统，相同的意识形态和价值观念。这种血缘和文化上的相似性使得美澳两国成为了“天然的同盟国家”。

中美两国都是太平洋国家，分居大洋两岸，太平洋宽广的水域是两国共同的战略空间和安全战略焦点。中美两国的领土构成也有一定的相似之处，即除了广袤的大陆以外，还有诸多的海洋利益。随着中国国力的发展壮大，中美两国各自的国家利益开始出现更多的交叠。在中美安全利益空间的交叠中，美国将太平洋

---

① Gareth Evans & Bruce Grant, *Australia's Foreign Relations in the World of 1990's*, Melbourne: Melbourne University Press, 1995, p. 329.

作为其向亚太输送和布建力量的战略通道和空间，[1] 并利用其亚太军事联盟加固并强化用以围堵和遏制中国的“第一岛链”和“第二岛链”。中美两国之间没有任何的领土纠纷，但中国与菲律宾、越南等国在南中国海的争端为美国深度介入南海问题、扩张自身海洋利益提供了借口。

菲律宾与中国隔海相望，是美国的铁杆盟友，在冷战期间菲律宾紧随美国，奉行反共、反华政策。冷战结束之后，菲律宾伙同越南等国就南海问题表现得愈发咄咄逼人，南海问题也在美国的搅动之下变得越来越复杂，并成为亚太地区的热点问题之一。美国利用南海问题牵制、围堵中国的主要策略包括：第一，美国将南海问题视为打入中国与相关东盟国家之间的“楔子”，挑动中国与周边国家的矛盾，以谋“渔翁之利”。在美国的壮胆和鼓动之下，有关国家的行为越来越具有挑衅性，与中国打交道时冒险倾向明显增大。第二，美国通过军事援助、增加驻军、举行军事演习等具体措施提升相关国家的作战能力，增加它们对抗中国的筹码。美菲两国为期10天的2015年年度“肩并肩”（Shoulder to Shoulder）军事演习于4月20日开始。“肩并肩”军事演习被称为美军驻菲律宾基地被关闭后美菲两国军事关系的基石。此次演习的规模突破了一万人，是以往年度军事演习的两倍。第三，美国力图使南海问题“多边化”和“国际化”，使南海问题成为美国制衡中国的另一个着力点，并增加中国解决南海问题的难度。第四，援引《联合国海洋法公约》，将南海航行自由与美国国家利益挂钩，为直接插手南海问题寻找理由。《参考消息》在2015年3月5日援引《印度时报》的报道说，美国太平洋舰队司令、海军上将哈里·哈里斯（Harry B. Harris Jr.）与印度海军司令会晤后讲道：“（南海问题）是我们关心的事情……我们认为南

① 陆俊元：《中国地缘安全》，北京：时事出版社，2012年版，第127页。

中国海不是任何人的领海，它是公海。”并赤裸裸地批评中国在南中国海沉迷于“挑衅性”战术，加剧了整个地区的紧张局势。[1]

美国深度介入南海问题的另外一张“王牌”是美国在西南太平洋的盟友澳大利亚。澳大利亚在亚太地区有着极其重要的战略地位，美国将其视为连接美国和东亚的桥梁以及可以增加美国在亚太地区力量辐射的重要基地。澳大利亚的东部是新西兰和太平洋诸岛国；北面紧邻“第一岛链”和“第二岛链”，与美国在太平洋上的重要军事基地关岛和夏威夷遥相呼应；西北面与美国重要的军事伙伴新加坡隔海相望，并通过水路可直达马六甲海峡以及南中国海。对美国而言，澳大利亚特殊的地理位置决定了它是一个绝佳的跳板，通过它美国便能轻易地由南向北包抄整个东亚。在南海问题上，澳大利亚政府唯美国马首是瞻。两国在2013年11月发表的部长级磋商联合公报就明确指出，南海航行自由与和平稳定事关美澳两国以及国际社会的共同利益。[2] 这就意味着，南海一旦出现战事，美国利用与澳大利亚和菲律宾建立的军事联盟能在第一时间调兵遣将，这必然会对中国维护自身海洋权益的正当行为带来相当大的威胁。2015年5月31日，澳大利亚国防部长安德鲁斯（Kevin Andrews）就表达了澳大利亚政府针对南海问题的最强硬态度。他提醒中国不要忘记牛顿的力学定律，国际安全也会呈现作用力和反作用力。随后，在2015年6月1日，他又表示，澳大利亚享有在南海地区的自由贸易和通航权利，即使中国在该地区设定了防空识别区，澳大利亚军机也将继续对南海

① 拉贾特·潘迪特：“希望印度帮助在亚太地区开展多边海军接触”，《印度时报》网站3月4日报道，载《参考消息》，2015年3月5日，第6版。

② U. S. Department of State：“2013 Australia – U. S. Ministerial Consultations Joint Communiqué ”，Nov 19，2013. http：//www. defense. gov/pubs/2013_ Australia_ US_ Ministerial_ Consultations_ Joint_ Communique. pdf.

争议水域进行侦查。[①] 这一点正如有关评论说的那样："美国才是南海紧张局势的始作俑者。南海本事平静的海洋，正因为美国的搅局才变得恶浪滔天。随着美国重返亚太战略，美国在南海问题上加紧围堵中国，一方面怂恿菲律宾和越南充当打手遏制中国，一方面直接介入相关海域之争，从舰队东移到战机配备，从武器贩卖到军事演习，大小动作无日无之。"[②] 一言以蔽之，美国为了一己之私利，在南海问题上"拉偏架"，偏袒盟友的做法鼓励了有关国家采取强硬手段，以更冒险的方式，处理南海问题的倾向，这势必对中国维护领土完整和海洋权益的努力造成更多现实和潜在的阻力。

第二节　冷战后美国亚太联盟体系存在的问题与局限

冷战后美国的亚太联盟体系使美国成功地塑造了亚太地区秩序，是美国霸权护持的"力量倍增器"。虽说该联盟体系在巩固和扩大美国的亚太主导地位，应对中国崛起中发挥了重要的作用，但其本身也有一定的限制性因素。

一、联盟内部存在利益分歧

美国在亚太地区打造的"辐辏"结构的联盟体系和北约相比有一个重大的缺陷，即制度化程度不足。这必然会导致美国与亚太盟国之间出现更多的利益分歧。美国将亚太联盟当作其全球联

① "美防长拉南海盟友压中国"，《环球时报》，2015 年 6 月 2 日。

② 牛力："美国战略重心东移背景下，我国维护海洋权益安全对策思考"，载巴忠倓主编《美国战略调整与中国国家安全》，北京：时事出版社，2013 年版，第 166 页。

盟的一部分，为其全球战略服务。美国强化其亚太联盟体系的目的首先是维护其亚太霸权，遏制正在崛起的中国，进而再将美国在大西洋的联盟与在太平洋的联盟对接，最终形成一个全球性的联盟网络。而美国在亚太的盟国则更多地把注意力放在地区事务和周边威胁上。例如，韩国更加注重借助美国的技术力量建立自主“威慑能力”，抗衡来自朝鲜的威胁；日本则想借助美国的力量成为军事大国，实现其“正常国家”之梦，两国的军事合作具有明显的“反华”色彩；澳大利亚在关注中国崛起的同时，更加注重其在南太平洋和东南亚的影响力。这一点正如一位中国学者指出的那样：“美国对于亚太地区热点的关注是放在亚太整体战略角度来看的，同时兼顾与其他地区的协调。美国注重局部利益与全球利益的关系，而盟国更重视当前威胁与地区利益的关系。”[①]

不仅美国与盟国在利益判定和战略视角上存在不同，在美国与盟友之间以及美国的亚太盟友之间也有着大量“剪不断理还乱”的现实分歧和利益纠葛。就美国与韩国的关系而言，两国的分歧和矛盾主要涉及以下几个方面。首先，美韩两国在决定是否加入亚洲基础设施投资银行时有着大相径庭的态度和作法。因美国将亚投行视为中国与其争夺亚太金融主导权的举动，自亚投行在2014年筹办以来，它一直采取干扰和阻挠的态度。而作为美国最亲密盟友之一的韩国却因与中国有着密切的经济关系而决定加入由中国主导的、有潜力与世界银行和亚洲开发银行竞争的亚投行。对于韩国的决定，美国既失望又不悦。其次，美国一直在日韩历史问题采取不偏袒任何一方的做法。但是，美国分管政治事务的副国务卿温迪·舍曼（Wendy Sherman）却在2015年3月讲

① 王帆：《美国的亚太联盟》，北京：世界知识出版社，2007年版，第170页。

到，“民族主义仍然很容易被人利用，对于一位领导人而言，他能够轻易地通过丑化宿敌而博得廉价的掌声……历史宿怨在多大程度上会妨碍未来的合作？令人感到悲哀的是，答案常常是肯定的”。[①] 这一讲话往往被人们解读为对韩国总统朴槿惠的影射，这种谴责“受害者”的作法，引起了韩国极大的不快。其实，舍曼的讲话恰恰表明了美国对朴槿惠政府的不满，因为韩国在对日历史问题上与中国已经形成了一条事实上的统一战线，日渐冷却的韩日关系极大影响了美国亚太联盟体系在遏制中国影响力扩大时的整体效力。

即使作为美国最忠实盟友的日本与美国也有着种种现实和潜在的利益冲突，两国的分歧和矛盾主要体现在以下几个方面。首先，美日两国对二战历史有着不同的认知。日本自二战结束以来从没有认真反省过其侵略历史，更没有对受害国做过真诚的道歉。日本政要反而屡次参拜供奉着甲级战犯的靖国神社，美化日本的侵略历史。如果美国对日本这种忽视亚洲各国人民感情的做法视而不见的话，将严重影响美国的国际形象和公信度，甚至美国在亚太地区的战略利益。这是美国绝对不允许出现的事。其次，美日联盟在组建之初便是一个由美国单方意愿左右的联盟，美国在联盟中有着绝对的权威和主导权。随着军事实力的增加，日本希望摆脱各种战后束缚的愿望也越来越强烈。在这种情况之下，美国需要考虑在强化美日联盟并“为我所用”的同时，如何约束日本的军事扩张野心。这种复杂的博弈必然会对美日联盟的未来发展造成一定的影响。再次，随着中国逐渐成为亚太地区的经济中心，日本不可避免地要与中国加深经济交往。它需要在国

① Ethan Epstein, “Wendy Sherman vs. South Korea: A top U. S. diplomat needlessly insults an ally”, *The Weekly Standard*, Mar 4, 2015. http://www.weeklystandard.com/blogs/wendy－sherman－vs－south－korea_874920.html.

家利益和联盟关系之间保持平衡。在亚洲基础设施投资银行筹备初期，日本紧随美国，以各种理由贬低亚投行的组建。然而，当各国在2015年3月如雪崩般纷纷申请加入亚投行的情况下，日本政府才不得不重新研究对策。日本处在中国和美国两大“磁场”中间，这种特殊的位置对美日联盟而言既是机遇又是挑战。最后，日本民众的反美情绪会激化美日之间的分歧和矛盾。美国在冲绳和横须贺的军事基地由于征地、污染以及美方人员的不检点行为早起引起当地民众的强烈不满。

美国盟友之间的矛盾主要体现在日韩关系上。日本和韩国同为美国在亚太地区最重要的盟友，但它们却因为领土争端和历史问题至今仍心存芥蒂，争吵不断。日本和韩国的领土争端主要体现在“独岛”归属问题上。2012年4月6日，日本政府发布了强调日本对独岛所有权的《外交蓝皮书》。这立即激起了韩国政府与民众的严重抗议，韩国政府在第一时间向日本政府提出严正抗议。在2015年4月7日公布的《外交蓝皮书》再次主张独岛的领土主权，这招致了韩国的激烈批评。此外，日本越来越右倾的历史观增加了韩国对日本的不满。在历史上，日本对韩国的殖民统治给韩国人民带来了巨大的痛苦，至今仍在韩国民众心中久挥不去。日本社会右倾化的发展趋势以及日本政府美化侵略历史的作法极大地加剧了韩国各界人士对日本的不信任。韩国延世大学政治学教授文正仁表示：“在韩国人眼里，安倍已经没有任何信誉可言：无论他说什么都不会有人相信。他的道歉在美国人眼里或许已经足够，而在亚洲人看来是肯定不够的。”① 由此可知，领土问题和历史问题仍然是韩日进一步加强两国关系的障碍，也给美国进一步统合联盟力量带来了巨大的困难。趋冷的日韩关系无助

① 菲利普·庞斯：“韩国夹在中美之间左右为难”，法国《世界日报》2015年4月8日文章，载《参考消息》，2015年4月9日，第10版。

于美国在亚太地区遏制中国影响力的扩大。

上述种种情况表明，美国与盟友之间以及美国的盟友之间合作与矛盾并存，它们在全球和地区安全问题上各有诉求，目的不一。正是因为这种亚太盟友之间的复杂的利益关系，严重的历史对立情绪，美国妄图打造的联盟多边安全合作只能以渐进的方式展开。2015 年 4 月 27 日，美日公布了新的防卫合作指针，将美军和日本自卫队的共同应对范围从“日本周边地区”扩展到了“全世界”。作为美国重要盟国的韩国随即表达了自己的担忧。韩国政府当天就发表声明表示，韩方高度关注新版美日防卫合作指针，日本行使集体自卫权时须尊重韩国等第三国的主权。韩国国防部长韩民求也明确表示，韩方已阐明在未经韩国政府同意或提出要求的情况下，日本在朝鲜半岛发生紧急情况时不得行使集体自卫权，韩国今后仍将秉承这一立场。[①] 韩国针对日本的态度恰恰体现了美国战略学家布热津斯基的观点。他认为，在一个依然被历史仇恨和文化多样性困扰的地区是不大适合集体安全体系的，并且，这个地区的民族主义仍处于比较容易感情用事的早期阶段。再者，这一地区在历史和文化方面也没有与美国关系密切的天然盟友，因而，美国面临的是一项规模与复杂性都大得无法估量的任务。[②]

二、联盟缺失外在发展动力

美国的亚太联盟体系得以建立和发展的根本原因是美国与盟友均想在亚太地区保持均势。在冷战期间，美国的亚太盟友被牢

① “日美强化同盟令东亚警觉”，《环球时报》，2015 年 4 月 29 日，第 16 版。

② ［美］兹比格涅夫·布热津斯基：《大抉择：美国站在十字路口》，王振西译，新华出版社，2005 年版，第 70 页。

牢地捆绑在美国的战车之上，成为美国在西太平洋地区制衡苏联的前沿阵地。冷战之后，随着共同威胁的消失，美国在亚太的联盟体系一度出现松散化的发展趋势。在美国，无论在政界还是学界都有人质疑该联盟体系存在的必要性。在美国的盟国，也有越来越多的人主张脱离联盟，争取更多的国家自主性。即便是被美国视为潜在敌手的中国也没有对美国的利益构成直接的威胁，在缺乏像冷战时期那样的大国对抗的情况之下，美国的亚太联盟体系在一定程度上缺少外在的发展动力。此外，中国与韩国、澳大利亚等国日益紧密的经贸关系也会削弱美国进一步整合其亚太联盟的效度。2014 年 11 月，习近平主席在澳大利亚联邦议会发表演讲时就指出，中国发展对世界各国是重要机遇。中国正在加快推进新型工业化、信息化、城镇化、农业现代化，新的经济增长点将不断涌现。中国 13 亿多人口的市场具有不可估量的潜力，中国经济结构调整和产业优化升级将产生巨大需求。未来 5 年，中国预计将进口超过 10 万亿美元的商品，对外投资规模累计将超过 5000 亿美元，出境旅游人数将超过 5 亿人次。这将为国际和地区伙伴提供更广阔的市场、更充足的资本、更丰富的产品、更宝贵的合作契机。[①] 作为美国重要盟友的韩国和澳大利亚自然不肯轻易失去中国给他们带来的重要商机。

韩国和中国一衣带水的友好邻邦，也是中国最重要的贸易伙伴之一。虽说就“萨德”系统的部署问题而产生的中韩之间的剧烈争吵不会在短时间内消散，但从长远来看，韩国政府不会放弃对华友好政策。朴槿惠在担任韩国总统的前半期一直十分重视对华关系。她在就职演说中谈及韩国的外交重点时，首次将中国排

① 习近平：“携手追寻中澳发展梦想 并肩实现地区繁荣稳定——在澳大利亚联邦议会的演讲”，中国外交部网站，2014 年 11 月 17 日。http://www.fmprc.gov.cn/mfa_chn/ziliao_611306/zyjh_611308/t1211901.shtml.

在仅次于美国的位置，一改以往将中国排在美日之后的传统做法。她在就任总统之后也对历任韩国总统先访问日本再访问中国的惯例作出了修改，并在访问中国时带来了韩国有史以来最大的经贸代表团。习近平主席在会见朴槿惠总统时更是将她称为“中国人民的老朋友”，要知道，这个称谓只送与那些熟谙中国文化、长期与中国交往、双方情感互通、高度信赖的人。中韩两国领导人之间的良好互动全面带动了两国在政治、经济、文化等各领域的交流。随着两国政治互信的提升，经贸关系也在全面提速。据中国商务部最新披露的数据，2014 年韩国与中国的双边贸易额为 2354.0 亿美元，增长 2.8%。其中，韩国对中国出口 1453.3 亿美元，下降 0.4%；自中国进口 900.7 亿美元，增长 8.5%。韩方贸易顺差 552.6 亿美元，下降 12.0%。中国为韩国第一大贸易伙伴、第一大出口目的地和最大的进口来源地。[①] 鉴于中韩之间密切的经济联系、热络的政治往来、相似的文化背景、在历史问题上一致的对日态度，韩国并不希望在东亚地区看到大国对抗。韩国前总统卢武铉就曾主张在东亚地区构建多边安全合作机制，共筑东亚和平。对韩国而言，最好的战略选择是在东亚地区维持大国平衡。在 2005 年的一次采访中他就指出，虽然有人认为韩、美、日三国应该建立安全合作关系以共同对付中国，但韩国政府的立场是“不赞成将东北亚分割成若干阵营，互相遏制，互相防卫。韩国政府主张打破阵营格局，在经济合作基础上建立多边安全机制”。[②] 此后的韩国历届政府基本上继承了这一方针，在与美国巩固和发展双边联盟的同时，又与中国维持着友好的双边关

① 中华人民共和国商务部综合司、商务部国际贸易经济合作研究院：《2014 年韩国货物贸易及中韩双边贸易概况》，中国商务部网站，2015 年 1 月 22 日。http://countryreport.mofcom.gov.cn/record/view110209.asp?news_id=42573.

② 转引自沈林：“坚持做东北亚均衡者，韩不想与美日拉帮结派”，《环球时报》，2005 年 10 月 24 日。

系。这无疑会使美国包围、遏制中国的战略大打折扣，增加美国对韩国离心倾向的担心。美国力主在韩国部署“萨德”系统的重要目的之一就是将韩国牢牢地捆绑在美韩联盟的战车之上，遏止中韩关系的进一步发展。在可预见的未来，韩国在经济上依靠中国，在安全上依靠美国这一基本现状不会改变，为了进一步争取韩国，防止其完全倒向美国，中国有必要继续加强与韩国在政治、经济、文化等领域的交往。

与中韩经贸关系类似，近几年来，中澳经贸关系也保持着强劲的发展势头。这为双边关系发展提供了重要支撑，也给澳大利亚带来了巨大的经济实惠。据中国商务部提供的最新数据，2014年中澳双边贸易额为1281.7亿美元。其中，澳大利亚对中国出口814.0亿美元，占澳大利亚出口总额的33.8%；澳大利亚自中国进口467.7亿美元，占澳大利亚进口总额的20.5%，提高1.0个百分点。澳方贸易顺差高达346.4亿美元。截止到12月，中国继续保持为澳第一大贸易伙伴、第一大出口目的地和第一大进口来源地。[①] 此外，中国对澳投资也大幅增长。2013年，中国对澳非金融类投资达到39.4亿美元，同比增长82.4%。截至2013年底，中国在澳非金融类直接投资累计达170亿美元。未来5年，中国预计对外投资将达到5000亿美元，澳大利亚是中国投资“走出去”的重点对象国。[②] 中国作为澳大利亚的非同盟国成为其最大贸易伙伴在该国历史上还是头一回。众所周知，美国与澳大利亚的联盟建立在双方共同的历史文化背景、价值观念和现实利益之

① 中华人民共和国商务部综合司、商务部国际贸易经济合作研究院：《2014年澳大利亚货物贸易及中澳双边贸易概况》，中国商务部网站，2015年2月13日。http://countryreport.mofcom.gov.cn/record/view110209.asp?news_id=42741.

② 马朝旭：“抓住机遇 打造中澳经贸合作升级版”，中国外交部网站，2014年3月18日。http://www.fmprc.gov.cn/mfa_chn/wjdt_611265/zwbd_611281/t1138203.shtml.

上，澳大利亚是美国最忠诚的盟友之一，单凭中国和澳大利亚之间的经贸往来很难撼动这组牢靠的双边联盟。但中澳两国日益密切的经贸关系也在一定程度上影响着澳大利亚对中国以及美澳联盟的认知。在澳大利亚战略界，主张美国应该与中国“分享权力”的观点也正在获得越来越多的认同。[①]

三、联盟制度化建设不足

在制度主义者看来，联盟是一种安全制度，联盟之所以能够超越环境变化而继续维系，是由于联盟共同利益的不断扩大，进而形成所谓的“利益共同体”，联盟的制度化越成熟，其可持续性就越强。[②] 美国的亚太联盟与北约组织的最大不同之处就是两者的制度化程度。北约组织现有28个成员国，其内部的制度建设非常完备。北约组织最初是美国与西欧、北美等国家为抗衡以苏联为首的军事集团，实现防卫协作而建立的国际军事集团组织。在苏联解体和华约组织宣告解散之后，北约转变为一个政治军事组织，其职能也从单纯应对军事威胁扩大到应对全球恐怖主义、能源安全、大规模杀伤性武器扩散等议题。北约高度制度化的体现主要有四点：首先，北约有健全的组织机构，它主要包括北大西洋理事会（部长理事会）、防务计划委员会、计划与分析委员会、常任代表理事会、国际秘书处和军事委员会。其中，北大西洋理事会是北约的主要决策机构，军事委员会是北约的最高军事指挥机构。其次，北约成员国之间有定期会晤机制，北大西洋理事会每年至少举行两次外长级会晤，甚至元首会议。军事委员会

① 参见郭春梅：“构建中美澳新型三边关系”，载中国现代国际关系研究院主编《中美亚太共处之道：中国·美国与第三方》，北京：时事出版社，2013年版，第280页。

② 刘星：“试论日美同盟的生命力”，《世界经济与政治》，2007年第6期。

每年开会两至三次，负责就北约防务问题向部长理事会和防务计划委员会提出建议。再次，北约有统一的核心目标，即通过政治和军事手段捍卫其成员国的自由和安全。在政治方面，北约致力于扩大民主价值观，鼓励在防御和安全领域开展磋商和合作，以便构建互信，并从长远考虑，避免冲突。在军事方面，北约致力于和平解决争端。如果外交努力失败，北约保有处理危机事件的军事能力。[①] 最后，北约有统一的军事指挥权，除法国、西班牙和爱尔兰外，所有成员国都指派一些本国军队由北约统一指挥。

与北约的制度化建设相比，美国的亚太联盟体系仍然是以美国为“辏”，以盟国为“辐”，盟国之间没有直接联盟关系的“辐辏”结构。这种结构的弊端在冷战时期尚不明显。冷战期间，因为面临严重的共同威胁，美国亚太联盟有着极为森严的等级体系，美国在整个联盟中居绝对的主导地位。随着共同威胁的消失，盟国与美国、盟国与盟国之间的很多矛盾逐渐暴露出来。越来越多的美国亚太盟国因为自主意识的增强而要求修正联盟体系中的不对称关系。此外，美国亚太盟国的经济利益和安全利益诉求在冷战结束之后变得越来越多元化。例如，美国与其亚太盟友在如何对待中国的问题上就出现了明显的分歧。美国自冷战结束以来一直将中国视为潜在的霸权争夺者，对中国时时加以防范。在美国的亚太盟友中，日本和菲律宾因历史和领土问题与中国纠纷不断，故而大力支持和配合美国用以遏制中国的任何战略。韩国和泰国与上述两国不同，它们都与中国保持着密切的政治、经济和文化往来，对美国遏制中国的计划并不热心。这种差异导致美日韩三边关系并不是一个牢靠的三角形结构，它更像一个“V”字形，缺失的一边就是日韩之间的联盟关系。澳大利亚对中国的

---

① 参见“What is NATO?” http://www.nato.int/nato-welcome/index.html#basic.

态度处于上述两种情况之间。一方面，美澳两国拥有相同的历史文化背景和价值观念，由此产生的亲近感使澳大利亚成为美国在亚太地区的“天然盟友”，因此，澳大利亚一定会紧密追随美国的亚太政策。另一方面，澳大利亚与中国的经济依存度不断上升，在紧随美国对华实施遏制战略时难免不会“三心二意”。在美国亚太联盟的利益和使命出现分化的情况下，美国管理联盟的困难显著增加。这是因为美国无法时刻用一个确定的共同安全威胁团结盟友，而又希望它们服从美国的战略需要，这导致不同盟友在处理与其他国家（包括美国的其他盟友）关系、应对具体的国际和地区事务方面都容易产生政策分歧。[①] 总而言之，就目前来看，受多方面因素的制约，美国在短时间内很难在其盟国之间构建高度制度化的合作机制。在美国的盟国之间，既没有核心协调机构也没有完整的协调机制，更没有统一的指挥机构。美国盟国之间的军事合作还停留在诸如情报交换、共同军演等初级层面，其象征意义远远大于实际意义。沟通协作机制、统一指挥机构和信息交换平台的缺失在未来一定会制约美国亚太联盟体系的发展和壮大。

第三节　美国亚太联盟体系的发展趋势

美国在亚太地区与在其他地区相比面临更多的战略挑战。这其中既有中国的迅速崛起，地区权力中心的出现，又有盟友离心力的增强，还有亚太经济一体化进程对美国力量的排挤。与此同时，美国的经济自2008年金融危机以来一直处于低迷状态，直到最近才有了一些起色。在这种“内外交困”的形势之下，奥巴马

① 刘丰：“美国的联盟管理及其对中国的影响”，《外交评论》，2014年第6期。

政府开始推行“亚太再平衡”战略，将其全球战略重心东移，强化亚太战略布局。美国的亚太联盟在美苏争霸时期一直是美国遏制苏联的前沿阵地，为美国赢得冷战的胜利做出了卓越的“贡献”。在美国亚太战略布局中起着重要支轴作用的美国亚太联盟体系也必然会为美国的“亚太再平衡”战略“再立新功”。

一、冷战后美国亚太联盟体系存续的理论分析

冷战结束之后，有些学者一度认为联盟已经失去了存在的意义，苏联解体之后，美国失去了唯一的敌手，没有必要再维持一个庞大的联盟体系。这样的观点源于现实主义联盟理论，认为联盟的功能是“加强同盟国的安全或促进它们在同盟之外的利益”。[①] 联盟通常是“为了应对外部威胁而组建的，联盟的凝聚力在很大程度上也取决于威胁的强度和持续的时间，……联盟瓦解的一个重要原因是外部威胁的减弱或最终消失”。[②] 事实恰恰与此相反，美国的亚太联盟体系在失去最主要的敌手之后并没有瓦解。而且，美国的整个联盟体系也没有遭遇来自其他主要大国的联合性制衡。

对于冷战后针对美国的制衡性联盟为何没有出现的问题，现实主义和自由主义都给出了具有说服力的解释。[③] 例如，斯蒂芬·沃尔特就关注到了冷战后国家间的实力分配问题。他认为，之所以没有出现针对美国的制衡，其原因在于美国的实力过于强大。他在《单极世界里的联盟》一文中指出，“制衡眼前的威胁

① Martin Wigh, *Power Politics*, New York: Holmes & Maier, 1978, p. 122.

② Robert B. McCalla, “NATO's Persistence after the Cold War”, *International Organization*, Vol. 50, No. 3, 1996, p. 450.

③ 参见宋伟：《联盟的起源：理性主义研究新进展》，《国际安全研究》，2013年第6期。

不是国家结盟的唯一动机。在特定条件下，国家也可以选择追随而不是制衡——尤其是当这些国家认为抵抗无效或者可以通过接纳对方化解威胁的时候”[1]，“当某个国家远远强于其他国家的时候，要制衡该国就需要一个更强大的联盟，而建立一个更强大的联盟意味着更多的交易成本以及更大的集体行动”。[2]

自由主义学者也对美国霸权体系下制衡缺失的问题提出了颇具启发性的解释。[3] 伊肯伯里曾谈到霸权的“慈善性”问题，他说：“在自由主义精英的眼里，美国霸权具有慈善性。”[4]，“霸权秩序也可能是仁慈的、较小强制的，它可以围绕互惠的、达成共识的和制度化的关系组织起来。这一秩序依旧是围绕不平衡的实力关系组织起来的，但主导的恶性特性有所缓和。……在一个高压性的霸权秩序中，弱国和次要国家是没有能力进行制衡的。在更为仁慈和注重共识的霸权秩序中，对霸权的限制得到了充分的发展；另一方面，制衡的预期价值也降低了，追求制衡的动机也减少了”。[5] 约翰·欧文（John Owen）也曾指出：“世界上的自由主义精英并不认为美国的权力会对他们自己对社会秩序的认知造成任何威胁。他们可能会对美国的各种国内政策和对外政策有着截然不同的看法，但是，在一些十分重要的问题上，他们的看法与美国的看法基本相同。他们认为，将极其珍贵的资源用于形成

① Stephen M. Walt, “Alliances in a Unipolar World”, *World Politics*, Vol. 61, No. 1 (January 2009), p. 89.

② Stephen M. Walt, “Alliances in a Unipolar World”, *World Politics*, Vol. 61, No. 1 (January 2009), p. 96.

③ 参见宋伟：《联盟的起源：理性主义研究新进展》，《国际安全研究》，2013年第6期。

④ ［美］约翰·伊肯伯里主编：《美国无敌：均势的未来》，韩召颖译，北京：北京大学出版社，2005年版导论，第21页。

⑤ ［美］约翰·伊肯伯里：《大战胜利之后：制度、战略约束与战后秩序重建》，门洪华译，北京：北京大学出版社，2008年版，第25页。

世界权力均势没有任何意义。”[①] 这种看法与约瑟夫·奈的“软实力”思想极为接近。在奈看来，美国与其他国家相比拥有更大的软实力，这种与美国的政治、经济和社会体系有着密切联系的软实力也直接影响着美国与其盟国的关系：“（在）制定对外政策时（美国）采用多元主义和规则化的方式，可减少意外情况。外国人仗义执言并对美国政治和政府体系施加影响的机会比比皆是，而且这是推动联盟的一个重要因素。……美国的盟国能表达他们的关切，这就是何以美国的盟国在冷战威胁消退以后依然得以长久保持的原因。”[②] 也有美国学者从共同利益和联盟利益的角度阐释为什么美国联盟在苏联解体之后继续得以存续。他们认为，美国的联盟体系在一定程度上仍然服务于其成员国的利益，而且特定地区国家之间的相互畏惧甚于它们畏惧美国。美国与盟友的共同利益和联盟利益建立在美国的盟友将美国的军事存在视为抵御真实存在或可能发生的威胁的一种重要保险政策的基础之上，这些利益证明美国的联盟和前沿军事存在的政治合理性。[③]

二、美国亚太联盟体系的持续强化

美国亚太联盟体系的“韧性”远远超出国际关系学者的预见，冷战结束之后，它不仅没有瓦解，而且还随着国际局势的发展不断壮大。鉴于该联盟体系对美国维护全球霸权地位的重要

① ［美］约瑟·欧文：《跨国自由主义与美国的主导地位》，载［美］约翰·伊肯伯里主编《美国无敌：均势的未来》，韩召颖译，北京：北京大学出版社，2005年版，第256页。

② ［美］约瑟夫·奈：《美国霸权的困惑：为什么美国不能独断专行》，郑志国等译，北京：世界知识出版社，2002年版，第170页。

③ ［美］罗伯特·阿特：《美国大战略》，郭树勇译，北京：北京大学出版社，2005年版，第210页。

性，美国绝不可能轻易放弃这一霸权护持的利器。在可预见的将来，该联盟体系也一定会继续发展和强化。

（一）美国及其盟国对联盟强化的认知

从美国的角度来看，它的亚太联盟是其推行亚太战略的重要基石，也是实现其亚太战略目标的重要手段。由此，美国一定会不遗余力地继续巩固和发展该联盟体系。冷战后，由美国政府颁布的《国家安全战略报告》和《国防战略报告》均会提及联盟关系对于美国的重要性。在2014年3月发布的《四年防务评估报告》中，美国政府更是毫不掩饰地表达了对联盟关系的重视，并将“强大的联盟和伙伴网络”、“美国的经济实力”以及“美军优质的人力资源和先进技术”作为美国应对战略环境改变的三件“法宝”。[①] 由此可知，对美国而言，联盟体系不再仅仅是传统意义上应对明确和潜在军事威胁的手段，而是维持其全球领导地位及其所主导的国际秩序的重要工具。[②] 2007年2月，阿米蒂奇和美国前助理国防部长约瑟夫·奈公布了名为《美日同盟——让亚洲正确迈向2020》的报告，报告强调了美日联盟的重要性，更以战略性和前瞻性的眼光审视了美国的亚洲政策。该报告认为，美日联盟仍然是美国亚洲战略的支轴，但它不应该只是一个基于共同威胁的单一性联盟，而应该在共同利益和价值观的基础之上发展成为一个更为开放和广泛的联盟，使得美日两国可以发挥榜样的作用，通过共同价值观向该地区施加影响。[③] 毋庸置疑，这不

① U. S. Department of Defense, “*Quadrennial Defense Review Report 2014*”. March 2014. http://www.defense.gov/pubs/2014_Quadrennial_Defense_Review.pdf.

② 刘丰：“美国的联盟管理及其对中国的影响”，《外交评论》，2014年第6期。

③ Richard l. Armitage & Joseph S. Nye: “The U. S. – Japan Alliance: Getting Asia Right through 2020”, February 2007. http://csis.org/files/media/csis/pubs/070216_asia2020.pdf.

仅仅是美国政界和学界对美日联盟的态度，他们对如何发展与其他亚太盟友的关系也又有着类似的看法。

从美国的亚太盟友角度来看，亚太地区秩序在冷战之后发生了巨大变化。冷战期间，美国既是亚太经济秩序也是亚太安全秩序的主导者。冷战结束后的几十年间，随着经济的迅猛发展，综合国力的快速提升，中国一跃成为亚太地区政治、经济、安全、文化、社会等诸多领域的重要参与者。虽然美国在亚太安全领域的主导地位仍牢不可破，但它在亚太经济领域的地位已大不如前，中国正逐渐发展成为亚太地区的经济中心。美国的亚太盟友对中国持有不同的态度，有的国家，如日本，将自己完全捆绑在美国的战车之上，唯美国马首是瞻；有的国家则希望在亚太地区维持中美之间的大国平衡，为自己争取更大的战略空间和灵活性。这些国家既希望从美国得到安全保护，又希望从中国得到经济上的实惠。但无论它们对中国的认知存在多么大的差异，它们都接受和拥护一个基本事实，即美国主导下的亚太地区秩序能够满足它们现有的利益诉求。韩国的一位学者指出：“共同威胁的减弱或消失（例如冷战的结束）会导致国际安全秩序出现结构性变化。但是，这种变化不一定会产生一种对获胜方更为有利的秩序。所以拥护现有秩序的国家不希望看到一个修正主义国家或联盟的出现，也不希望看到这样的国家或联盟去填补由于权力结构的改变而产生的权力真空。”[①] 所以，当美国力图强化亚太联盟体系和亚太地区秩序时，美国的盟友没有理由反对美国这样做。

（二）美国强化亚太联盟体系的主要举措

美国政府推行的“亚太再平衡”战略实际上已经开始了美国

① Jae Jeok Park, “The Persistence of the US - led Alliances in the Asia - Pacific: an Order Insurance Explanation”, *International Relations of the Asia - Pacific*, Volume 13, Number 3, 2013.

亚太联盟体系强化的过程。中国著名国际关系学者袁鹏认为："美国战略重心东移不是一次简单的策略性的战略转向，而是一次兼顾历史与现实、涉及内政与外交、连接军事安全与政治经济、得到两党共同支持的重大战略性选择。"[①] 美国国防部长卡特在2015年4月6日于亚利桑那州立大学发表演讲时指出，"亚太再平衡"战略初见成效的原因之一就是美国在军事、经济和价值观领域所拥有的巨大优势。[②] 为了彻底实现这一重大历史性转移，在大的战略原则的指引下，美国政府会继续在三个方面发动"亚太新攻势"。

1. 通过打造亚洲"小北约"强化军事联盟关系

国际关系理论界一般认为，霸权国维持权力地位的方式有两种：一是增强自身的实力，从而使霸权国相对于其他国家的权力加大；二是削弱其他国家的权力，尤其是主要挑战国和潜在挑战国的实力，从而也使自己的相对权力加大。[③] 如果以美国的亚太战略为例，依照上述理论，美国若想维护其霸权，一方面需要增强自身的经济和军事实力，另一方面就得想方设法削弱中国的力量。而且，第二种方式与第一种方式相比更加直接和快捷。如上一章所述，美国已经利用显著的军事优势，以亚太军事联盟为依托，以"军事前沿部署"为手段精心构筑了遏制中国的包围圈。这极大地压缩了中国的战略空间，严重地损害了中国的国家安全利益。美国的亚太联盟与北约组织相比有一个巨大的缺陷，即它

---

① 袁鹏："寻求中美亚太良性互动"，载中国现代国际关系研究院美国研究所主编《中美亚太共处之道：中国·美国和第三方》，北京：时事出版社，2013年版，第9页。

② U. S. Department of Defense, "Remarks on the Next Phase of the U. S. Rebalance to the Asia - Pacific (McCain Institute, Arizona State University)", April 06, 2015. http://www.defense.gov/Speeches/Speech.aspx? SpeechID = 1929.

③ 秦亚青：《霸权体系与国际冲突：美国在国际武装冲突中的支持行为(1945—1988)》，上海：上海人民出版社，2008年版，第103页。

是由多组以美国为核心的双边联盟构成的，但美国的盟友之间并没有直接的联盟关系，它们都以美国作为联盟枢纽。这必然会影响到整个联盟体系的运行效率。美国战略决策者也非常清楚这一点。因此，增强联盟制度化建设，进而打造亚洲“小北约”很有可能是美国日后强化其亚太联盟体系的一种重要方式。就目前而言，美国打造亚洲“小北约”的方式有两种：一种是加强对话机制建设。另一种是举行多边军事演习。美国同日本、韩国、澳大利亚等国在冷战时期缔结的双边军事联盟关系不但没有随着冷战的结束而“寿终正寝”，反而不断发展壮大，这为美国在亚太地区打造多边联盟体系奠定了坚实的基础。近年来，美国分别与日本、韩国、澳大利亚以及菲律宾建立了由防长和外长参加的战略安全对话机制（“2+2”机制）。“2+2”战略对话机制的主要目的是通过磋商，参加对话的各国就国际和地区形势，尤其是亚太安全形势，开展合作与协调。同时，美国还寻求以“美日+1”的形式，推进亚太联盟的多边化发展。就目前而言，美日韩、美日澳三边对话机制正在稳步推进，其中以美日澳三边对话机制为基础的三边联合军事演习正趋于常态化和机制化。此外，美国在加强联盟多边化、网络化建设的同时，还不遗余力地拉拢印度等国加入其中。最主要的表现是，美国在美印、印日双边关系的基础上进一步拓展了美日印三边关系，三国海上军事演习更是逐渐机制化。以此为基础，在美国的倡议和主导之下，美国、日本、澳大利亚和印度还建立了“四国战略对话机制”。第一次战略对话于2007年5月举行。对话之后，四国“趁热打铁”，旋即举行了以四国为主的代号为“马拉巴尔—2007”（Malabar-2007）的大型联合军事演习，此次演习“声势浩荡”，成为自冷战结束以来亚太地区规模最大的军事演习。联合军事演习的主要目的就是增强各国在海上的协同作战能力。此后，“马拉巴尔”联合军事演习被当成美、日、印三国军事演习的例常项目保留至今，最近的一次于2014年7月举行。

就目前来看，美、日、澳三边战略联盟和美、日、澳、印四国战略对话机制的建立表明“以美国为核心、以美日联盟为基轴、由盟国及伙伴相互串联组成的新型联盟体系正隐约浮现”[①]。如果说亚洲“小北约”已初具雏形这种说法有些言过其实的话，上述种种举措确实表明了美国欲以美、日、澳为轴心组建北约性质的亚太安全战略联盟的企图。

2. 通过贸易一体化强化经济联盟关系

中国学者秦亚青在《霸权体系和国际冲突》一书中讲道：“国际关系研究的惯例是以一个国家的军事力量和经济力量作为衡量这个国家权力基础或权力资源的基本要素。”[②] 冷战后美国在亚太地区主导权的减弱并不是因为美国军事力量的衰落，而是因为美国在这一地区经济影响力的降低。经过三十余年的发展，中国正在逐渐成为亚太地区的经济中心，是美国在该地区主要盟友的最大贸易伙伴。由此说来，美国如果想扩大在亚太地区的主导权就必须从经济着手，加强它在这一地区的经济地位。于是，美国决定转变角色，从亚太经济一体化的旁观者变为亚太区域经济整合的“领头羊”。2008年金融危机之后，美国开始全力打造具有“白金标准”的跨太平洋伙伴关系。它是一项既有地区战略意义又有重大经济意义的举措。通过推动TPP，美国既可以平衡中国的经济影响力又可以阻止在亚太地区出现任何一个将美国排除在外的贸易集团，维护美国在这一地区的经济和安全利益。此外，TPP还可以加强美国与其亚太盟友之间的经济合作，成为美

① 李岩：“美国亚太军事战略调整与中美军事关系”，载中国现代国际关系研究院美国研究所主编《中美亚太共处之道：中国·美国和第三方》，2013年版，第76页。

② 秦亚青：《霸权体系与国际冲突：美国在国际武装冲突中的支持行为（1945—1988）》，上海：上海人民出版社，2008年版，第112页。

国与盟国之间的经济“黏合剂”。作为美国重要盟友的澳大利亚、韩国和日本均已加入或决定加入 TPP 谈判。就目前的效果而言，美国调动一切资源全面主导的 TPP 谈判，已经开始打乱亚太地区原有的经济一体化进程。随着 TPP 谈判的深入以及协定的最终落实，中国在亚太地区的经济和政治影响力会进一步被美国稀释。有媒体就报道说，“有 12 国参与的《跨太平洋伙伴关系协定》在美国加入谈判近 7 年后正接近达成，其规模和范围都很惊人，让 20 年前生效的美国与加拿大和墨西哥签订的《北美自由贸易协议》相形见绌”[①]。美国已经初步为 TPP 谈判拟定了时间表，为了赶在 2015 年年底之前将 TPP 递交美国国会，美国政府希望在 2015 年夏季之前完成谈判。美国如此急切地想早日完成 TPP 谈判的主要目的就是要走在制定国际贸易规则的前列，在与中国参与和主导的自由贸易区谈判的竞争中占得先机。在 2015 年的两会期间，中国商务部长高虎城就明确表达了对 TPP 谈判的关注，他说：“协议一旦达成，将对全球贸易投资自由化和区域经济的一体化进程产生重要而深远的影响。……（中国）将继续坚定不移地推进和加快中国自贸区战略的步伐，为我国对外贸易和投资的发展创造一个更好的国际环境和更为便利的制度性保障，助推中国经济的发展。”[②] 从高虎城的谈话中，人们可以看出，中国已经感受到了 TPP 给中国带来的压力。

3. 通过民主价值观强化政治联盟关系

虽说大部分现实主义学者都贬低意识形态在联盟建立和发展的过程中的重要性。但斯蒂芬·沃尔特仍然认为：“两个或更多

---

① “TPP 谈判近 7 年后接近达成，将削弱中国贸易地位”，凤凰网，2015 年 2 月 5 日。http：//finance. ifeng. com/a/20150205/13484390_ 0. shtml.

② 高虎城：“中国对 TPP 和 TTIP 协议保持关注”，人民网，2015 年 3 月 7 日。http：//politics. people. com. cn/BIG5/n/2015/0307/c70731 – 26653599. html.

国家的内部意识形态越相似，它们越有可能结盟。”[①] 同样，意识形态对于联盟的巩固和壮大也有着重要的意义。美国的战略决策者显然深谙此道。美国 2015 年 2 月公布的《国家安全战略》报告除去简介和结束语以外，共分四部分。四部分的标题分别是：安全、繁荣、价值观和国际秩序，这其中的前三部分正好对应克林顿政府时期就已经勾勒出来的国家安全战略的三大目标。1994 年 7 月，克林顿政府公布了名为“参与与扩展战略”的国家安全战略报告，报告明确将“推进民主”与“提升安全”、“促进繁荣”[②] 并列为美国国家安全战略的三大目标。2015 年的《国家安全战略》报告再次重申美国的长久利益：美国、美国公民、美国的盟友和伙伴的安全；在一个促进繁荣、创造机遇的开放的国际经济体系中确保美国经济保持强劲、创新和增长的势头；在国内和全世界尊重普世价值；在美国的领导下，建立基于规则之上的国际秩序，以促进和平、发展与机遇，应对全球挑战。报告进而明确指出“保护民主与人权和国家长久利益密不可分”[③]。由此可知，美国推进民主的主要原因是维护美国的国家利益。这一点与亨廷顿的表述十分一致，亨廷顿认为，美国的未来在某种程度上取决于民主的未来。他在《第三波——20 世纪后期民主化浪潮》一书中就明确指出：“民主在世界的未来对美国人具有特别的重要性。”“美国人在发展适合于民主生存的全球环境中具有一份特

① ［美］斯蒂芬·沃尔特：《联盟的起源》，周丕启译，北京：北京大学出版社，2007 年版，第 38 页。

② White House, “The National Security Strategy of the United States of America”, July 1994. http://nssarchive. us/NSSR/1994. pdf.

③ White House: “The National Security Strategy of the United States of America”, February 2015. http://www. whitehouse. gov/sites/default/files/docs/2015_ national_ security_ strategy_ 2. pdf.

殊的利益”。[1] 2009年9月，新美国安全研究中心发布了一份题为《中国的到来——一种全球关系的战略框架》的研究报告。报告的第六部分由迈克尔·格林（Michael J. Green）和丹尼尔·川宁（Daniel Twining）共同撰写，主要内容就是探讨美国应该如何以民主为手段塑造中国。[2] 该报告明确指出，美国在亚洲的软实力主要来自于美国的价值观。因此美国应该利用亚洲各国日益接受民主价值观这一现实，通过加强亚洲民主伙伴关系加快实施平衡中国的战略。[3]

实际上，推行民主一直是美国政府在维护国家利益时的一贯做法。美国的亚太盟友和安全伙伴都是民主国家，在价值观念上与美国有着惊人的契合度。印度一直以“世界上最大的民主国家”的身份而自豪。澳大利亚因为与美国“同宗同源”、“共享价值”的特殊关系，心甘情愿地做美国在世界上的“副警长”。日本对推行“价值观外交”更是不遗余力，大力网罗亚太地区的民主国家，构建针对中国的“民主轴心”和“自由与繁荣之弧”，妄图干扰中国的和平发展进程。与此形成鲜明反差的是，中国与美国及其盟友和安全伙伴有着不同的价值观念、社会制度和政治体制，有些不同甚至到了不可调和的程度。价值观和现实利益的冲突决定了美国必然会动用一切政治、经济和军事资源遏制中国的崛起，维护自身的霸权。正如前文所述，美国利用在亚太地区的军事联盟向中国不断施加军事压力。美国与其亚太盟友密切配

---

① ［美］塞缪尔·亨廷顿：《第三波——20世纪后期民主化浪潮》，刘军宁译，北京：生活·读书·新知三联书店，1998年版，第30页。

② Abraham Denmark and Nirav Patel, ed., *China's Arrival: A Strategic Framework for a Global Relationship*, Center for a New American Security, September 2009. http://www.utexas.edu/lbj/faculty/busby/wp-content/uploads/cnas-chinas-arrival_final-report.pdf.

③ 转引自刘建飞：《美国“民主联盟”战略研究》，北京：当代世界出版社，2013年版，第220页。

合在亚太经济一体化过程中排挤中国。同样，美国也会继续以“民主”为纽带深化与盟友和安全伙伴的政治关系。美国在亚太地区的军事联盟正逐渐发展成一个集政治、经济和军事于一体的全方位联盟。

三、美国亚太双边联盟会持续与多边安全机制并行

亚太地区是世界上地缘政治最为复杂的地方之一。在这里，既有经济上的相互依赖，又有权力上的相互竞争；既有区域合作，又有热点冲突；既有传统安全的挑战又有非传统安全的威胁。美国政府对多边安全机制的重视正是来源于亚太地区安全形势的复杂性。冷战结束后，众多在冷战时期被掩盖和压抑的矛盾一夜间爆发出来，令亚太安全形势比冷战时期更加波谲云诡。在新的形势下，美国也意识到单凭其在亚太地区打造的多组双边军事联盟已无法应对诸如朝核危机、反对恐怖主义等区域性和全球性安全问题。于是，为了继续维持其在亚太地区的政治和安全优势，美国在加强双边军事联盟和前沿军事存在的同时也开始着手推进亚太的多边安全机制建设。

（一）美国国内对于多边安全机制的认知

冷战结束之后，美国对多边机制的支持开始自克林顿总统执政时期。1993 年 4 月，美国助理国务卿温斯顿·洛德（Winston Lord）在参议院听证会上首次确认改善多边机制是克林顿政府在亚洲的十大优先政策目标之一。1993 年 10 月，克林顿总统在韩国国民议会发表演讲时讲道：“为了抓住新的机遇，应对新的威胁，亚太地区在这个十年的重要工作是建立和发展多种新的安排。这些安排就像叠加在一起的装甲板一样，既可以起到单独保护的作用，又可以在拼接之后覆盖所有我们关心的安全议题。在

新的安排之下，不同国家可以聚在一起解决那些最迫切的问题。这就是我们目前解决朝鲜核问题的方式。”[①] 讲话中提到的“新的安排”指的就是亚太地区多边安全机制建设。进而，在 1995 年，《东亚战略报告》又提出，美国需要建设性地参与并支持该地区的安全对话。[②] 1998 年的《东亚战略报告》也指出，美国在下一个世纪的亚太安全框架既应该包括双边安全关系也应该包括多边安全关系。在新的安全形势下，只有通过创造性的多边方式，美国才能解决大规模杀伤性武器和跨国安全问题。[③] 即使在注重“单边主义”的小布什时期，美国政府也没有放弃多边合作的努力。

然而，对于建立亚太多边安全机制这一问题，美国政界和学界并不是没有反对的声音。约翰·费弗（John Feffer）在《东亚安全的悖论》一文中就指出，华盛顿没有把东亚安全的保障机制看作是一种多边的机制安排，美国是通过双边联盟扎根于此的。[④] 美国前国务卿鲍威尔也指出，美国在东亚的双边安排使得美国更易于控制这一地区的安全局势，其在东亚的双边联盟最适合美国的灵活反应战略。战略的灵活性要求美国与一国或两国政府就某些问题在最高层快速作出决定，而不必经过漫长的多边磋商过程。[⑤] 就鲍威尔的观点，美国学者伊肯伯里总结到，美国官员显

---

① Bill Clinton: “Remarks by the President in Address to the National Assembly of the Republic of Korea,” July 10, 1993, Soul. http: //www. fas. org/spp/starwars/offdocs/w930710. htm.

② U. S. Department of Defense: “East Asia Strategy Report”, Release No: 092 - 95, February 27, 1995.

③ U. S. Department of Defense: “East Asia Strategy Report”, Release No: 606 - 98, November 24, 1998.

④ John Feffer, “The Paradox of East Asian Peace”, December 12, 2007. http://fpif. org/the_paradox_of_east_asian_peace/.

⑤ Colin Powell, “A Strategy of Partnership”, *Foreign Affairs*, January/February 2004.

然把多边行动视为核心双边关系的补充而非替代品。在危难时刻，他们并不是依赖这些地区制度，而是更喜欢依靠美国主导的外交活动以及美国可以完全控制的制度结构。[①] 也就是说，在一些美国官员眼里，多边安全体制的建立不能“喧宾夺主”，它与美国亚太联盟体系有着明显的主次之分。与此同时，支持建立亚太多边安全机制的学者和政客也大有人在。颇具影响力的学者福山就是其中之一。他曾主张建立“东亚和平论坛”，用以解决东亚地区的安全问题。布什政府时期主管朝鲜事务的官员查理斯·普里查德（Charles Pritchard）在其撰写的《失败的外交》一书中就详细阐释了这一论坛的功能。此外，美国前白宫国家安全委员会亚洲事务主任维克多·车（Victor Cha）以及美国前驻韩国大使詹姆斯·雷尼（James Laney）也都持有类似的想法。[②] 美军前太平洋总司令布莱尔提出了建立“亚太安全共同体”的设想，即以军事合作为基础，通过维和及海上搜救等多边军事形式将亚太所有国家纳入“整体安全网”的机制。[③] 总之，无论美国的官员和学者对多边安全机制持何种态度，他们的目标都是一致的，那就是如何更有效地维持美国在亚太地区的霸权地位，如何防止中国主导地区安全秩序。

（二）美国参与多边安全机制的主要举措

无论在美国内部有着怎样的不同意见，美国必须面对一个残酷的事实，即它在亚太地区的战略地位已不如从前，这与冷战后亚太地区经济的迅猛发展密切相关。随着亚太地区经济实力的增

① 参见约翰·伊肯伯里：《美国无敌：均势的未来》，韩召颖译，北京：北京大学出版社，2005 年版，第 195 页。

② John Feffer, “The Paradox of East Asian Peace”, December 12, 2007. http://fpif.org/the_paradox_of_east_asian_peace/.

③ 转引自杨文静：“美国亚太联盟体系的调整及其走向”，《现代国际关系》，2003 年第 8 期。

长、新兴国家实力的增强，美国与亚太各国之间的经济依赖程度日益加深，其结果是美国在该地区的权力被大大稀释。在这种情况之下，美国在经济、安全和区域一体化问题上不得不与他国采取互惠互利的立场。尽管作为“东北亚安全方程式中关键变量”的美国的影响无处不在，但区域内经济逐步一体化的现实表明，传统零和游戏规则难以大行其道。[①] 由此，在经济制度安排上，美国将会继续推进亚太地区贸易和投资的自由化，努力增强自身与亚太地区国家的多边经济联系，强化其在亚太地区的经济地位，进一步从亚太经济的快速发展中谋取经济利益。其主要的做法是，美国通过亚太经合组织获取对亚太经济合作与发展的主导权，加入并主导将中国排除在外的 TPP 谈判。美国这样做的基本目的是建立一个开放的、以美国安全联盟为基石的多边贸易体系，防止在亚太地区出现一个把美国排斥在外的区域经济集团和贸易集团，确保自己在东亚的经济和安全利益不受排挤。[②] 就这一点而言，美国有着强烈的“布局”意识，早在 1991 年 11 月就正式提出建立一个以北美为基点，包括日本、韩国和东盟在内的呈“扇形结构”的“太平洋共同体”的战略构想。这个构想最早出现在《美国在亚洲：浮现中的太平洋共同体的架构》一文中，“要展望美国在该地区与其盟国的互动情况，想像一把打开扇子就够了，扇轴在北美并穿越太平洋向西辐射。美日联盟是处于中心位置的扇骨，美韩联盟位于扇面的北翼，美泰、美菲联盟位于扇面的南翼，而美澳联盟则是另外一个重要的扇骨。将这些不同的扇骨连接在一起的就是由亚太经合组织塑造出来的共同利益。

① 李庆四：“美国与东北亚地区安全：困境、动因及影响”，载黄大慧主编《变化中的东亚和美国：东亚的崛起及其秩序建构》，北京：社会科学文献出版社，2010 年版，第 326—327 页。

② 门洪华：《霸权之翼：美国国际制度战略》，北京：北京大学出版社，2005 年版，第 272 页。

在这样一个结构中，新的政治和经济关系将为太平洋国家解决旧有的问题，应对新的挑战提供额外的支持”。[1]

在安全制度安排上，美国仍旧倚重在冷战期间建立起来的联盟体系。这是因为在美国眼里，联盟体系是其亚太地区安全结构的基石，在扩充权力和对抗外来威胁时发挥着重要的作用。但是，对双边联盟的依赖并不意味着美国将会像在冷战时期那样完全忽视多边制度的作用。冷战结束之后，美国经常以多边机制的形式弥补双边联盟的缺陷，进而实现美国在亚太地区的战略目标，将中国束缚在以美国为主导的多边安全机制当中。这一点在冷战后历届美国政府的战略决策中都能看到。奥巴马政府上台以后，美国加大了对亚太地区的重视程度，大幅介入亚洲事务，加强与其亚洲盟国和安全伙伴的关系，积极参与亚太地区的多边机制建设。美国对东盟态度的改变就说明了这一点。2009 年 7 月，美国国务卿希拉里代表美国政府与东盟国家外长签署了美国加入《东南亚友好合作条约》的文件。希拉里在与东盟国家外长会晤前的新闻发布会上说，美国已重返东南亚地区。美国将强化在东南亚地区的存在并加强与东盟国家的接触。美国总统奥巴马和她本人认为，东南亚地区既对全球进步和地区安全至关重要又牵涉到美国的未来，美国正与东盟全面接触，以便共同应对广泛的挑战。[2] 除此之外，美国还推动“东亚峰会”向多边安全合作机制方向发展。

总而言之，在冷战期间，美国对多边行动多有顾虑。在 20 世纪 90 年代，随着亚太经济的迅速发展以及由此导致的美国在亚太地区的权力地位的相对衰落，美国开始支持和鼓励多边主义，以

---

① James Bakers, “America in Asia: Emerging Architecture for Pacific Community,” *Foreign Affairs*, Vol. 70, No. 5 (Winter 1991/1992).

② “美国加入《东南亚友好合作条约》”新华网，2009 年 07 月 23 日。http://news.xinhuanet.com/world/2009-07/23/content_11755884.htm.

此作为美国双边安全关系的补充。这就意味着，冷战后美国若想继续保持自己在东亚的绝对优势地位，势必要同亚太各国达成某种长期性的制度交易，冷战后美国对亚太多边进程的态度转变很大程度上体现的正是这种逻辑。[①] 对于美国而言，多边机制是令亚洲国家参与地区安全事务的有效方式，同时它又不会削弱美国的霸权地位。此外，对于亚太地区秩序而言，美国主导的安全体系，不论如何发展，也不足以成为塑造亚太地区秩序的唯一因素。[②] 综上两点，美国有足够的理由在未来继续维持双边联盟与多边合作的并行机制。

可以预见的是，正在崛起的中国会进一步改变亚太地区的权力分配，中美之间以及中日之间的权力竞争会愈演愈烈。与此同时，区域大国与区域集团之间的互动也会越来越频繁。在这种情势之下，美国对参与亚太多边进程的态度必然会变得更加积极。这是因为，作为构建亚太多边制度的重要参与国，美国必定会想方设法地在多边制度的推进过程中推动有利于自身利益的区域安排，争取成为区域结构的核心建构者，以确保其在这一地区的影响力和主导权。有中国学者就指出，美国是战后亚太地区诸多地区机制和组织的创建者，但在绝大多数情况之下却以多边主义之名行单边主义之实。[③] 在可预见的将来，美国会“放下身段”，在强化其亚太双边联盟的同时进一步鼓励和推动亚太地区多边合作机制的建设。

---

① G. John Ikenberry, “State Power and the Institutional Bargain” in Rosemary Foot, Neil MacFarlane, Michael Mastanduno, ed., *US Hegemony and International Organizations*, New York: Oxford University Press, 2003, p. 59.

② 吴心伯：《转型中的亚太地区秩序》，北京：时事出版社，2013 年版，第 48 页。

③ 蔡鹏鸿：“亚太区域架构变动的现状与前景”，《现代国际关系》，2013 年第 7 期。

第六章

美国亚太联盟体系的强化与中国的选择

在探讨美国亚太联盟体系的未来走势以及中国战略选择的时候，必须考虑世界格局的变化和美国政府亚太战略的整体布局以及中国的发展趋势和中美两国之间在亚太地区的互动。随着冷战的结束，世界地缘政治和安全格局发生了翻天覆地的变化，美国在苏联解体之后成为世界上唯一的超级大国，在国际秩序中拥有绝对优势。但美国的超强实力和主导地位并没有给世界带来“霸权统治下的和平”。发生在2001年的“9·11”恐怖袭击事件和2008年的金融危机严重损害了美国的国家安全和国际信誉。在美国成为一种“不完整的霸权”或“失势霸权”的同时，世界却目睹了以中国和印度为代表的世界新兴力量的崛起。新兴势力的群体性崛起被看作是近代以来继欧美崛起之后的另一次世界权力大转移，更是非西方国家的首次崛起。其结果是，美国长期主导国际事务的局面开始出现改变。但这并不意味着美国已经失去了它的霸权地位，美国仍然拥有其他国家无法抗衡的诸多战略资产。它的经济实力、军事实力和科技实力仍居世界首位。美国的政策制定者的关注焦点仍然是如何在世界上维持美国的霸权地位而非为美国的霸权衰退谋划退路。作为美国安全战略重要组成部分的亚太联盟体系是美国进行霸权护持的重要工具，它的发展必然会服务于美国的全球战略目标。此外，在美国看来，中国的崛起已经不再是一个假设性命题，它已经成为美国在亚太战略布局中不得不防范的重要因素。有中国学者就指出，尽管美国政府曾经一度试图与中国建立“建设性战略伙伴关系”，但总体上美国却把中国定位为“匹敌的战略竞争者”，看作重要的战略挑战，并通过强化联盟体系、扩大安全伙伴从地缘上对中国形成战略包围。[①]中美两国之间这种战略竞争性的上升也必然会影响到中国的战略选择。

第一节　美国亚太联盟体系的强化对中国安全利益的影响

美国国务卿希拉里·克林顿在任期间反复强调，美国既是一个大西洋国家，也是一个太平洋国家。奥巴马政府力推“亚太再平衡”战略的主要目的之一便是向亚太各国，尤其向其亚太盟友，标榜美国在该地区的政治、经济和军事的存在感。美国人受基督教新教的影响有着强烈的“选民”思想和“使命”感，与此同时，美国先民横渡大西洋的艰辛历程以及在美洲大陆开疆辟土的特殊经历又使现今的美国人有着强烈的“危机”意识。有中国学者认为：“在美国历史上，美国社会经历过为自由而战的独立战争和为人权而战的南北战争。美国社会在这两场‘安身立命’的立国之战中建立的那种美利坚精神，也为美国外交政策后来的精神追求、使命意识和献身目的奠定了思想基础，指出了明确方向。”[②] 实际上，每一次国家安全战略和外交重心的调整都是美国

① 潘忠岐：《与霸权相处的逻辑》，上海：上海人民出版社，2012 年版，第 280 页。

② 汪波：《美国冷战后世界新秩序的理论与实践》，北京：时事出版社，2005 年版，第 29 页。

政府重新明确“威胁来自何方”、“利益重在何方”的过程。奥巴马总统执政以来，美国政府越来越关注亚太地区，不断巩固和强化其亚太联盟，这与该地区蓬勃发展的经济有很大的关系，更与美国忧虑中国的崛起会威胁其亚太利益密切相关。

一、美国亚太联盟体系的强化对中国军事安全的影响

2011年11月，希拉里在《外交政策》上发表了题为《美国的太平洋世纪》的文章。文章勾勒了奥巴马政府未来十年的亚太战略构想。希拉里特别强调，与中国的关系是有史以来美国需要应对的最具挑战性、最重要的双边关系之一，处理与中国的关系需要立足现实、着眼成果、坚持原则和固守利益。美国将继续把中美关系置于一个更广泛的地区性安全同盟、经济网络和社会纽带的框架中。[①] 实际上，美国在亚太地区打造的联盟体系已经构成了对中国的“包围”。在实施新的亚太战略部署的时候，美国格外强调其亚太联盟的重要性，将美国与日本、韩国、澳大利亚、菲律宾和泰国的联盟视为美国重返亚太战略的重要支点。奥巴马政府的亚太联盟政策以三项核心原则为指导。首先，在联盟核心目标上与盟友保持政治共识。其次，确保美国的联盟体系富有灵活性和适应性，以便成功应对新的挑战，抓住新的机遇。最后，保证联盟的防御能力和通讯设施在物质保障和运行方面能够有效地遏止来自国家和非国家实体的

① Hillary Clinton：“America's Pacific Century：The future of politics will be decided in Asia，not Afghanistan or Iraq，and the United States will be right at the center of the action”，October 11，2011. http：//foreignpolicy. com/2011/10/11/americas - pacific - century/.

挑衅。[1] 在上述三原则的指导之下，美国继续在亚太维持冷战时期的安全结构，即军事联盟与前沿部署并重的结构。

美国的亚太军事联盟是美国对中国施加军事压力的重要平台。冷战结束以来，美国政界和学界已经形成一个普遍共识，即复杂的亚太局势仍然会对美国形成巨大的威胁，美国的安全同亚太地区的安全与稳定密切相关。在这种认知之下，增加军备投入、巩固与相关国家的军事联盟关系便成了美国亚太安全战略的关键。美国国防部长卡特就特别看重军费开支和联盟关系对维持美国全球实力的重要意义。他在 2015 年 4 月 6 日于亚利桑那州立大学麦凯恩研究所发表演讲时说："自冷战结束以来，美国及其亚太盟友的军费总开支是 16 万亿美元，这个数字几乎是同时期其他所有国家的军费总和。自 1990 年以来，单就研发和采购两项，美国的军费开支就高达 4 万亿美元。此外，美国所具备的优势因其无可比拟的联盟和伙伴网络而得以倍增。亚太地区以及全世界寻求与美国交好的国家不是因为受到了美国实力的恐吓，而是受到了美国的理想、价值观和良好意愿的吸引。所有这些关系使得美国的全球实力无论在过去还是现在都显得极为独特。"[2] 此外，在巩固多组双边联盟和伙伴关系的基础之上，美国还谋求实现亚太联盟体系的网络化，建立一个类似于北约的多边安全机制，以便把分散在亚太各地的互不连接的双边安全机制有效地集结在美国的指挥之下。有中国学者认为，美国力图形成以它为中心，以

① Hillary Clinton, "America's Pacific Century: The future of politics will be decided in Asia, not Afghanistan or Iraq, and the United States will be right at the center of the action", October 11, 2011. http://foreignpolicy.com/2011/10/11/americas - pacific - century/.

② U. S. Department of Defense, "Remarks on the Next Phase of the U. S. Rebalance to the Asia - Pacific (McCain Institute, Arizona State University)", April 06, 2015. http://www.defense.gov/Speeches/Speech.aspx? SpeechID = 1929.

美国与有关国家的双边联盟为辐线，以有关国家之间的战略合作关系为横线的蜘蛛网式战略结构。这种结构的特点是所有国家都处在密切联系的网络之中，单个节点的作用与整个网络的作用密切配合，局部链条的断裂不会导致整个网络崩溃。[①] 美国在实施具体战略时既从东西两翼挤压中国的战略空间，又在南北两个方向对中国进行战略包抄。美国增加关岛的驻军，并将投入120亿美元全面升级关岛军事基地并将其“打造成一个联合战略中心”[②]

继续保持在亚太地区的“前沿军事存在”是美国亚太安全战略的重要支柱，也是美国对中国施加军事压力的直接手段。美国的战略决策者因为受到传统的海权思想和斯皮克曼“边缘地带”理论的影响，希望在西太平洋沿岸尽可能地压缩中国的战略空间。要想达到这一目的，最有效的办法就是将中国在西太平洋的军事活动范围限制在“第一岛链”之内。奥巴马政府对亚太地区“前沿军事存在”的重视正是出于这种地缘战略利益的考虑。在今后10年，尽管美国会将国防开支削减1500亿美元，但美国对亚太地区的军事投入不会减少。美国海军到2020年会将其60%的舰艇以及超过一半的航空母舰部署在亚太地区。[③] 这将是美国冷战结束后最大规模的海军兵力部署调整。2014年8月，美国海军公布了一项未来5年海军作战计划的详细内容。美国海军作战部长乔纳森·格林纳特（Jonathan Greenert）在计划中明确表示，美国将继续执行奥巴马政府的“亚太再平衡”战略，到2019年，

① 任卫东：“美国实施再平衡战略以来的亚太地缘政治形势”，载巴忠倓主编《美国战略调整与中国国家安全》，北京：时事出版社，2013年版，第51页。

② 郭建平：《美国亚太战略调整与台海和平稳定问题研究》，北京：中共中央党校出版社，2014年，第28页。

③ U. S. Department, “Remarks by Secretary Panetta at the Shangri – La Dialogue in Singapore”, June 02, 2012. http://www.defense.gov/transcripts/transcript.aspx? transcriptid = 5049.

派驻该地区的舰艇总数将增至65艘，比2014年多出15艘。该计划还指出，海军最强大的作战平台将在西太平洋执行军事任务，这包括最新的DDG级导弹驱逐舰、联合高速船、“海神”侦察机、“咆哮者”电子战飞机，以及F－35C联合攻击战斗机等升级版飞机。[①] 2015年3月10日，格林纳特在美国参议院军事委员会国防预算听证会上就强调，美国在未来的海军布局将确保美国与盟国的关系，维持战斗和吓阻能力。[②] 数十年以来，美国空军一直在亚太地区执行任务，在推行“亚太再平衡”战略时自然也是一马当先。与美国海军不同，美国空军在亚太地区不试图增加永久性军事基地，而是在未来几年增加飞机的部署数量并大力发展与澳大利亚、马来西亚、新加坡和泰国等国的军事关系。2014年6月，已经有12架F－16C/D“战隼”战斗机（F－16 Fighting Falcon）抵达韩国群山空军基地，加入驻扎在此的第8战斗机联队的两个F－16中队。[③] 与此同时，美国以推进“海空一体战”为契机，大力整合海军和空军的协同作战能力，通过推行新的作战理念进一步提升美军在亚太地区的战斗力。

2015年4月6日，美国国防部长卡特还进一步披露了美国在“亚太再平衡”的下一阶段将要采取的具体军事措施。首先，为了应对亚太地区复杂多变的安全环境，确保美军在危机中的生存能力，美国将会加大力度继续研发高端武器，例如，新型远程隐形轰炸机、新型远程反舰巡航导弹、电磁炮、新型太空武器以及

---

① 怀亚特·奥尔森：“海军计划详述了将加强的前沿军事存在及部署在太平洋的舰艇数量”，美国《星条旗报纸》网站，2014年8月20日，载《参考消息》，2014年8月22日，第6版。

② Jonathan Greenert：“Statement before the Senate Committee on Armed Services on FY 2016 Department of the Navy Posture”，10 March 2015. http：//www. armed－services. senate. gov/imo/media/doc/Greenert_ 03－10－15. pdf.

③ 麦克·约：“美国重返亚洲政策插上双翼”，美国《国家利益》双月刊网站，2014年9月16日，载《参考消息》，2014年9月18日，第6版。

其他一些令人愕然的高端产品。其次，美国正着手在亚太地区部署现有的先进武器装备。美国已将新型弗吉尼亚级核潜艇、海军P-8预警机、F-12、F-35联合打击战斗机、B-2和B-35远程轰炸机以及另外两艘宙斯盾驱逐舰派遣到了这一地区。最后，美国正在因地制宜地调整其防御态势，修建更多的军事设施。①

除了在亚太地区通过部署最先进的武器系统强化“前沿军事存在”以外，美军还在该地区扩大战略纵深，重组现有军力，分散亚太驻军。2012年4月，美日发表联合声明宣布，两国就驻日美军的迁移事项达成一致，大约9000名美军陆战队成员将从日本的冲绳迁移到日本本土以外的关岛、夏威夷和澳大利亚。② 此次调整的目的一方面是改变美军在地理分布上过于偏重东北亚的驻军态势，另一方面则是探索替代方案以应对巡航导弹对美国在亚太地区的军事基地的袭击。美国国防部2014年《四年防务评估报告》就指出，国防部将加强美军的作战能力，其措施包括“将陆上和海军远征部队分散到其他基地和作战地点，在只需动用少量后勤和支援人员与设备作为补充的情况之下，确保调遣和维护处于自然条件恶劣地区的前线作战飞机的能力”。③ 利用此次驻军调整的契机，美军加强了关岛和夏威夷的战略地位，并打造关岛基地作为美军新的军事枢纽。关岛是美国第二岛链的中心，是美国与日本、菲律宾等盟国的重要联络站。也是驻日美军的前进基地和后方依托，具有极为重要的战略地位。通过扩大美军的战略

① U. S. Department of Defense, “Remarks on the Next Phase of the U. S. Rebalance to the Asia - Pacific (McCain Institute, Arizona State University)”, April 06, 2015. http://www.defense.gov/Speeches/Speech.aspx? SpeechID = 1929

② Joint Statement of the Security Consultative Committee, Release No: 315 - 12, April 26, 2012. http://www.defense.gov/releases/release.aspx? releaseid = 15220.

③ U. S. Department of Defense, “Quadrennial Defense Review Report 2014”, March 2014. http://www.defense.gov/pubs/2014_Quadrennial_Defense_Review.pdf.

纵深，分散美军在亚太地区的军事部署，既可以使美军相当部分的军力处在中国导弹的射程之外，又可以在更广阔的地域空间内发挥美军的威慑作用并为美军控制南海和西南太平洋提供新的战略立足点。有中国军事专家认为，美军在亚太地区将兵力从第一岛链向第二岛链转移，实施机动部署，依托多边联盟，目的就是对中国实施战略封锁。[①] 事实也证明，这一系列军事部署的调整的确增大了中国的战略压力。这是因为，美国在巩固其亚太军事联盟，强化亚太“前沿军事存在”的同时，还通过人道主义救援、军事演习、武器输出等方式拉拢中国周边国家，加大对中国周边地区的渗透。此外，美国在亚太地区构建的联盟体系和安全伙伴关系对中国而言完全是“排他性”和“利己性”的。中国经过几十年的经济发展，已经完全融入了世界经济体系，并成为该体系的重要构建者和参与者，但中国依然被排除在美国主导的亚太安全体系之外。美国借推行“亚太再平衡”之机，大肆强化双边军事联盟，大力发展与中国周边国家的安全伙伴关系，完全无视中国正当的安全诉求。美国的这种视中国为潜在威胁的新冷战思维对中美关系的未来走势一定会造成巨大的负面影响。

二、美国亚太联盟体系的强化对中国周边关系的影响

对美国而言，中国的崛起意味着威胁和挑战，即在未来中国一定会威胁美国的全球利益，挑战美国的世界领导地位。对于亚太国家而言，中国的崛起意味着一种“选边站”的困境。目前，亚太地区的权力结构存在“二元体系”的特点，即以中国为核心的经济秩序与以美国为核心的安全秩序之间的不兼容。两个国家

---

① 陈宏达、江新凤：“美国战略重心东移后的驻日美军调整”，载巴忠倓主编《美国战略调整与中国国家安全》，北京：时事出版社，2013 年版，第 271 页。

所扮演的角色迥然不同且不能相互替代。在此情况之下，亚太各国，尤其是中国的邻国，采取“骑墙政策”，在经济上依靠中国，在安全上依赖美国，力图在中美之间寻求自身经济利益和安全利益的平衡。更有一些亚太国家在美国营造的冷战氛围的背景下“借力打力”，在安全问题上完全投靠美国，试图在亚太地区构建大国平衡，以便谋取更大的战略空间和安全利益。最明显的表现是，与中国存在领土争端的日本、越南等国就希望借美国调整亚太战略之机，争取美国的更大支持，加大对中国的施压力度。亚太国家这种既依靠中国又害怕中国的心态也给美国重返亚太，实施“亚太再平衡”战略提供了便利条件。

在“亚太再平衡”战略的指导之下，美国与亚太盟国的双边和多边军事演习有扩大化的趋势，这极大地恶化了地区安全局势，加剧了本地区国家之间原本就十分脆弱的不信任感，并强化了他国对中国崛起的危机感。[①] 美国国家安全委员会负责亚洲事务的高级主管麦艾文（Evan Medeiros）为此辩解说，美国“重返亚洲”政策没有向亚太国家强加自己的意愿，而是对该地区国家的强烈要求作出反应。[②] 于是乎，为了孤立和牵制中国，美国政府在强化其亚太联盟和安全伙伴关系的同时渲染中国威胁论，激化中国与周边国家的矛盾。在朝鲜半岛，美国大力巩固美韩联盟。针对朝鲜的军事威胁，美韩双方加强军事戒备，强化军事合作，升级军事演习。美国这样做，既可以施压朝鲜，牵制中国在朝鲜半岛的影响力，又可以阻止韩国与中国交往过密，遏制韩国的“离心倾向”。自2014年以来，美国意欲在朝鲜半岛部署“萨德”导弹防御系统的传言甚嚣尘上。在美韩双方作出明确决定之

① 孙哲主编：《亚太战略变局与中美新型大国关系》，北京：时事出版社，2012年版，第205页。

② 美联社华盛顿2014年12月2日电，载《参考消息》，2014年12月4日，第16版。

前，韩国政府一直奉行“三个没有”的官方政策，即没有作出决定、没有与美国协商以及没有来自美国的要求。它之所以在战略上采取模棱两可的态度，是因为一旦明确表态，韩国必然会陷入安全利益和经济利益二选一的困境。一方面，中国是韩国最大的出口市场，也是其最大的进口市场。韩国与中国的贸易额超过了它与美国、日本和欧盟国家贸易额的总和。韩国经济对中国的高依存度令韩国政府必须慎重考虑中国政府对部署“萨德”导弹系统的反对意见。另一方面，韩国在面临朝鲜导弹威胁的时候，美国在朝鲜半岛的军事存在对其安全利益又有着不可取代的作用。在朝鲜进行第4次核试验之后，韩方就呼吁中国惩罚朝鲜。朴槿惠总统甚至直接对中国隔空喊话，“中国一直说不会容忍北朝鲜发展核武器，中国必须要帮助（韩国）采取必要的措施”[①]。此后，韩方不断放风说，与韩国在艰难时期携手共进的国家才是韩国的最佳伙伴，如果中国不配合国际社会对朝鲜实施更加严厉的制裁，朴槿惠政府打算改变一贯重视中国的路线，把重心转向美韩联盟。[②] 6个月后，此言一语成谶。2016年7月8日，美韩两国便高调宣布驻韩美军将会在朝鲜半岛部署“萨德”反导系统。“萨德”反导系统的全称是“末段高空区域防御系统”，它的最大射程可达300千米，能够防御半径200千米的区域。美国力图在韩国部署“萨德”反导系统的理由是该系统可以和“爱国者”防空导弹构成多层次防御体系，因而能够更好地拦截来自朝鲜的弹道导弹。但军事专家普遍认为，“萨德”系统名曰对朝，实则对华。如果朝鲜攻击韩国，它最有可能使用布置在停火线附近的短程导弹，而非弹道导弹，因而“萨德”反导系统对朝鲜导弹的防

① 日本《读卖新闻》1月14日报道，《参考消息》，2016年1月15日，第1版。

② 同上。

御作用非常有限，反而对中国的安全体系造成了巨大的威胁。该系统不仅可以监视中国东北和华北的大部分地区，还能监控中国的洲际导弹发射轨迹。事实上，美国在韩国部署“萨德”系统是美国扩大其全球导弹防御系统的重要步骤，势必影响整个东北亚地区的战略平衡。此计划一旦得以实施，中韩关系必然会受到严重损害。中国媒体《环球时报》在此之前就明确指出，可以肯定的是，如果该系统最终登陆韩国，将沉重打击中国舆论这些年积累的对韩国的好感，动摇两国关系的基础。[①] 中共中央军委机关报《解放军报》2016 年 7 月 31 日发表署名“钧保言”的文章说：“韩国同意美国在其境内部署‘萨德’反导系统，将损害东北亚地区国家的战略安全，进而严重阻碍中韩关系的迅猛发展势头，于韩国而言得不偿失。”[②] 非常明显，“萨德”系统的部署问题结束了朴槿惠总统上台以来中韩两国关系的“蜜月期”并严重损害了中韩两国的战略互信。

美国利用“萨德”反导系统在中韩之间插入“楔子”的同时，还力图在西太平洋沿线打造一条“东海、南海”争端链，以进一步束缚中国的战略发展空间。这具体的表现是，在东海地区，美国不断强化与日本的军事联盟关系，通过重新定义日美安保条约令日本在亚太安全事务中扮演更重要的角色，以此钳制中国的崛起。美国还明确将钓鱼岛纳入美日安保范围，提升美日联盟的军事功能。在南海地区，美国以“航海自由”为由，利用一些东南亚国家与中国的领土争端，全面加强与相关国家的政治、经济和军事关系，并刻意激化菲律宾和越南与中国的矛盾，力图使它们在美国的东亚战略中发挥战略支点作用。

---

① “美防长来亚洲‘大声咳嗽’秀军事存在”，《环球时报》，2015 年 4 月 10 日，第 14 版。

② 钧保言：“在韩部署‘萨德’，只会玩火自焚”，《解放军报》，2016 年 7 月 31 日，第 3 版。

2015 年 3 月，美国第七舰队司令托马斯（Robert Thomas）就声称东盟国家应该组成联合舰队在南中国海巡逻。据外媒报告，托马斯是在参加东盟国防部长会晤之后于马来西亚兰卡威国际海事与航空展上发表上述讲话的。他明确表示："这样的动议有利于东盟国家落实各项训练指标。如果它们带头组织这样的巡逻，美国第七舰队一定会提供必要的支持。"① 此番讲话之后，菲律宾立刻做出了反应。其海军总司令米兰（Jesus Millan）就高调宣称："所有相关国家应该协同合作以保护'通航自由'，维护航海安全。"② 美国和菲律宾在南海问题上"一唱一和"的根本目的就是使南海问题朝"多边化"和"国际化"方向发展，鼓励东盟国家向中国施加更大的压力。其实，早在 2015 年 1 月，托马斯就曾提议日本将空军巡逻区域扩展至南中国海。此外，他还认为，日本海上自卫队在未来也有充足的理由在南中国海巡航，原因就在于中国的渔船、海警船和军舰的实力远远超过了邻国。③ 托马斯的言论直接反应了美国政府希望日本在亚太安全事务中扮演更重要角色的基本态度。但作为美国驻亚太地区的最高海军指挥官公开呼吁日本以及相关东盟国家就南中国海问题公开对抗中国却是一件非常罕见的事，这不能不引起中国政府的警觉。要知道，美国和日本在南中国海都没有主权声索。但是，美国第七舰队却常年在该地区活动，而日本一旦加入南中国海

① Prashanth Parameswaran, "A US official suggests ASEAN states undertake joint patrols in the South China Sea", The Diplomat, March 19, 2015. http: //thediplomat. com/2015/03/asean – patrols – in – the – south – china – sea/.

② Sam La Grone, "U. S. 7th Fleet would support ASEAN South China Sea patrols", USNI News, March 20, 2015. http: //news. usni. org/2015/03/20/u – s – 7th – fleet – would – support – asean – south – china – sea – patrols.

③ Tim Kelly and Nobuhiro Kubo, "U. S. would welcome Japan air patrols in South China Sea", Reuters, January, 29, 2015. http: //www. reuters. com/article/2015/01/29/us – japan – southchinasea – idUSKBN0L20HV20150129.

巡航必然会遭致中国的反制。就此，中国的《环球时报》发表社评说：“日本对南海来说是完全的域外国家，如果日本强行派航空自卫队进南海巡逻，中国有必要采取严厉措施予以回敬。中国可考虑届时宣布南海防空识别区，加快、加大在南海的基地建设。中国还可与俄罗斯加强在东北亚的军事合作，牵制美日同盟。”①

2015年5月27日，美国在夏威夷珍珠港举行首名日裔太平洋司令哈里斯（Harry Harris）的就职仪式，在仪式上美国国防部长阿什顿·卡特发表了一篇简短的演说。在演说中，他明确表示“美国的未来有赖于亚太地区”，强调“亚太再平衡”的战略意义。与此同时，卡特再次阐释了美国对南中国海问题的基本态度，他认为“中国在南中国海的行动既背离了作为亚太地区安全框架的国际规范又不符合在主权问题上避免单方恐吓行动的地区共识”。② 有国外媒体认为，这种表态也许是卡特上任三个月以来就中国在该地区的领土主张所做出的最严厉的评论。③ 卡特在香格里拉安全对话会召开之前发表这样的言论一方面是向中国施加更大的压力，另一方面就是为美国在该地区的盟国撑腰打气。他说：“中国的行为令该地区的国家以新的方式团结在一起。它们要求美国参与亚太事务的呼声日益高涨。美国将会积极地回应这

① “美军司令呼吁日本巡航南海，中国有必要严厉回敬”，《环球时报》，2015年1月30日。

② U. S. Department of Defense, “U. S. Pacific Command Change of Command As Delivered by Secretary of Defense Ash Carter, Joint Base Pearl Harbor - Hickam, Hawaii”, Wednesday, May 27, 2015. http://www.defense.gov/Speeches/Speech.aspx? SpeechID = 1944.

③ 美国《防务新闻》周刊网站5月27日报道，载《参考消息》，2015年5月29日，第1版。

种呼声。”[1] 美国长期以来对少数国家就南海问题的种种挑衅行为视而不见、充耳不闻，却大肆渲染中国在南海岛礁上的建设。这种在南海问题上“拉偏架”的行为让中国很容易形成美国转向应对中国的印象。[2] 在可以预见的未来，美国政府为了顺利实施“亚太再平衡”战略以及遏制中国的崛起会继续利用领土争端离间中国与邻国的关系，进一步搅局南海。南京大学中国南海研究协同创新中心执行主任朱锋在接受《环球时报》采访时认为，在南海争议问题上，已经呈现出大国战略竞争和小国利益博弈之间的联动关系。这两者相互影响，正在给南海局势和东亚安全秩序的未来带来新的不确定性。[3]

不仅如此，美国还通过部署濒海战斗舰等方式将新加坡纳入其军事联盟体系。作为美国亚太战略的“南锚”，澳大利亚在美国“重返亚太”和“亚太再平衡”战略中有着举足轻重的作用。美国希望澳大利亚成为其全球机动作战的前沿，以配合美国军事战略的调整，巩固第二岛链防线。也正是出于亚太安全新布局的需要，奥巴马政府格外重视美澳联盟。强化美澳军事合作也就成了美国实现其军事战略调整的重要手段之一。

从目前的趋势来看，美国在未来仍将继续怂恿亚太相关国家不断挑战中国的战略底线，为中国的和平发展设置障碍。与中国有领土争端的国家在美国的鼓动之下很可能采取更为冒险的对华政策，为美国以军事手段介入东海和南海问题提供借口。美国总

① U. S. Department of Defense, “U. S. Pacific Command Change of Command As Delivered by Secretary of Defense Ash Carter, Joint Base Pearl Harbor - Hickam, Hawaii”, Wednesday, May 27, 2015. http://www. defense. gov/Speeches/Speech. aspx? SpeechID = 1944.

② 袁鹏：“不要总从‘打不打’看中美关系”，《国际先驱导报》，2015 年 6 月 4 日，第 4 版。

③ “菲律宾人忧虑被‘战祸’殃及”，《环球时报》，2015 年 5 月 26 日。

统奥巴马在2015年4月9日访问牙买加时就说道："中国令我们感到担心的是，它没有完全遵守国际准则和秩序，它用自己的'大块头'和'肌肉'强迫其他国家遵从它的意志。这正是我们对海事问题的担心。我们认为，不能因为菲律宾和越南不如中国大就可以被中国挤到一边去。"①

第二节　中国针对美国亚太联盟体系强化的应对之策

美国的亚太联盟体系是美国在冷战期间为了遏制"共产主义威胁"而组建的。冷战之后，虽说美国赋予了该联盟体系浓厚的政治、经济色彩，但它作为军事联盟的核心性质并没有改变，至今仍是以美国为主导的亚太安全秩序的重要支柱。随着中国经济的发展，中国在亚太地区的影响力迅速提升。在经济方面，中国正逐渐发展成为亚太地区的经济中心。在安全方面，中国积极参与并亲自构建亚太地区多边安全合作机制。亚太地区也首次目睹了"中国主导经济，美国主导安全"的"二元格局"。在这种情况之下，美国更加重视它在亚太地区的联盟资产。该联盟资产是维护美国在这一地区霸权地位的重要工具。以亚太联盟为依托，美国在这一地区保持"前沿军事存在"，部署先进武器，与联盟开展强度和频度都不断提升的军事演习。这些都对中国的国家安全造成了严重的威胁，中国如何应对愈发"咄咄逼人"的美国成为了中国战略决策者不得不思考的问题。

① White House, "Remarks by President Obama in Town Hall with Young Leaders of the Americas", April 09, 2015. https://www.whitehouse.gov/the-press-office/2015/04/09/remarks-president-obama-town-hall-young-leaders-americas.

一、以创新促安全：推进中美新型大国关系建设

中美关系是世界上最重要、最复杂和最不确定的双边关系。处理好中美关系是中国从地区性强国走向世界性强国的重要条件之一。今日的美国仍是世界上唯一的超级大国，没有哪个国家能像美国一样能够全方位影响中国的内政外交。维持稳定的中美关系不仅与中国的和平发展有着千丝万缕的联系，而且还与世界的繁荣和稳定息息相关。无论中国还是美国都认为，中美两国关系并非“零和博弈”，中美之间既没有“历史宿怨”，也没有领土争端，在促进全球经济发展、处理国际和地区热点问题、应对非传统安全挑战方面，两国拥有重要的利益契合点。正如习近平主席所指出的那样，宽广的太平洋有足够空间容纳中美两个大国。奥巴马在2013年3月在与习近平主席的通话中，把中美关系的性质归纳为：“健康竞争而非战略博弈”①。在同年6月的中美两国元首的“庄园会晤”中，习近平主席就中美两国建设新型大国关系提出了“不冲突、不对抗、相互尊重、合作共赢”的14字方针。继而在2014年11月，习近平主席在与奥巴马总统的“瀛台会晤”中又提出“加强高层交往、在相互尊重的基础上处理两国关系、深化各领域合作、管控分歧与敏感问题、亚太地区包容协作、应对地区和全球性挑战”等6个推进中美新型大国关系建设的重点方向。由此可见，中美两国领导人都有突破大国兴衰历史宿命、构建和平共赢新型大国关系的政治意愿和历史使命感。②

除了强烈的政治意愿和历史使命感以外，从两国最高领导人

① “习近平在同美国总统奥巴马通电话话时强调：相互尊重扩大合作，走一条新型大国关系之路”，《人民日报》，2013年3月15日，第4版。

② 袁鹏：“关于构建中美新型大国关系的战略思考”，《现代国际关系》，2012年第5期。

的表态中，人们更多看到的是构建新型大国关系的必要性和紧迫性。首先，鉴于中美两国在国际体系中的地位和作用，中美关系已经超出了双边关系的范畴，中美关系的任何异动都会影响世界的和平与稳定。中美作为世界上两个最大的经济体，经济的相互依赖已经使它们在一定程度上成为了“你中有我、我中有你”的利益共同体。奥巴马总统之所以强调中美关系的“非零和性”，习近平主席之所以强调“不冲突、不对抗”就是因为他们看到了中美关系“合则两利，斗则两伤”的实质。其次，诸多全球性挑战需要中美两国密切合作。恐怖主义、全球变暖和大规模杀伤性武器扩散等问题已经成为全人类的共同敌人，任何一个国家在这些巨大的挑战面前都是脆弱的，中美两国的合作对于国际社会而言弥足珍贵。与此同时，在构建新型大国关系时，中美两国又面临着众多困难和挑战。最大的挑战就是中美之间战略互信的缺失。美国前国务卿斯坦伯格就指出，（中美）双方彼此存在不信任感。中国认为奥巴马政府的正在“构筑中国包围圈”，而美国人则认为中国试图将美军赶出西太平洋。他强调说，弄不清对方的真实意图是最危险的，对中美两国而言，核心挑战是如何避免冲突，巧妙管控双边分歧。①

造成中美之间战略互信缺失的原因有很多，最主要的有两个：首先，对于西方国家而言，中国永远是一个不能被信任的“另类”，中国有着与西方国家不同的意识形态、价值观念、政治制度和发展模式。其次，中美之间的战略互疑源自大国政治背后的“修昔底德陷阱”这一概念，意即正在崛起的国家与霸权守成国之间必有一战的逻辑。自从中国的崛起不再纯粹是一种假设之后，美国的亚太战略在涉及中国时便充满了“焦虑”。由此，约

① 转引自日本《朝日新闻》2月20日报道：“建设新型大国关系对中美而言是一种挑战”，载《参考消息》，2014年2月21日，第14版。

瑟夫·奈就指出："展望未来，悲观主义者预测随着中国日益强大并谋求将美国逐出太平洋，一场冲突近在眼前。一些人说，各方接纳各自的势力范围可以预先阻止这场冲突，美国应将其活动范围主要局限在东太平洋。但用这种方式应对中国崛起将毁掉美国的可信度，并导致地区内国家追随中国而非与之抗衡。相反，如果美国继续在西太平洋发挥影响，那么就能加强地区各国自发的抗衡反应，并有助于用一种鼓励中国采取负责任行为的方式来塑造环境。"① 对此，中国学者袁鹏认为，"美国高层的美好言辞似乎与其实际的政策和行动之间存在反差，给人留下'言行不一'的印象，反过来强化了'冲突论'、'悲观论'市场。"② 但是，约瑟夫·奈本人就中美之间建立新型大国关系仍然表达了乐观的看法，他说："与一个世纪前的英国相比，美国有更多时间管理与崛起中大国的关系，中国则比当年的德国有更多的动力来约束自己。这提供了一个建立新型大国关系的机会。"③

就像一个硬币总有两面一样，在一些学者表达"审慎乐观"态度的同时，也有一些学者认为构建新型大国关系的构想很可能会落空。美国卡特中心中国项目组负责人刘亚伟就指出，中国提出新型大国关系观点的软肋在于对新型大国关系的定义十分模糊。中方并没有明确指明如何避免重蹈历史覆辙，避免守成大国和新兴大国之间发生冲突。而对于美国人而言，首先，他们不会认为自己是守成大国；其次，美国人有干涉别国内政的、几乎是宗教性的本能，不让他们关心别国百姓的政治生态和社会存在，

① ［美］约瑟夫·奈："美中关系的未来"，香港中美聚焦网 2015 年 3 月 10 日，载《参考消息》，2015 年 3 月 12 日，第 14 版。

② 袁鹏："关于构建中美新型大国关系的战略思考"，《现代国际关系》，2012 年第 5 期。

③ ［美］约瑟夫·奈："美中关系的未来"，香港中美聚焦网 2015 年 3 月 10 日，载《参考消息》，2015 年 3 月 12 日，第 14 版。

几乎是不可能的。[①] 无论中美新型大国关系最终能不能得以确立，只要它能够减少中国在崛起过程中的成本和阻力，就值得去尝试。

二、以经济促安全：加强亚太经济合作

中美两国在亚太地区有着诸多共同利益。在安全上，两国都希望维护本地区的和平与稳定，并在打击恐怖主义、防止大规模杀伤性武器扩散、全球变暖等方面保持着密切的合作。在经济上，两国都希望保持亚太地区的经济增长趋势，进一步促进地区繁荣和发展。随着中美经济依存度的不断提升，双方在更多领域开展合作。但是，在亚太地区存在一种经济秩序和安全秩序相脱节的现象。美国牢牢地掌控着亚太安全秩序，而中国又是亚太经济秩序的中心，是全球120多个国家和地区的最大贸易伙伴。以中国目前的国力还不足以撼动美国对亚太安全秩序的主导权，在这种情况之下，如何进一步巩固和提升中国的经济主导权、实施以亚太地区为依托的周边外交战略便成了中国亚太战略的重要组成部分。中国学者阎学通认为："一国崛起的性质是赶超世界最强国，最强国只能是崛起国的障碍而不可能成为其支持者，……因此，中国崛起战略的对美政策目标只有减少美国阻力的单一选项，而不可能争取美国的支持。中国对周边国家的外交目标，则有减少阻力和争取支持的两重性。"[②]

（一）坚持"亲诚惠容"的近邻观，分享中国发展红利

中国一直奉行睦邻友好政策，是亚太地区和平与发展的重要

① 刘亚伟："中美是时候考虑各让一步了"，《国际先驱导报》，2015年5月29日—6月4日，第3版。

② 阎学通："整体的'周边'比美国更重要"，《环球时报》，2015年1月13日，第14版。

推动者和维护者。从历史角度来看，霸权国的崛起都是以牺牲他国利益为前提的。有新加坡学者认为，美国主导整个美洲时创立了拉美国家的依附性法则，这种法则导致了拉美国家的畸形发展。由此，中国应该寻求一种更加健康的崛起方式，与周边国家分享发展红利。[①]

经过三十多年的快速发展，中国在经济建设方面的经验对其他发展中国家具有很好的借鉴意义。中国外交部新闻发言人洪磊在2014年的一次新闻发布会上就讲道，“要想富，先修路”[②]，以此强调基础设施建设对经济发展的重要性。中国从来不用“炮舰”去拓展贸易之路，中国与周边国家的贸易都是建立在互利共赢的基础之上的。为了与周边国家分享中国的发展经验，进一步促进中国与相关国家的经贸关系，中国政府提出了设立亚洲基础设施投资银行以及构建“丝绸之路经济带”和“21世纪海上丝绸之路”的倡议。

2013年10月2日下午，中国国家主席习近平在访问印度尼西亚时首次表达了筹建亚洲基础设施投资银行的愿望。2014年10月24日，亚洲基础设施投资银行的成立向前迈出了坚实的一步，来自中国、印度、新加坡等国在内的21个意向创始成员国的财长和代表在北京签约，决定成立亚洲基础设施投资银行。2015年5月22日，亚投行的57个创始成员国在新加坡就亚投行章程达成共识，并在6月29日正式签署了《亚洲基础设施投资银行协定》。根据该协定，中国、印度、俄罗斯、德国和韩国成为亚投行的前五大股东。2016年1月16日，亚投行的开业启动仪式在

① 郑永年：“‘中国世纪’不会从天上掉下来”，《参考消息》，2015年3月3日，第11版。

② 洪磊：“2014年10月31日外交部发言人洪磊主持例行记者会”，中国外交部网站，2014年10月31日。http://www.fmprc.gov.cn/mfa_chn/fyrbt_602243/jzhsl_602247/t1206200.shtml.

北京顺利举行。亚投行的57个创始成员国涵盖了亚洲、欧洲、非洲、美洲和大洋洲等五大洲。中国主动提出向亚太地区诸多国家提供基础设施建设资金，这在历史上还是第一次。此举既有利于促进以中国为主导的亚太地区互联互通建设和经济一体化进程又有助于打破西方国家对于国际金融秩序的垄断。

此外，2013年9月和10月，习近平主席在访问哈萨克斯坦和出席APEC领导人非正式会议时分别提出构建“丝绸之路经济带”和“21世纪海上丝绸之路”的倡议。该倡议以中国与相关国家现有的双边和多边合作机制为主轴，以现有的区域合作平台为依托，主动发展与沿线各国的经济合作关系。其基本目的是促进地区的和平与发展，共同打造政治互信、经济融合、文化包容的利益共同体、命运共同体和责任共同体。[①]“一带一路”的建设清楚地表明了中国的和平崛起是不以牺牲他国利益为前提的，中国的发展必定会为其他国家，尤其是中国的周边国家带来巨大的实惠。作为该倡议的具体举措，中国人民银行在2015年2月16宣布，由中国投资有限责任公司、中国进出口银行、国家开发银行等机构共同出资400亿美元成立丝路基金有限责任公司。该公司主要负责为“一带一路”沿线基础设施建设、资源开发、产业合作等有关项目提供投融资支持，此举对实现亚洲国家之间的互联互通，推动区域经济发展具有重要意义。

中国筹建亚洲基础设施投资银行和“一带一路”建设直接影响着中国在亚太地区的经济战略布局和国家形象。中国外交部发言人洪磊就指出，中方提出建设“21世纪海上丝绸之路”和“丝绸之路经济带”，并提出建立亚洲基础设施投资银行，显示中方愿意承担更多国际责任，实现与亚太各国的互利共赢，建立亚

① “习近平提战略构想：‘一带一路’打开‘筑梦空间’”，新华网，2014年8月11日。http：//news. xinhuanet. com/fortune/2014－08/11/c_ 1112013039. htm.

投行符合中国和中国周边国家的共同利益。[①] 中国外交部长王毅在2015年3月8日举行的记者招待会上讲道：“‘一带一路’诞生于全球化时代，它是开放合作的产物，而不是地缘政治的工具，更不能用过时的冷战思维去看待。在推进‘一带一路’过程当中，我们将坚持奉行‘共商、共建、共享’的原则，坚持平等协商，坚持尊重各国的自主选择。‘一带一路’的理念是共同发展，目标是合作共赢。它不是中方一家的‘独奏曲’，而是各方共同参与的‘交响乐’。”[②]

有国外媒体就认为，对于中国来说，“丝绸之路经济带”和“海上丝绸之路”是扩大中国影响力、展示中国温和一面的大好机会。以中国最爱用的外交语言来说，这是一种“双赢”的局面——中国既可以塑造更温和的形象，又可以提高地区影响力。[③] 诚如上述国外媒体所言，中国所奉行的经济战略是以互利共赢为指导原则的，这种战略不仅可以塑造中国“负责任”的大国形象，而且可以部分抵消美国亚太联盟在不断强化之后对中国造成的地缘战略压力。

（二）坚持合作共赢的利益观，推动亚太经济一体化

中国和美国作为世界第二大和第一大经济体在亚太地区一直存在着经济主导权之争。在冷战期间，美国的亚太盟友无论在安全领域和经济领域都依靠美国，这种情况随着中国逐渐成为这一地区的经济中心而发生改变，中国已经成为美国主要亚太盟友的

① 洪磊：“2014年10月31日外交部发言人洪磊主持例行记者会”，中国外交部网站，2014年10月31日。http://www.fmprc.gov.cn/mfa_chn/fyrbt_602243/jzhsl_602247/t1206200.shtml.

② “外交部长王毅答记者会（实录）”，腾讯网，2015年3月8日。http://news.qq.com/a/20150308/012208.htm.

③ 日本《外交学者》网站文章：“‘新丝绸之路，中国的马歇尔计划?”，载《参考消息》，2014年11月7日，第14版。

最大贸易伙伴。从历史的经验来看，没有哪个霸权国会自愿放弃权力和威望。对于美国而言，仅仅保有安全领域的优势而不能将其转化到经济领域，将会大大影响它主导亚太地区事务的能力。由此，美国一直试图通过《跨太平洋经济伙伴协定》增强自身经济实力，重设亚太贸易格局。可以预计，奥巴马总统在离任之前的重要工作之一就是敲定该协议。它涵盖的国家在全球贸易总额中占40%，在全球国内生产总值中占1/3。美国国务卿约翰·克里就说："单就美国来说，TPP一年可带来770亿美元的实际收入和65万个新岗位。"[①] 必须指明的是，美国推行TPP并不单纯是为了提升美国的经济实力，它的另一个重要目的就是削弱中国在这一地区的经济主导权，甚至将中国纳入以美国为主导的经济轨道。

因应美国咄咄逼人的"攻势"，中国自然不会放弃自身在亚太地区的经济主导性优势。推动亚太经济合作、大力支持东盟一体化建设，并积极推动中日韩自贸区建设成了中国与美国竞争亚太经济主导权的主要途径。2012年5月，中日韩签署了《中日韩关于促进、便利和保护投资的协定》，并于同年11月宣布正式开启三边自贸协定谈判。此后，中韩两国自贸区的谈判进展非常顺利。在2014年11月，习近平主席和韩国总统朴槿惠在北京共同宣布结束实质性谈判。中国商务部在2015年2月25日发布消息称，中韩双方当天完成了中韩自贸协定全部文本的草签。至此，中韩自贸区谈判全部完成。中韩自贸协定由此成为我国迄今为止涉及国别贸易额最大、领域范围最为全面的自贸协定。据中国商务部部长高虎城在2015年两会期间的介绍，中韩在全球的货物贸易当中分别列第1位和第14位，两国之间的贸易额将近3000亿

① 转引自伊恩·布雷默："有助于解释地缘政治的5项有争议的数据"，美国《时代》周刊网站3月1日文章，载《参考消息》，2015年3月6日，第10版。

美元。中韩自由贸易协定是一个高水平的、高质量的、利益大致平衡的自贸协定。[①] 中国和韩国之间密切的经贸关系有助于两国关系的整体性提升，更有利于中国避免同时面对美、日、韩“三个火枪手”的不利局面。此外，2012 年 11 月 20 日，东盟 10 国领导人与中国、日本、韩国、澳大利亚、新西兰、印度等 6 国的领导人在东亚峰会期间发布有关《区域全面经济伙伴关系协定》的声明，正式宣布启动自由贸易区的谈判。该协定由中国主导，并被认为是亚太地区两大潜在的自由贸易区之一。美国没有参加该协定的谈判，而是主导 TPP 的谈判，以便一方面主导亚太经济一体化的进程，另一方遏制中国在这一地区的经济影响。在 2014 年 APEC 会议期间，亚太地区 21 个经济体的部长级官员又批准了一项呼吁正式启动亚太自由贸易区（Free Trade Area of the Asia - Pacific，FTAAP）建设工作的路线图，并决定于 2016 年前完成战略性研究。有德国媒体《日报》就报道说，中国和美国正在争夺亚太地区这一目前最大且最具活力的经济地区的主导权。在台面上，这场争斗涉及该地区多个相互竞争的自贸区。中国力求建立覆盖整个亚太地区的自贸区，其范围涵盖 APEC 所有成员。而美国则与日本一起与一批亚太国家就建立 TPP 展开谈判——这一贸易协定明确将强大的中国排除在外。[②]

美国希望通过 TPP 为美国的经济发展提供“强心剂”，同时加强以美国为主导的亚太安全机制。中国自然会“以其人之道还治其人之身”，通过建立与 TPP 有竞争性的自由贸易区巩固和扩大中国在亚太地区的政治和经济影响力。中美争夺亚太经济和贸易主导权的竞争必将向白热化和长期化的方向发展。

---

① 高虎城：“争取年底前完成中国—东盟自贸区升级谈判”，2015 年 3 月 7 日，北京。http：//money. 163. com/15/0307/10/AK3L9Q3L00255575. html.

② 德国《日报》网站 11 月 5 日报道：“争夺太平洋地区”，载《参考消息》，2014 年 11 月 7 日，第 14 版。

三、以融入促安全：推进亚太安全合作机制的发展

在冷战期间，亚太各国没有建立起有效的安全合作机制，美国是这一地区安全秩序的唯一提供者。冷战之后，一些安全机制和框架才逐渐形成，这包括以东南亚地区为关注焦点的东盟地区论坛、以东北亚为关注焦点的六方会谈、以中亚为关注焦点的上海合作组织。这些安全框架和机制与美国的亚太联盟体系并存，共同塑造亚太地区的安全秩序。在美国眼中，亚太安全秩序是其全球霸权的重要组成部分，而中国却是美国主导的亚太安全秩序的主要挑战者，因此除了在经济和军事等领域保持对中国的优势以外，美国还利用西方主流媒体掌控的优势话语权在经济上和安全上抹黑中国。众所周知，中国始终是维护地区和世界和平、促进共同发展的坚定力量。但是，长久以来，中国在安全领域与亚太国家间的互动远远少于两者之间在经济领域的合作和交流。在区域经济合作方兴未艾，安全合作亦迎难而上的情况之下，中国愈发重视亚太多边安全合作机制以及地区安全合作进程。

2014 年 5 月，在上海举办的亚洲相互协作与信任措施会议（Conference on Interaction and Confidence – Building Measures in Asia，CICA）第四次峰会上，习近平主席用三个“归根结底”直接、明确地向外界传递出亚洲新安全观的总体思路——“亚洲的事情归根结底要靠亚洲人民来办，亚洲的问题归根结底要靠亚洲人民来处理，亚洲的安全归根结底要靠亚洲人民来维护”①。中国所主张的亚太安全观与美国所主导的亚太安全秩序有着本质的不

① 习近平：“积极树立亚洲安全观 共创安全合作新局面——在亚洲相互协作与信任措施会议第四次峰会上的讲话”，2014 年 5 月 21 日，上海。http://world.huanqiu.com/article/2014-05/5001391.html.

同。中国“积极倡导共同、综合、合作、可持续的亚洲安全观，创新安全理念，搭建地区安全和合作新架构，努力走出一条共建、共享、共赢的亚洲安全之路”[①]。习近平主席在演讲中还不点名地批评了某些国家强化针对第三方的军事同盟的做法，认为这些国家没有跟上时代前进的步伐，“身体已进入21世纪，而脑袋还停留在冷战思维、零和博弈的旧时代”[②]，这显然不利于维护地区共同安全。

随着中国在安全领域越来越多地融入国际社会，中国积极参与地区安全合作。首先，中国是东亚地区论坛和六方会谈的重要参与者。其次，中国与有关国家发起成立了上海合作组织，倡导互信、互利、平等、协作的新安全观。有中国学者认为，虽然这些多边安全制度并不以中国为中心，但中国的积极参与无疑为它们赋予了更大的影响力。反过来，这些安全制度也成为中国影响地区秩序的重要媒介。[③] 与亚太多边安全合作机制相比，美国主宰的亚太联盟体系仍然是塑造亚太安全秩序的主要力量。这个联盟体系是一个相对封闭、将中国排除在外而且视中国为潜在敌手的联盟体系。当然，中国也不会乐于成为美国的追随者，将自身纳入美国的战略轨道。在美国的亚太联盟对中国构成一定战略压力甚至是战略威胁的时候，中国积极地参与亚太地区多边安全合作机制会为中国赢得更多的战略机动性。

---

① 习近平：“积极树立亚洲安全观 共创安全合作新局面——在亚洲相互协作与信任措施会议第四次峰会上的讲话”，2014年5月21日，上海。http://world.huanqiu.com/article/2014-05/5001391.html.

② 习近平：“积极树立亚洲安全观 共创安全合作新局面——在亚洲相互协作与信任措施会议第四次峰会上的讲话”，2014年5月21日，上海。http://world.huanqiu.com/article/2014-05/5001391.html.

③ 吴心伯：《转型中的亚太地区秩序》，北京：时事出版社，2013年版，第59页。

四、以实力促安全：加速推进军事现代化建设

中国崛起的历史和地理背景不同于英国和美国。英国和美国都是传统的海洋国家。中国既是陆地国家，又是海洋国家，既有广袤的陆地疆土，又有宽广的海域和漫长的海岸线。就邻国而言，在中国的20个邻国当中，海上邻国就有6个。因而中国所面临的地缘政治挑战更加复杂和尖锐。如何处理好这些地缘政治挑战给中国带来的压力直接关乎中国的未来发展。冷战后很长一段时期，鉴于中国的经济实力以及中国政府所奉行的“韬光养晦”的外交政策，美国对中国的发展并没有表现出像现在这样的焦躁。但随着中国经济实力的进一步上升，中国的综合国力已经达到了可以影响地区格局的程度。如果能够避免习近平主席所说的“颠覆性错误”，并确保以“全面建成小康社会、全面深化改革、全面依法治国、全面从严治党”为核心的战略布局得到落实的话，中国的崛起必定不再是一种假设。中国学者陈凤英认为，随着国力的增强，中国正逐渐放弃防守型策略，转而采取主动型策略。她在接受记者采访时指出：“回到2001年，中国还在恭谦地请求进入世界舞台；到2014年，中国希望成为舞台的中心。”[①] 在此情况之下，中国在政治、经济、安全等诸多方面与美国的利益交集和潜在冲突必定会越来越多，这必然会导致美国更多的猜忌以及反制措施。中国学者时殷弘也持类似的观点，他说：“我们已经看到习近平有扩大中国在东亚、中亚和西太平洋影响力的雄心。美国担忧中国影响力的扩大会以削弱美国在上述地区的优

① 英国《卫报》网站11月10日文章：“‘被边缘化的’奥巴马前往北京之际，中国鸿沟扩大”，载《参考消息》，2014年11月11日，第14版。

势为代价。”[①]

根据霸权衰退理论，霸权国和新兴大国之间的非同步增长会使霸权国国力相对下降，新兴大国国力相对上升，并最终导致国际系统中实际权力结构的变化。[②] 这也正是当今美国所面临的现实情况，面对中国的迅速崛起，美国的战略选择只有两种：一是不断增强自身的军事和经济实力；二是直接削弱中国挑战美国霸权的能力。第一种选择的成本颇高而且效果有限，因为处在成熟期的霸权国的实力增长必定会慢于新兴国家。第二种选择对于维护霸权而言更加简便和直接。这恰恰是中国最不愿意看到的一种结果。美国的亚太盟国均分布在西太平洋沿岸，正好在海上形成了一条遏制中国的“弧线”。中国学者陶文钊认为，从第二次世界大战结束以来，海上霸权成为美国维护其全球霸权的主要支柱。近年来，美国把中国的军事现代化和建设海洋强国的战略敏感地视为对其在西太平洋霸权地位的挑战。奥巴马政府实行“亚太再平衡”战略的重要原因之一，就是要应对中国的这种挑战。[③] 在美国的亚太盟友中，韩国、日本和菲律宾均与中国有海上领土纠纷。其他与中国有海上领土纠纷的国家，例如越南和马来西亚又都是与美国保持着密切关系的“安全伙伴”。韩国在黄海大陆架划分以及以苏岩礁为代表的东海大陆架划分问题上与中国意见不合。中日两国关系也早已因为钓鱼岛问题而降至了冰点。两国的相互猜忌甚至进入了一种恶性循环的状态。在历史和领土问题悬而未决的背景之下，中国和日本均将对方视为本国安全的最大威胁和挑战。菲律宾和越南在南中国海与中国存在领土争端也是

① 英国《卫报》网站11月10日文章：“‘被边缘化的’奥巴马前往北京之际，中国鸿沟扩大”，载《参考消息》，2014年11月11日，第14版。

② 秦亚青：《霸权体系与国际冲突：美国在国际武装冲突中的支持行为(1945—1988)》，上海：上海人民出版社，2008年版，第99页。

③ 陶文钊：“管控好中美在西太平洋的竞争”，《美国研究》，2014年第6期。

一个世人皆知的事实。在世界上恐怕没有哪个国家像中国这样面临如此之多的地缘政治挑战。最令人担心的是，上述纠纷和争端的背后都有一个共同的身影——美国。美国海军部长雷·马伯斯（Ray Mabus）在2015年3月10日举行的美国参议院军事委员会的听证会上就强调，亚洲“再平衡”仍是美国海军建构伙伴关系的重要组成部分。美国需要在恰当的地点拥有恰当的军事平台，以彰显美国对盟友和伙伴的承诺。[①] 美国在钓鱼岛问题上一直“扶日压华”，在南中国海问题上不断“敲山震虎”。就上述两个问题，美国已经做出了明确的表态，美日安保条约适用于钓鱼岛，南中国海的通航自由是美国国家利益的一部分。在美国的怂恿和支持之下，菲律宾和越南很可能会暂时放下两国的分歧，通过联合军事演习、情报交换等方式联手制衡中国。此外，如果两国针对中国构建了战略合作关系，这种合作关系一定是开放性的，美国一定会加入其中。日本也必然会进一步加强与这两个东南亚国家的安全关系，以此牵制中国在亚太地区的影响力。另外一个可以预见到的因素是，一旦南中国海出现战事，美国的另一盟友——澳大利亚凭借地缘战略的优势也很有可能在第一时间卷入其中。随着南中国海的安全关系越来越复杂，这张针对中国而编织的大网随时都有可能收紧。届时，中国在南中国海的战略空间会受到极大的挤压，战略利益也会受到重大的损害。2015年5月18日，美国海军陆战队邀请其他22个国家的海军陆战队参加了在夏威夷举行的美国环太平洋军事会议。超过半数的与会国位于亚太地区，其中就有美国在该地区的主要盟国日本、韩国和菲律宾以及美国主要的安全伙伴新加坡、越南等国。在南海争端日

① Ray Mabus："Statement before the Senate Committee on Armed Services"，10 March，2015. http：//www. armed - services. senate. gov/imo/media/doc/Mabus_ 03 - 10 - 15. pdf.

益升温之际，美国海军陆战队举行此类会议，并将中国排除在外表明了美国对中国的极度不信任，遏制中国的态势日渐明显。自2015年以来，美国多次打着“航行自由”的幌子在西太平洋地区执行航行任务，不断发出“威慑信息”。2015年5月，美国海军派遣“沃思堡”号濒海战斗舰驶入我国的南沙群岛附近。5个月后，美国海军“拉森”号导弹驱逐舰非法驶入我国南沙群岛渚碧礁和美济礁12海里范围内，中美关系因此再掀波澜。2016年3月，美国海军“约翰·斯滕尼斯”号航空母舰抵达南海，并在“莫比尔湾”号巡洋舰、“斯托克戴尔”号和“钟云”号等驱逐舰的伴航下进行“航行自由”活动。2016年6月，美国又加派“罗纳德·里根”号航母进驻南海，营造双航母态势。与此同时，“斯普鲁恩斯”号、“迪凯特”号以及“莫姆森”号驱逐舰在南海执行警戒监视任务。众所周知，南海并非美国的核心利益，但是为了维护和巩固其与亚太盟国的关系以及遏制中国的崛起，美国必然会逐步加强对中国的军事牵制，中美在亚太地区特别是南海地区的交锋或许会成为一种常态。美国国防部长阿什顿·卡特盛气凌人的讲话就足以证明这一点，他于2016年5月27日在美国海军军官学校的毕业典礼上讲到：“中国在南中国海的行为是扩张性的和前所未有的。它对南中国海主权的过度声索有悖于国际法。……美国会永远是亚太地区的利益攸关方，因为我们在该地区拥有盟友、经济伙伴和广受欢迎的军事存在。”①

正所谓“树欲静而风不止”，为了预防和应对美国针对中国的潜在的敌对行为，中国应当尽快实现军事现代化。中国在2015年的军费额度约为1421亿美元。2015年2月，奥巴马政府向美

① U. S. Department of Defense，Remarks at U. S. Naval Academy Commencement As Delivered by Secretary of Defense Ash Carter，Annapolis，Maryland，May 27，2016. http：//www. defense. gov/News/Speeches/Speech – View/Article/783891/remarks – at – us – naval – academy – commencement.

国国会提交了总额为6120亿美元的2016财年美国国防预算案，这一预算比上一财年增长了8%。美国众议院在2015年5月15日通过了该预算案，完全满足了奥巴马的预算请求。由此可知，美国在2016年的军费开支将是中国军费开支的4倍以上。在2015年1月，日本安倍内阁向日本国会提交了一份高达420亿美元的军事预算案，这是安倍自2012年上台以来日本国防预算连续第三年大幅增加。考虑到日本自卫队的兵力只有20余万人，如此高的国防预算平均到每个人身上大概是20余万美元。而中国的总兵力大概是230万人，人均国防经费只是日本的四分之一。有外媒指出："只有在忽视中国军力建设起步非常落后的情况之下，才能把中国军力建设看作引人注目。如果一国基础军费预算2000年仅为300亿美元，而2012年达到了1600亿美元，那么其军费开支增长很容易达到两位数。与此相比，美国2012年国防预算比中国高400%，约为6820亿美元。"[①] 在此情况之下，只有加强中国的军事能力才能遏止住中国周边国家的冒险行为，突破美国亚太联盟对中国的包围和遏制，维护中国的核心利益以及和平发展所必需的国际安全环境。新加坡学者郑永年认为："有一点是肯定的。美国的压力会促成中国把更多的资源用于国防军事的现代化，从而促成中国军事上的真正崛起。"[②]

---

① 日本《外交学者》杂志网站4月10日文章："夸大中国威胁"，载《参考消息》，2014年4月12日，第2版。

② 郑永年："美国'重返亚太'战略及其失误"，新加坡《联合早报》网站，2014年4月22日，载《参考消息》，2014年4月23日，第14版。

结　　论

美国在亚太地区打造的“辐辏”结构的联盟体系已经有60多年的历史了。通常而言，联盟都是短命的。根据两位美国学者的研究，存在于1815年至1989年间的304组联盟的平均存续时间只有9.3年。[①] 绝大部分联盟在存续理由消失之后便分崩离析。从这个角度而言，美国的亚太联盟体系的确是一个很大的例外。这种例外不仅体现在“时间”上，而且还体现在“韧度”上。这也正是本书要重点讨论的内容。更具体一点而言，本书探讨冷战后美国亚太联盟体系的演变过程和基本特征，并在此基础之上探讨它的未来走势以及对中国崛起的影响。

自冷战开始，美国的大战略就是试图阻止任何单一强国控制拥有战争潜力的欧亚大陆。[②] 美国霸权地位的维护对于实现上述战略目标具有极为重要的意义，也是美国建立和强化全球联盟体系的根本原因。在亚太地区，为了遏制苏联的扩张和“共产主义威胁”，美国在冷战期间打造了以美国为轴，以日本、韩国、澳大利亚、菲律宾和泰国为辐的亚太联盟体系。在持续近半个世纪的冷战中，美国的盟友一直是美国与苏联争夺世界霸权的重要战略资产。冷战结束之后，尤其是最近几年，美国的亚太联盟体系

---

① Brett Ashley Leeds & Burcu Savun, “Terminating Alliances: Why Do States Abrogate Agreements?”, *Journal of Politics*, Volume 69, Issue 4, November 2007.

② ［美］斯蒂芬·沃尔特:《联盟的起源》，周丕启译，北京：北京大学出版社，2007年版，第270页。

又把目光转向了中国，确保中国的崛起不会威胁到美国在全球的霸权地位成为该联盟体系的重要任务之一。苏联解体之后，一些研究联盟理论的学者认为，随着“共同威胁”的消失，美国的联盟体系也会随之瓦解。斯蒂芬·沃尔特在1990年说到：“至于北约，那种认为‘大西洋共同体’将继续维持的乐观说法应受到质疑。没有清晰和现实的威胁，欧洲的政治家和美国的纳税人不可能支持美国在欧洲的大规模军事存在。虽然北约复杂的制度将减缓北约衰落的步伐，但只有苏联威胁的重新出现，才有可能使北约现在的形式得到维持。”① 但冷战后美国亚太联盟的发展轨迹恰恰与沃尔特的预测相反，该体系不仅没有解体，反而在美国的主导之下日益强化。

众所周知，亚太地区因其独特的地缘政治结构和处在调整中的权力分配而对全球的繁荣与稳定有着重大的影响。一些亚太国家之间既存在历史和领土纠纷，又存在因权力重新分配而产生的猜忌和不信任。在如此复杂的地缘政治环境之下，美国的亚太盟国对其霸权护持的作用就变得更加重要。首先，美国在亚太地区建立的“辐辏”结构的联盟体系仍然是美国在这一地区发挥影响力的政治基础和地缘基础。通过在该地区的“前沿存在”以及对盟国的安全承诺，美国得以继续维持在这一地区的霸主地位。其次，面对中国的崛起，遍布在中国周边的亚太盟国又是美国用以影响中国发展轨迹的重要工具。

在冷战结束之初，美国就担心“地区力量对比失衡，某些国家可能要乘机填补‘力量真空’，对美国在亚太地区的利益构成挑战。美国要巩固和扩大在亚太地区的影响力，争夺在亚太地区的主导权，必须依靠和加强与亚太国家的双边军事联盟，特别是

① ［美］斯蒂芬·沃尔特：《联盟的起源》，周丕启译，北京：北京大学出版社，2007年版，新版序言。

与日本的联盟关系”[①]。现而今，冷战已经结束了二十余年，随着中国经济的快速发展以及综合国力的大幅提升，美国全面主宰亚太局势的能力已被大大削弱，中国正逐步走向亚太舞台的中心。有美国学者预测，随着中国权力的增大，在亚太地区可能会出现两种局面：第一，中国会重塑地区权力结构和安全秩序以更好地为自身利益服务。第二，中国会被视为一个越来越大的安全威胁，其结果是地区紧张局势升级、安全困境加剧、战略猜疑上升。[②] 在这情况之下，美国的亚太盟国一定会担心美国对它们的安全承诺是否能够兑现，如果美国不再具备这样的能力，它们很可能就会倒向中国。在这种战略压力之下，为了牵制中国的崛起，防止中国主导亚太安全秩序，美国在这一地区展开了新的合纵连横，其中最主要的手段就是加强美国在亚太地区的“军事前沿存在”以及强化它的双边军事联盟和安全伙伴关系。就军事部署而言，美国已经决定在2012年之前将其60%的海军舰艇驻扎在太平洋地区。根据美国国防部的要求，美国海军在2016财年的预算为1610亿美元，比2015财年多出120余亿。此外，2015年2月，美国海军部长雷·马伯斯在美国众议院拨款委员会作证时说，美国的海军规模还需要继续扩大——至少要300艘舰艇，比现有数目足足多出了25艘。[③] 毋庸置疑，美国这样做的主要目的之一就是反制中国的“反介入”和“区域拒止”能力。美国通过在亚太地区调整驻军、部署先进武器、升级军事演习、增加军事

---

① 徐辉、朱崇坤：“试论冷战后美国联盟战略的调整”，《现代国际关系》，1997年第3期。

② Abraham Denmark and Nirav Patel, ed., *China's Arrival: A Strategic Framework for a Global Relationship*, Center for a New American Security, September 2009. http://www.utexas.edu/lbj/faculty/busby/wp-content/uploads/cnas-chinas-arrival_final-report.pdf.

③ 格雷格·伊斯特布鲁克：“我们的海军足够强大”，美国《纽约时报》网站，2015年3月9日。载《参考消息》，2015年3月12日，第6版。

交流等诸多方式巩固并进一步发展与盟国的关系。

美国在强化其双边联盟的同时，还力争使其联盟体系向“多边化”和“网络化”的方向发展。这其中最主要的作法就是加强美国与澳大利亚、美国与日本、美国与韩国的双边联盟，同时推进澳大利亚与日本、日本与韩国的双边军事合作。澳大利亚和日本分别被美国视为它在亚太地区的“南锚”和“北锚”，与美国有着广泛的共同利益和相同的价值观念。冷战之后，“美澳日”三边军事合作的主要推手是美国在全球范围内开展的反恐行动。作为美国在亚太地区最为忠实的盟友，澳大利亚和日本大力支持和配合美国的反恐战争，“有钱出钱”、“有力出力”，这大大拉近了两国与美国的联盟关系。在反恐战争基本取得胜利之后，“美日澳”三边关系发展的最大推动力则是中国在亚太地区的崛起。美国为了阻止中国在这一地区取得主导权，更加重视其亚太联盟体系。日本与中国有着“剪不断理还乱”的历史问题和复杂的领土争端，随着中国在亚太地区影响力的日益增强，日本开始把中国视为它最大的安全威胁。美日联盟则成了日本用以抗衡中国、干扰中国崛起的有力武器。澳大利亚在霍华德政府时期就自称是“美国在亚太地区的副警长”，自 2013 年托尼 · 阿博特当选总理以来，澳大利亚则更加倚重与美国的联盟关系。此外，澳大利亚和日本又因都是所谓的“民主国家”而惺惺相惜。澳大利亚把日本视为在这亚太地区维护和平、繁荣与法治的重要伙伴。在打造“美澳日”三边关系的同时，美国还力争在“美日韩”三边关系上取得突破。“美日韩”三边关系发展的主要动力来自于三方所面临的朝鲜“核威胁”和半岛核扩散问题。

冷战结束以后，因应中国的崛起，美国除了巩固和强化其亚太联盟以外还与新加坡、印度、越南等国大力发展安全伙伴关系。实际上，美国与新加坡的关系已经具有了“准联盟”的性质。近几年来，两国的军事合作和交流日益加强，新加坡已经是美国“亚太再平衡”战略的重要支点。同时，新加坡在美国应对南海领土纠纷问题上也发挥着重要作用。众所周知，南海问题是亚太地区现存的最主要的不稳定因素之一。该问题的发展与激化与美国的深度介入密不可分。美国介入南海问题的方式主要有三种：首先，大造“中国威胁论”，恐吓其亚太盟友和安全伙伴，使其更加倚重美国；其次，加强与菲律宾和越南等国的军事关系，提升联合军事演习的强度和频度，提高军事合作的层级；最后，美国以“南海通航自由”为由，牵制中国对南海的主权声索，并为日后直接介入南海纠纷提供借口。印度是另一个美国极力拉拢的国家。中印两国的领土争端为美国离间中印关系提供了大好机会。此外，随着中国在印度洋地区影响力的大幅提升，印度对中国的猜忌之心也日益加剧。中国与巴基斯坦、斯里兰卡等国的合作被印度解读为中国正试图打造包围印度的“珍珠链”。印度的这种“被迫害妄想症”成为了美印加强双边关系的重要推动因素。

美国除了利用盟国和安全伙伴在安全层面加大对中国的遏制以外，还积极参与和主导地区多边机制的建设。奥巴马总统上台以后修正了布什总统时期的“单边主义”作风，以更积极的态度参与地区多边机制建设，并力图主导这些机制的建立和发展。在政治和安全层面，美国更加重视东盟在这一地区的作用和影响，并于2010年正式成为东亚峰会的成员。可以预见的是，美国为了强化在亚太地区的主导权，会更加重视亚太地区多边机制建设并力图“为我所用”。这种以双边联盟和安全伙伴为基础，以多边合作为辅助的“多管齐下”的方式在未来相当长的一段时间内将是美国影响亚太地区安全和政治走势的主要途径。在经济层面，美国开始强化与中国争夺亚太贸易主导权的竞争。中国通过三十余年的快速发展，已经逐步成为亚太地区的经济中心。这对美国的霸权地位构成了巨大的威胁。如果美国在亚太地区的经济地位受到了削弱，它对亚太安全秩序的主导权也一定会受到波及。为了分享亚太经济发展的红利以及阻止一个可能将美国排除在外的贸易集团的出现，美国主动加入并积极推动跨太平洋伙伴关系协定的谈判。美国的最终目标是将这一“全球最高标准”的自由贸易区覆盖至整个亚太地区。这无疑与以中国为核心的自由贸易区建设形成了战略竞争态势。

美国对亚太事务的强势介入是美国对中国崛起的回应。有中国学者认为：“美国认为要防止在亚太地区出现一个可能向美国霸权地位提出挑战的敌对联盟，就必须加强与盟友和伙伴的紧密合作，推进建立基于规则的国际秩序，构建一个跨太平洋的安全体系。”① 美国的“亚太再平衡”战略正是基于这种考虑而形成的。如何针对美国的战略转型制定出切实可行的因应战略已经成为摆在中国决策者面前的一项重要命题。它不仅直接影响中美关系的未来走向，更关系到中国未来几十年的和平发展之路以及亚太地区的和平与稳定。2014 年 5 月，习近平主席提出了以“亚洲的事情归根结底要靠亚洲人民来办，亚洲的问题归根结底要靠亚洲人民来处理，亚洲的安全归根结底要靠亚洲人民来维护”为核心内容的亚洲新安全观。② 一些具有冷战思维的国外学者认为，这种新安全观是要迫使美国退出亚洲、终结亚太联盟并确保中国在亚太地区享有霸权。但是他们忘记了一点，中国所主张的亚太新安全观以及中国构建的伙伴关系网络与美国主导的亚太安全秩序以及美国的军事联盟有着本质的区别。在中国倡议的亚洲新安全观里没有假想敌，它不针对第三国，其根本目的是以合作而非

---

① 卡里·凯克：“中国日益增强的霸权倾向”，日本《外交学者》杂志网站，2014 年 6 月 26 日。载《参考消息》，2014 年 6 月 27 日。第 14 版。

② “盘点 2014：中国外交丰收之年——王毅出席 2014 年国际形势与中国外交研讨会开幕式并发表演讲”，中国外交部网站，2014 年 12 月 24 日。http://www.fmprc.gov.cn/mfa_chn/ziliao_611306/zyjh_611308/t1222375.shtml.

对抗的方式处理国际关系。但是“树欲静而风不止”，在中国倡导以共同、综合、安全、合作、可持续性为特征的亚洲安全观的同时，美国正在强化其主要针对中国的“亚太再平衡”战略。这种“把自己的安全建立在别人的不安全之上”的作法是典型的冷战遗存，与中国所提倡的“共赢而非零和”的理念背道而驰。

在美国对华战略愈发咄咄逼人的形势一下，为了减缓美国“亚太再平衡”战略对亚太地缘政治和中国外交的冲击，中国的决策者应该保持清晰的头脑，做好充分的准备。首先，就非传统安全和全球性问题加强与美国的磋商与合作，努力构建中美新型大国关系，避免两国发生正面战略冲突。其次，加强自身经济发展，强化军事能力，预防和阻止美国亚太盟友针对中国的冒险和挑衅行为。最后，坚持“亲诚惠容”的近邻观、“合作共赢”的利益观，积极投入亚太地区多边合作机制的建设，为中国的和平发展赢得更广阔的空间。

正如习近平主席所指出的那样，中国要推动以合作共赢为核心的新型国际关系，坚持互利共赢的开放战略，把合作共赢理念体现到政治、经济、安全、文化等对外合作的方方面面。中美在构建新型大国关系时也应以此为基础，努力避免“修昔底德陷阱”，创立一种符合国际政治现实、相互尊重、平等互利、稳健的双边关系模式。

参考文献

一、中文著作（以作者姓氏拼音排序）

巴忠倓主编：《美国战略调整与中国国家安全》，北京：时事出版社，2013 年版。

陈峰君：《当代亚太政治与经济析论》，北京：北京大学出版社，2001 年版。

陈君峰、王传剑：《亚太大国与朝鲜半岛》，北京：北京大学出版社，2002 年版。

陈峰君：《亚太安全析论》，北京：中国国际广播出版社，2004 年版。

崔海宁：《利益和价值观之间的权衡——冷战后美国国家安全战略的调整及其理论取向研究》，北京：经济科学出版社，2014 版。

崔丕：《冷战时期美日关系史研究》，北京：中央编译出版社，2013 年版。

樊吉社、张帆：《美国军事——冷战后的战略调整》，北京：社会科学文献出版社，2011 年版。

方连庆、王炳元、刘金质主编：《国际关系史（战后卷）》（上下册），北京：北京大学出版社，2006 年版。

谷雪梅：《冷战时期美澳同盟的形成与发展（1945—1973）》，

北京：中国社会科学出版社，2013年版。

黄大慧主编：《变化中的东亚和美国：东亚的崛起及其秩序建构》，北京：社会科学文献出版社，2010年版。

李凡：《冷战后美国和澳大利亚同盟关系》，北京：中国社会科学出版社，2010年版。

李强：《自由主义》，北京：中国社会科学出版社，1998年版。

李庆余等：《美国外交传统及其缔造者》，北京：商务印书馆，2010年版。

李向阳主编：《亚太地区发展报告（2013）》，北京：社会科学文献出版社，2013年版。

刘建飞：《美国"民主联盟"战略研究》，北京：当代世界出版社，2013年版。

刘靖华：《20世纪的国际政治逻辑》，北京：生活·读书·新知三联书店，2007年版。

刘同舜、高文凡：《战后世界历史长编》第6册，上海：上海人民出版社，1985年版。

陆俊元：《中国地缘安全》，北京：时事出版社，2012年版。

罗艳华：《美国输出民主的历史和现实》，北京：世界知识出版社，2009年版。

门洪华：《霸权之翼：美国国际制度战略》，北京：北京大学出版社，2005年版。

潘忠岐：《与霸权相处的逻辑》，上海：上海人民出版社，2012年版。

祁怀高：《构筑东亚未来：中美制度均势与东亚体系转型》，北京：中国社会科学出版社，2011年版。

祁建华、王庆东：《东亚安全与驻韩美军》，北京：世界知识出版社，2009年版。

秦亚青：《霸权体系与国际冲突：美国在国际武装冲突中的支持行为（1945—1988）》，上海：上海人民出版社，2008 年版。

尚书：《美日同盟关系走向》，北京：时事出版社，2009 年版。

孙德刚：《准联盟外交的理论和实践》，北京：世界知识出版社，2012 年版。

孙哲主编：《亚太战略变局与中美新型大国关系》，北京：时事出版社，2012 年版。

陶文钊：《美国对华政策文件集（1949—1972）》（第一卷，上册），北京：世界知识出版社，2003 年版。

汪波：《美国冷战后世界新秩序的理论与实践》，北京：时事出版社，2005 年版。

王帆：《美国的联盟体系》，北京：世界知识出版，2007 年版。

王帆：《冷战后美国亚太联盟战略的调整》，北京：世界知识出版社，2007 年版。

王缉思、倪峰、余万里：《美国在东亚的作用——观点·政策及影响》，北京：时事出版社，2008 年版。

王缉思、牛军主编：《缔造霸权：冷战时期的美国战略与决策》，上海：上海人民出版社，2013 年版。

王立新：《意识形态与美国外交政策》，北京：北京大学出版，2007 年版。

王荣：《美国国家安全战略报告研究》，北京：时事出版社，2014 年版。

汪诗明：《20 世纪澳大利亚外交史》，北京：北京大学出版社，2003 年版

汪伟民：《联盟理论与美国的联盟战略——以美日、美韩联盟研究为例》，世界知识出版社，2007 年版。

汪伟民：《美韩联盟再定义与东北亚安全》，上海：上海辞书出版社，2013 年版。

吴心伯：《太平洋上不太平——后冷战时期的美国亚太安全战略》，上海：复旦大学出版社，2006 年版。

吴心伯：《转型中的亚太地区秩序》，北京：时事出版社，2013 年版。

吴征宇：《霸权的逻辑：地理政治与战后美国大战略》，北京：中国人民大学出版社，2010 年版。

许海云：《锻造冷战联盟——美国“大西洋联盟政策”研究》，北京：中国人民大学出版社，2007 年版。

徐万胜等：《冷战后的日美同盟与中国周边安全》，北京：社会科学文献出版社，2009 年版。

喻常森：《亚太国家对中国崛起的认知与反应》，北京：时事出版社，2013 年版。

张天：《澳洲史》，社会科学文献出版社，1996 年版，第 356 页。

张小明：《美国与东亚关系导论》，北京：北京大学出版社，2011 年版。

赵干成：《印度：大国地位和大国外交》，上海：上海人民出版社，2009 年版。

赵江林主编：《亚太经济概论》，北京：中国社会科学出版社，2014 年版。

赵学功：《战后美国对东亚的政策》，天津：天津人民出版社，2002 年版。

赵学功：《当代美国外交（修订版）》，北京：社会科学文献出版社，2012 年版。

中国现代国际关系研究院主编：《东北亚地区安全政策及安全合作构想》，时事出版社，2006 年版。

中国现代国际关系研究院美国研究所主编：《中美亚太共处之道：中国·美国与第三方》，北京：时事出版社，2013 年版。

资中筠主编：《战后美国外交史——从杜鲁门到里根》，北京：世界知识出版社，1994 年版。

资中筠：《20 世纪的美国》，北京：生活·读书·新知三联书店，2007 年版。

周方银主编：《大国的亚太战略》，北京：社会科学文献出版社，2013 年版。

周建明：《美国国家安全战略的基本逻辑：遏制战略解析》，北京：社会科学文献出版社，2009 年版。

二、中文译著（以作者姓氏拼音排序）

［美］罗伯特·阿特：《美国大战略》，郭树勇译，北京：北京大学出版社，2005 年版。

［美］兹比格纽·布热津斯基：《战略远见：美国与全球权力危机》，洪漫、于卉芹、何卫宁译，北京：新华出版社，2012 年版。

［美］兹比格纽·布热津斯基：《大棋局：美国的首要地位及其地缘战略》，中国国际问题研究所译，上海：上海世纪出版集团，2007 年版。

［美］卡尔·戴格乐：《一个民族的足迹》，王尚胜等译，沈阳：辽宁大学出版社，1991 年版。

［美］哈里·杜鲁门：《杜鲁门回忆录》第 2 卷，李石译，三联书店，1974 年版。

［美］詹姆斯·多尔蒂等：《争论中的国际关系理论》，阎学通等译，北京：世界知识出版社，2003 年版。

［美］阿伦·弗里德伯格：《中美亚洲大博弈》，洪漫、张琳、

王宇丹译，北京：新华出版社，2012 年版。

［美］弗朗西斯·福山：《历史的终结及最后一个人》，黄胜强、许铭原译，北京：中国社会科学出版社，2003 年版。

［美］弗朗西斯·福山：《国家建构：21 世纪的国家治理与世界秩序》，黄胜强等译，北京：中国社会科学出版社，2007 年版。

［美］迈克尔·格林、帕德里克·克罗宁：《美日联盟：过去、现在和将来》，华宏勋译，新华出版社，2000 年版。

［美］路易斯·哈茨：《美国的自由传统》，张敏谦译，北京：中国社会科学出版社，2003 年版。

［美］理查德·哈斯：《“规制主义”——冷战后的美国全球战略》，陈瑶瑶、荣凌译，北京：新华出版社，1999 年版。

［美］迈克尔·H·亨特：《意识形态与美国外交政策》，褚律元译，北京：世界知识出版社，1999 年版。

［美］塞缪尔·亨廷顿：《第三波——20 世纪后期民主化浪潮》，刘军宁译，北京：生活·读书·新知三联书店，1998 年版。

［美］罗伯特·吉尔平：《全球政治经济学：解读国际经济秩序》，杨宇光、杨炯译，上海：上海世纪出版集团，2006 年版。

［美］罗伯特·吉尔平：《国际关系政治经济学》，杨宇光等译，上海：上海世纪出版集团，2006 年版。

［美］亨利·基辛格：《白宫岁月—基辛格回忆录》第 1 卷，陈瑶华等译，北京：世界知识出版社，1980 年版。

［美］亨利·基辛格：《大外交》，顾淑馨等译，海口：海南出版社，1997 年版。

［美］亨利·基辛格：《美国的全球战略》，胡利平、凌建平译，海口：海南出版社，2009 年版。

［美］阿什顿·卡特、威廉姆·佩里：《预防性防御：一项美国新安全战略》，胡利平、杨韵琴译，上海：上海人民出版社，

2000 年版。

［美］彼得·J·卡赞斯坦：《文化规范与国家安全——战后日本警察与自卫队》，李小华译，北京：新华出版社，2002 年版。

［美］约翰·米尔斯海默：《大国政治的悲剧》，王义桅、唐小松译，上海：上海世纪出版集团，2008 年版。

［美］汉斯·摩根索：《国家间政治——权力斗争与和平》，徐昕，郝望，李保平译，北京：北京大学出版社，2006 年版。

［美］汉斯·摩根索：《国际纵横策论——争强权，求和平》，卢明华译，上海：上海译文出版社，1995 年版。

［美］约瑟夫·奈：《理解国际冲突：理论和历史》，张小明译，上海：上海世纪出版集团，2005 年版。

［美］约瑟夫·奈：《美国霸权的困惑：为什么美国不能独断专行》，郑志国等译，北京：世界知识出版社，2002 年版

［美］托马斯·潘恩：《常识》，田素雷、常凤艳译，北京：中国对外翻译出版公司，2010 年版。

［美］约翰·斯帕尼尔：《第二次世界大战后美国的外交政策》，段若石译，北京：商务印书馆，1992 年版。

［法］托克维尔：《论美国的民主》上卷，董果良译，北京：商务印书馆，1988 年版。

［美］亚历山大·温特：《国际政治的社会理论》，秦亚青译，上海：上海人民出版社，2000 年版。

［美］斯蒂芬·沃尔特：《联盟的起源》，周丕启译，北京：北京大学出版社，2007 年版。

［美］约翰·伊肯伯里主编：《美国无敌：均势的未来》，北京：北京大学出版社，2005 年版。

［美］约翰·伊肯伯里：《大战胜利之后：制度、战略约束与战后秩序重建》，门洪华译，北京：北京大学出版社，2008 年版。

三、中文论文（以作者姓氏拼音排序）

蔡鹏鸿：“亚太区域架构变动的现状与前景”，《现代国际关系》，2013年第7期。

陈鲁直：“亚太地区概念探源和海洋意识”，《太平洋学报》，1993年第10期。

陈建波、张景全：“朝鲜半岛新危机与美国东北亚同盟体系新变化”，《东北亚论坛》，2011年第4期。

陈淑梅、全毅：“TPP、RCEP谈判与亚太经济一体化进程”，《亚太经济》，2013年第2期。

程鹏翔：“美国重返亚太背景下的美澳同盟”，《太平洋学报》，2014年第3期。

程晓勇：“冷战后美国亚洲同盟体系内的两种趋向——基于美菲同盟和美韩同盟的考察”，《南京政治学院学报》，2012年第6期。

崔海宁：“试析冷战后美国国家安全战略思想的大争论”，《山东师范大学学报（人文社会科学版）》，2005年第2期。

戴超武：“台湾海峡危机、中美关系与亚洲的冷战”，《史学月刊》2002年第10期。

房广顺、马强：“美国亚太‘再平衡’战略的调整与意识形态输出”，《东北亚论坛》，2014年第3期。

郭锐、凌胜利：“美韩联合军演的动向及其影响”，《哈尔滨师范大学社会科学学报》，2011年第1期。

韩红：“美国人眼中的世界和亚洲：对美国部分官员、学者访谈录”，《战略与管理》，1999年第6期。

黄凤志、刘勃然：“美韩同盟强化与中国的战略应对”，《国际论坛》，2013年第2期。

何理："美日印三边合作升温的背景和前景“，《现代国际关系》，2013 年第 2 期。

贾浩："奥巴马政府‘亚太再平衡战略’评析"，《上海行政学院学报》，2013 年第 9 期。

金强一："解决朝鲜半岛问题的方法、视角及路径选择"，《东北亚论坛》，2012 年第 2 期。

江新凤："美日军事同盟的冷战思维"，《人民日报》，2005 年 11 月 4 日，第 3 版。

李文志："海陆争霸下亚太战略形势发展与台湾的安全战略"，《东吴政治学报》，2001 年第 13 期。

李晓、李俊久："美国的霸权地位评估与新兴大国的应对"，《世界经济与政治》，2014 年第 1 期。

林宏宇、张帅："超越困境：2010 年以来中美安全博弈及其影响"，《国际安全研究》，2015 年第 2 期。

刘昌明："双边同盟体系制约下的东亚地区主义：困境与趋势"，《当代世界社会主义问题》，2011 年第 1 期。

刘丰："美国的联盟管理及其对中国的影响"，《外交评论》，2014 年第 6 期。

刘建飞："美国"民主同盟"战略的困境"，《美国研究》，2010 年第 3 期。

刘江永："国际格局演变与中国周边安全"，《世界经济与政治》，2013 年第 6 期。

刘新华："澳大利亚海洋安全战略研究"，《国际安全研究》，2015 年第 2 期。

牛新春："历史的悲剧：自由主义的困境"，《现代国际关系》，2014 年第 10 期。

潘亚玲："美国亚太‘再平衡’战略的动力变化以及中国之应对"，《现代国际关系》，2015 年第 1 期。

庞中英："亚洲地区秩序的转变与中国"，《外交评论》，2005年第4期。

綦大鹏、张弛："亚太战略形势评析"，《现代国际关系》，2014年第9期。

任晓、刘星汉："论二十世纪九十年代的美日同盟"，《美国研究》2000年第4期。

阮宗泽："美国'亚太再平衡'战略前景论析"，《世界经济与政治》，2014年第4期。

宋莹莹："美韩同盟关系的演变和前景"，《当代世界》，2011年第1期。

孙茹："从希拉里东亚之行看奥巴马政府亚洲政策走向"，《现代国际关系》，2009年第3期。

孙茹："美国的同盟体系及其功效"，《现代国际关系》，2011年第7期。

孙茹："美国亚太同盟体系的网络化及前景"，《国际问题研究》，2012年第4期。

唐永胜："美国强化亚太同盟体系对中国安全的影响"，《现代国际关系》，2013年第4期。

唐永胜、李莉、方珂："亚太战略形势演变及其对中国国家安全的影响"，《现代国际关系》，2013年第8期。

陶文钊："管控好中美在西太平洋的竞争"，《美国研究》，2014年第6期。

王帆："试论澳新美同盟的历史演变"，《国际论坛》，2005年第2期。

汪伟民："持久的不均衡：战后美日、美韩联盟比较研究"，《史学集刊》，2006年第5期。

汪伟民、李辛："美韩同盟再定义与韩国的战略选择"，《当代亚太》，2011年第2期。

王蓉蓉、刘强："美韩同盟：超越的流变趋势"，《世界经济与政治论坛》，2009 年第 4 期。

王晓波、陈斌："冷战后美日韩联盟体系与中国"，《延边大学学报（社会科学版）》，2011 年第 4 期。

吴心伯："冷战后的韩国安全政策"，《当代亚太》，1996 年第 2 期。

吴心伯："论奥巴马政府的亚太战略"，《国际问题研究》，2012 年第 2 期。

郗润昌："论冷战后世界政治的多极化与大国间的战略竞争"，《教学与研究》，1998 年第 4 期。

夏立平："论美韩同盟的修复与扩展"，《美国问题研究》，2008 年第 1 期。

徐国琦："塞缪尔·P·亨廷顿及其文明冲突论"，《美国研究》，1994 年第 1 期。

徐辉、朱崇坤："试论冷战后美国联盟战略的调整"，《现代国际关系》，1997 年第 3 期。

杨伯江："'日美安全保障联合宣言'意味着什么"，《现代国际关系》，1996 年第 6 期。

杨红梅："美韩同盟调整的动力、现状与前景"，《现代国际关系》，2005 年第 8 期。

杨文静："美国亚太同盟体系的调整及其走向"，《现代国际关系》，2003 年第 8 期。

尹承德："美国亚太战略新态势"，《国际问题研究》，2008 年第 1 期。

于铁军："国际政治中的联盟理论：进展与争论"，《欧洲》，1999 年第 5 期。

袁鹏："关于构建中美新型大国关系的战略思考"，《现代国际关系》，2012 年第 5 期。

张景全：“美国亚洲再平衡战略及美韩同盟在其中的作用”，《教学与研究》，2013 年第 9 期。

张景全：“美菲同盟强化及其在美国亚太再平衡战略中的作用”，《南洋问题研究》，2014 年第 1 期。

张威威：“美日、美韩军事同盟的同步强化及其影响”，《世界经济与政治论坛》，2011 年第 3 期。

张新平、杨荣国：“中美新型大国关系研究评述”，《现代国际关系》，2014 年第 7 期。

赵嵘：“‘9·11’后美国联盟战略的调整”，《现代国际关系》，2007 年第 12 期。

赵全胜：“美国外交政策转型与‘战略行为体’”，《美国研究》，2012 年第 2 期。

周方银：“中国崛起、东亚格局变迁与东亚秩序的发展方向”，《当代亚太》，2012 年第 5 期。

周方银：“美国的亚太同盟体系与中国的应对”，《世界经济与政治》，2013 年第 11 期。

周方银：“周边环境走向与中国的周边战略选择”，《外交评论》，2014 年第 1 期。

周敏凯：“美国亚太再平衡战略和中美新型大国关系建构的理论思考”，《中国浦东干部学院学报》，2014 年第 1 期。

朱锋：“‘价值外交’与亚洲政治新变局”，《现代国际关系》，2007 年第 9 期。

朱听昌、师小芹：“90 年代日美关系的调整及其影响”，《日本学刊》，1993 年第 3 期。

四、英文著作

Armacost, Michael H. & Okimoto, Daniel I. eds., *The Future of*

America's Alliance in Northeast Asia, Washington D. C. : Brookings Institution Press, 2004.

Blackwill, Robert D. & Dibb, Paul (eds): *America's Asian Alliance*, Cambridge: MIT Press, 2000.

Brown, Michael E. ed. , *America's Strategic Choice*, Cambridge: The MIT press, 2000.

Brown, Michael E. ed. , *The Peril of Anarchy: Contemporary Realism and International Security*, Cambridge: The MIT Press, 1995.

Buckley, Roger, *The United States in Asia—Pacific since 1945*, Cambridge: Cambridge University Press, 2002.

Deutsch, Karl W. & Burrell, Sidney A. et. al, *Political Community and the North Atlantic Areas: International Organization in the Light of Historical Experience*, Princeton: Princeton University Press, 1957.

Divine, Robert A. ed. , *American Foreign Policy Since 1945*, Chicago: Quadrangle Books, Inc. , 1969.

Evans, Gareth & Grant, Bruce, *Australia's Foreign Relations in the World of 1990's*, Melbourne: Melbourne University Press, 1995.

He, Kai, *Institutional Balancing in the Asia Pacific: Economic Interdependence and China's Rise*, London and New York: Routledge, 2009.

Harper, Norman, *A Great and Powerful Friend: A Study of Australian American Relations Between 1900 and 1975*, Queensland: University Of Queensland Press, 1987.

Lee, Steven Hugh, *The Origin of the Cold War in Asia*, Columbia: Columbia University Press, 1995.

Liska, George, *Nations in Alliance: The Limits of Interdependence*, Baltimore: Johns Hopkins University Press, 1962.

Miscamble, Wilson D. , *George F. Kennan and the Making of American Foreign Policy, 1947—1950*, Princeton: Princeton University Press, 1993.

Osgood, Robert, *Alliances and American Foreign Policy*, Baltimore: Johns Hopkins University Press, 1968.

Reese, Trevor. R. , *Australia, New Zealand and the United States: A Survey of International Relations 1941 – 1968*, Oxford: Oxford University Press, 1969.

Robin, Barry & Keaney, Thomas, *US Alliances in a Changing World*, London: Frank Cass, 2001.

Rothstein, Robert, *Alliances and Small Powers*, New York: Columbia University Press, 1968.

Sills, David L. Ed. , *International Encyclopedia of Social Sciences*, New York: Macmillan, 1968.

Snyder, Glenn H. , *Alliance Politics*, Ithaca and London: Cornell University Press, 1997.

Spender, Sir Percy, *Exercise in Diplomacy*, Sydney: Sydney University Press, 1967.

Stephanson, Anders, *Manifest Destiny: American Expansion and the Empire of Right.* New York: Hill & Wang, 1995.

Weitsman, Patricia A. , *Dangerous Alliances: Proponents of Peace, Weapons of War*, California: Stanford University Press, 2004.

Walt, Stephen, *The Origins of Alliances*, Ithaca and London: Cornell University Press, 1987.

Waltz, Kenneth, *Theory of International Politics*, Mass. : Addison Wesley, 1979.

Wolfers, Arnold ed. , *Alliance Policy in the Cold War*, Baltimore: Johns Hopkins University Press, 1959.

五、英文论文

Baker, James, "America in Asia: Emerging Architecture for a Pacific Community", *Foreign Affairs*, Vol. 70, No. 5, Winter 1991/1992.

Burns, Nicholas, "America's Strategic Opportunity With India, The New U. S. – India Partnership", *Foreign Affairs*, November/December 2007.

Cha, Victor D.: "Powerplay: Origins of the U. S. Alliance System in Asia", *International Security*, Vol. 34, No. 3, Winter 2009/2010.

Christensen, Thomas J., "China, the U. S. – Japan Alliance, and the Security Dilemma in East Asia", *International Security* 23, No. 4, Spring 1999.

Gholz, Eugene & Pressm, Daryl G. & Sapolsky, Harvey M., "Come home, America: The Strategy of Restraint in the Face of Temptation", *International Security*, Vol. 21, No. 4, Spring 1997.

Harding, Harry, "Asia Policy to the Brink, Foreign Policy", Vol. 96, Fall 1994.

Izumikawa, Yasuhiro, "To Coerce or Reward? Theorizing Wedge Strategies in Alliance Politics", *Security Studies*, Vol. 22, Number 3, July – September 2013.

Kelly, Paul, "Australian for Alliance", *The National Interest*, No. 71. Spring 2003.

Keohane, Robert, "Alliance, Threat and the Use of Neorealism", *International Security*, Summer Vol. 13 No. 1, 1998.

Leeds, Brett Ashley & Savun, Burcu, "Terminating Alliances: Why Do States Abrogate Agreements?", *Journal of Politics*, Vol. 69, Issue 4, November 2007.

Levy, Jack S. & Thompson, William R., "Balancing on Land and at Sea—Do States Ally against the Leading Global Power?", *International Security*, Vol. 35, No. 1, Summer 2010.

Nye, Joseph S. Jr. "The Case for Deep Engagement", *Foreign Affairs*, Vol. 74, No. 4, Jul. – Aug., 1995.

Park, Jae Jeok: "The Persistence of the US – led Alliances in the Asia – Pacific: An Order Insurance Explanation", *International Relations of the Asia – Pacific*, Vol. 13, No. 3, 2013.

Powell, Colin, "A Strategy of Partnership", *Foreign Affairs*, January/February 2004.

Reynolds, David, "Empire, Region, World: the International Context of Australian Foreign Policy since 1939", *Australian Journal of Politics and History*, Vol. 51, Issue 3, 2005.

Sweeney, Kevin & Fritz, Paul: "Jumping on the Bandwagon: An Interest – Based Explanation for Great Power Alliances", *The Journal of Politics*, Vol. 66, No. 2, May 2004.

Twining, Danial, "America's Grand Design in Asia", *The Washington Quarterly*, Summer, 2007.

Walt, Stephen, "Alliances in a Unipolar World", *World Politics*, Vol. 61, No. 1, January 2009.

Wendt, Alexander: "Collective Identity Formation and the International State", *American Political Science Review*, Vol. 88, No. 2, 1994.

六、英文报告

Armacost, Michael H. & Okimoto, Daniel I. , "The Future of America's Alliances in Northeast Asia", Asia – Pacific Research Center, Stanford University, 2004.

Armitage, Richard L. & Nye, Joseph S. , "The U. S. – Japan Alliance Getting Asia Right through 2020", Center for Strategic and International Studies, February 2007.

Carothers, Thomas, "Aiding Democracy Abroad: The Learning Curve", Carnegie Endowment for International Peace, 1999.

Center for Strategic and International Studies, "U. S. Force Posture Strategy in the Asia Pacific Region: An Independent Assessment", August 2012.

Chanlett – Avery, Emma, "North Korea: U. S. Relations, Nuclear Diplomacy, and Internal Situation", Congressional Research Service, May 26, 2010.

Carpenter, Ted Galen, "Paternalism and Dependence: The U. S. —Japanese Security Relationship", The Cato Institute, November 1, 1995.

Cronin, Patrick & Green, Michael, "Redefining the U. S. —Japan alliance: Tokyo's National Defense Program", National Defense University, November 1994.

Denmark, Abraham & Patel, Nirav ed. , "China's Arrival: A Strategic Framework for a Global Relationship", Center for a New American Security, September 2009.

Khalilzad, Zalmay et al, "The United States and Asia, Toward a New U. S. Strategy and Force Posture", RAND Corporation, 2001.

Manyin, Mark E., "U. S. - Vietnam Relations in 2011: Current Issues and Implications for U. S. Policy", CRS Report for Congress, July 26, 2011.

U. S. Department of Defense, "A Strategic Framework for the Asian Pacific Rim: Looking Towards the 21st Century", April 1990.

U. S. Department of Defense, "The United States Security Strategy for the East Asia Pacific Region", February 1995.

U. S. Department ofDefense, "The United States Security Strategy for the East Asia - Pacific Region", Nov. 23, 1998.

U. S. Department of Defense, "Sustaining U. S. Global Leadership: Priorities for 21st Century Defense", January 2012.

U. S. Department of Defense, "Quadrennial Defense Review Report 2006", February 2006.

U. S. Department of Defense, "Quadrennial Defense Review Report 2010", February 2010.

U. S. Department of Defense, "Quadrennial Defense Review Report 2014", March 2014.

White House, "The National Security Strategy of the United States of America", January 1987.

White House, "A National Security Strategy of Engagement and Enlargement", July 1994.

White House, "A National Security Strategy for a New Century", May 1997.

White House, " A National Security Strategy for a New Century", December 1999.

White House, "The National Security Strategy of the United States of America", September 2002.

White House, "National Strategy for Combating Terrorism",

February 2003.

White House, "The National Security Strategy of the United States of America", March 2006.

White House, "The National Security Strategy of the United States of America", May 2010.

White House, "National Strategy for Counterterrorism", June 2011.

White House, "The National Security Strategy of the United States of America", February 2015.

图书在版编目（CIP）数据

冷战后美国亚太联盟体系研究/张国帅著．—北京：时事出版社，2016．11
ISBN 978-7-5195-0045-0

Ⅰ．①冷…　Ⅱ．①张…　Ⅲ．①军事同盟—研究—美国
Ⅳ．①E712．0

中国版本图书馆 CIP 数据核字（2016）第 246259 号

出 版 发 行：时事出版社
地　　　址：北京市海淀区万寿寺甲 2 号
邮　　　编：100081
发 行 热 线：（010）88547590　88547591
读者服务部：（010）88547595
传　　　真：（010）88547592
电 子 邮 箱：shishichubanshe@sina.com
网　　　址：www.shishishe.com
印　　　刷：北京市昌平百善印刷厂

开本：787×1092　1/16　印张：18．5　字数：230 千字
2016 年 11 月第 1 版　2016 年 11 月第 1 次印刷
定价：75．00 元
（如有印装质量问题，请与本社发行部联系调换）